学ぶ人は、
変えて
ゆく人だ。

目の前にある問題はもちろん、

人生の問いや、

社会の課題を自ら見つけ、

挑み続けるために、人は学ぶ。

「学び」で、

少しずつ世界は変えてゆける。

いつでも、どこでも、誰でも、

学ぶことができる世の中へ。

旺文社

※本書の内容は，2024年4月時点の情報に基づいています。実際の試験とは異なる場合があります。受験の際は，英検ウェブサイト等で最新情報をご確認ください。
※本書は，『DAILY30日間 英検1級 集中ゼミ［6訂版]』の収録問題を，2024年度の問題一部リニューアルの試験形式に合わせて，問題追加・再編集したものです。

旺文社

はじめに

英検の一次試験まで，あと何日ですか？
一次試験突破のためには，試験本番までの学習計画をしっかり立てることが大事です。

本書は，31日間で英検1級の一次試験突破を目指す問題集です。1日に取り組む範囲がきっちり決まっているので，学習計画が立てやすくなっています。模擬テストをのぞき，1日に必要な時間は30分程度。毎日の生活の中で，無理なく英検対策ができます。

皆さんが，この本を手に取った今日が「集中ゼミ」のスタートです。これから始まる31日間の学習のイメージができあがったら，早速，1日目の学習に取り組みましょう！

最後に，本書を刊行するにあたり，多大なご尽力をいただきました日本大学文理学部講師 島本慎一朗先生，Ed Jacob様，Jason A. Chau様，Richard Knobbs様に深く感謝の意を表します。

旺　文　社

もくじ

本書の構成と利用法……4
付属サービスについて……6
英検1級の問題を知ろう……8
英検について……10

基礎編

1日目 筆記1　短文の語句空所補充問題を攻略！①……12
2日目 筆記2　長文の語句空所補充問題を攻略！①……20
3日目 筆記3　長文の内容一致選択問題を攻略！①……26
4日目 筆記4　英文要約問題を攻略！①……32
5日目 筆記5　英作文問題を攻略！①……40
6日目 リスニング Part 1　会話の内容一致選択問題を攻略！①……46
7日目 リスニング Part 2　文の内容一致選択問題を攻略！①……52

8日目 リスニング Part 3 Real-Life 形式の内容一致選択問題を攻略！①……60
9日目 リスニング Part 4 インタビューの内容一致選択問題を攻略！① ……68

応用編

10日目 筆記1 短文の語句空所補充問題を攻略！②……76
11日目 筆記1 短文の語句空所補充問題を攻略！③……84
12日目 筆記2 長文の語句空所補充問題を攻略！②……90
13日目 筆記2 長文の語句空所補充問題を攻略！③……96
14日目 筆記2 長文の語句空所補充問題を攻略！④……102
15日目 筆記3 長文の内容一致選択問題を攻略！②……108
16日目 筆記3 長文の内容一致選択問題を攻略！③……114
17日目 筆記3 長文の内容一致選択問題を攻略！④……120
18日目 筆記3 長文の内容一致選択問題を攻略！⑤……126
19日目 筆記4 英文要約問題を攻略！②……134
20日目 筆記4 英文要約問題を攻略！③……140
21日目 筆記5 英作文問題を攻略！② ……146
22日目 筆記5 英作文問題を攻略！③ ……152
23日目 筆記5 英作文問題を攻略！④ ……158
24日目 リスニング Part 1 会話の内容一致選択問題を攻略！②……166
25日目 リスニング Part 2 文の内容一致選択問題を攻略！② ……172
26日目 リスニング Part 2 文の内容一致選択問題を攻略！③ ……180
27日目 リスニング Part 3 Real-Life形式の内容一致選択問題を攻略！② ……188
28日目 リスニング Part 3 Real-Life形式の内容一致選択問題を攻略！③ ……196
29日目 リスニング Part 3 Real-Life形式の内容一致選択問題を攻略！④ ……204
30日目 リスニング Part 4 インタビューの内容一致選択問題を攻略！② ……212
31日目 リスニング Part 4 インタビューの内容一致選択問題を攻略！③ ……222
実力完成模擬テスト ……233

二次試験・面接はこんな試験！ ……296

執　　筆：島本慎一朗（日本大学），Ed Jacob，
Jason A. Chau，Richard Knobbs
編集協力：鹿島由紀子，株式会社シー・レップス，斉藤敦
装丁デザイン：内津 剛（及川真咲デザイン事務所）
本文デザイン：株式会社ME TIME（大貫としみ）
録　　音：ユニバ合同会社
ナレーション：Jack Merluzzi，Ryan Drees，Ann Slater，
Emma Howard，大武芙由美

本書の構成と利用法

本書は，英検1級の一次試験に合格するために必要な力を31日間で身につけられるように構成されています。

＼赤セルシートつき／
暗記に使える赤セルシートがついています。ポイントとなる重要事項を覚えたり，解説中の訳や解答を隠して学習したりする際にお使いください。

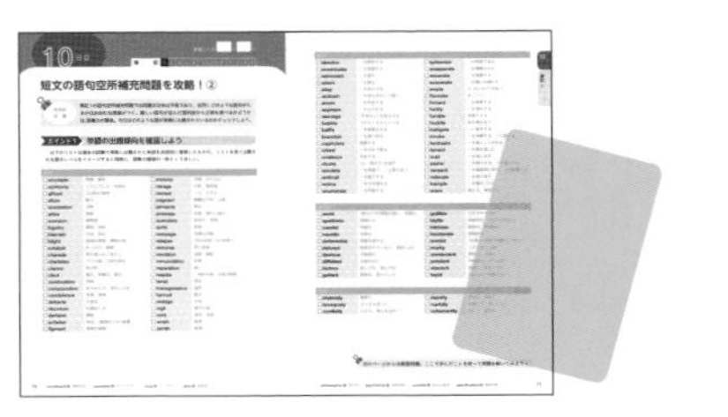

〜 9日目 基礎編

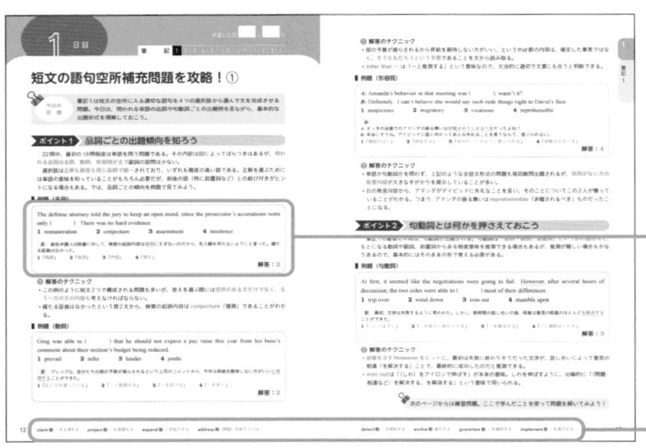

1日の学習は，問題形式ごとに解き方のポイントを解説するページと，そこで学んだことを実践する練習問題のページで構成されています。

例題

実際の試験と同じ形式の問題を使ってポイントを解説します。

よく出る単語

ページ下では，1級合格に必須となる重要単語を紹介しています。

NOTES欄

重要表現などを取り上げています。自分でも問題の中のわからなかった単語などを調べて，自分だけのノートを作りましょう。

 ～ 

応用編

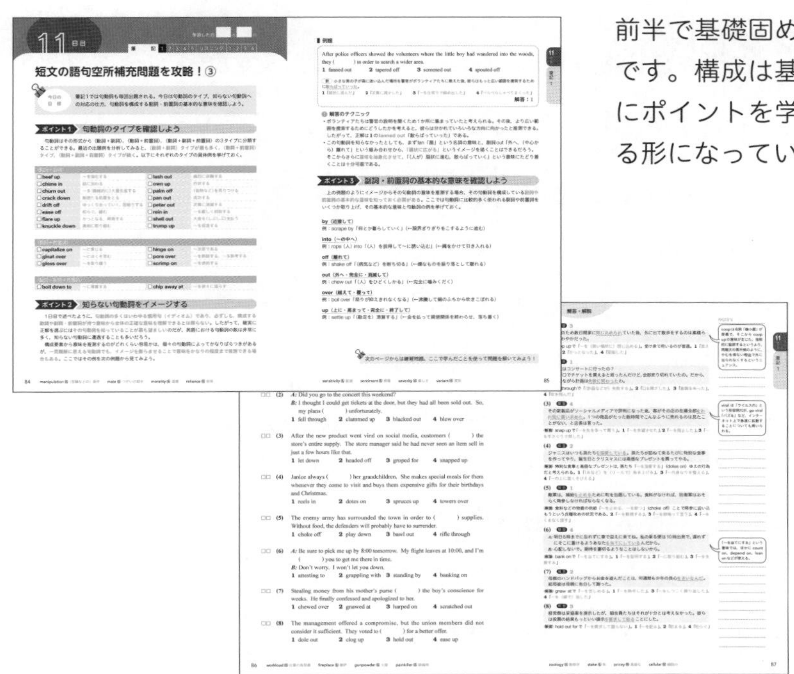

前半で基礎固めができたら，後半は応用編です。構成は基礎編と同様，問題形式ごとにポイントを学んだ後，練習問題で実践する形になっています。

実力完成模擬テスト

総まとめの模擬テストで，本番の一次試験と同じ所要時間（筆記100分・リスニング約35分）です。時間を計って解いてみましょう。

＼ 公式アプリ「学びの友」対応 ／
カンタンに自動採点ができ，自分の学習履歴を残すことができます。
詳しくはp.7をご覧ください。

※本書に掲載されている英文の内容は，最新の情報でないものや架空のものを含む場合があります。ご了承ください。
※本書の一部例題は『７日間完成 英検１級 予想問題ドリル［５訂版］』の問題を使用しています。

付属サービスについて

リスニングの音声を聞く

●収録内容　付属音声に対応した箇所は，本書では 10 のように示してあります。

6日目	リスニング Part 1	例題・練習問題
7日目	リスニング Part 2	例題・練習問題
8日目	リスニング Part 3	例題・練習問題
9日目	リスニング Part 4	例題・練習問題
24日目	リスニング Part 1	例題・練習問題
25日目	リスニング Part 2	例題・練習問題
26日目	リスニング Part 2	例題・練習問題
27日目	リスニング Part 3	例題・練習問題
28日目	リスニング Part 3	例題・練習問題
29日目	リスニング Part 3	例題・練習問題
30日目	リスニング Part 4	例題・練習問題
31日目	リスニング Part 4	練習問題
	実力完成模擬テスト	リスニング Part 1～Part 4

公式アプリ「英語の友」（iOS/Android）で聞く

❶「英語の友」公式サイトより，アプリをインストール

https://eigonotomo.com/　　英語の友　検索

▶右の2次元コードからもアクセスできます。

❷ アプリ内のライブラリより本書を選び，「追加」ボタンをタップ

▶本アプリの機能の一部は有料ですが，本書の音声は無料でお聞きいただけます。
▶詳しいご利用方法は「英語の友」公式サイト，あるいはアプリ内ヘルプをご参照ください。
▶本サービスは予告なく終了することがあります。

パソコンに音声データ（MP3）をダウンロードして聞く

❶ 次のURLにアクセス
https://eiken.obunsha.co.jp/1q/

❷ 本書を選択し，利用コードを入力してWeb特典サイトへ
利用コード： **dyaytx** （全て半角アルファベット小文字）

❸「音声データダウンロード」からファイルをダウンロードし，展開してからオーディオプレーヤーで再生
音声ファイルはzip形式にまとめられた形でダウンロードされます。展開後，デジタルオーディオプレーヤーなどで再生してください。

▶音声の再生にはMP3を再生できる機器などが必要です。
▶ご利用機器，音声再生ソフト等に関する技術的なご質問は，ハードメーカーまたはソフトメーカーにお願いいたします。
▶本サービスは予告なく終了することがあります。

「実力完成模擬テスト」をアプリで学習する

「実力完成模擬テスト」(p.233) を，公式アプリ「学びの友」でカンタンに自動採点することができます。(ライティングは自己採点です)

- 便利な自動採点機能で学習結果がすぐにわかる
- 学習履歴から間違えた問題を抽出して解き直しができる
- 学習記録カレンダーで自分のがんばりを可視化

❶「学びの友」公式サイトより，アプリをインストール

https://manatomo.obunsha.co.jp/ 　Q 学びの友 

▶右の2次元コードからもアクセスできます。

❷ アプリを起動後，「旺文社まなびID」に会員登録
▶会員登録は無料です。

❸ アプリ内のライブラリより本書を選び，「追加」ボタンをタップ

▶アプリの動作環境については「学びの友」公式サイトをご参照ください。なお，本アプリは無料でご利用いただけます。
▶詳しいご利用方法は「学びの友」公式サイト，あるいはアプリ内ヘルプをご参照ください。
▶本サービスは予告なく終了することがあります。

英検1級の問題を知ろう

31日間の学習を始める前に，英検1級一次試験（筆記とリスニング）・二次試験（面接）の問題形式と特徴を把握しておきましょう。1級のレベルの目安は「大学上級程度」です。下の説明とあわせて，実力完成模擬テスト（p.233～）で実際の問題形式を見てみましょう。
※面接は実力完成模擬テストには含まれません。

筆　記（100分）

問　題	形　式	問題数	目標解答時間
1	**短文の語句空所補充** 短文の空所に文脈に合う適切な語句を補う。動詞・名詞・形容詞・副詞などの単語が約18問，句動詞が約4問出題される。	22問	12分
2	**長文の語句空所補充** 約350語からなる長文の空所3つに，文脈に合う適切な語句を補う。長文は2つ出題される。	6問	15分
3	**長文の内容一致選択** 長文の内容に関する質問に答える。長文は2つあり，1つ目の長文は3～4段落程度からなる約500語のもので，質問は3問。2つ目の長文は7～8段落程度からなる約800語のもので，質問は4問。	7問	28分
4	**英文要約** 提示された長文の内容を90～110語の英文に要約する。長文は3段落で約300語の長さ。	1問	20分
5	**英作文** 指定されたトピックについて，自分の意見と3つの理由を200～240語の英文にまとめる。	1問	25分

➡ 筆記1の問題を見てみよう 📖 p.233～235
➡ 筆記2の問題を見てみよう 📖 p.236～239
➡ 筆記3の問題を見てみよう 📖 p.240～244
➡ 筆記4の問題を見てみよう 📖 p.245
➡ 筆記5の問題を見てみよう 📖 p.246

リスニング（約35分）

問 題	形 式	問題数	放送回数
Part 1	**会話の内容一致選択** 男女の会話を聞いた後，その内容に関する質問に答える。	10問	1回

➡ リスニング Part 1の問題を見てみよう 📖 p.247～248

問 題	形 式	問題数	放送回数
Part 2	**文の内容一致選択** パッセージを聞いた後，その内容に関する質問に答える。パッセージは5つあり，それぞれのパッセージから2問出題される。	10問	1回

➡ リスニング Part 2の問題を見てみよう 📖 p.249～250

問 題	形 式	問題数	放送回数
Part 3	**Real-Life形式の内容一致選択** 問題冊子に印刷されたSituationとQuestionを読んだ後，Real-Life形式の放送（館内放送，留守番電話，対面での説明など）を聞き，適切な答えを選ぶ。	5問	1回

➡ リスニング Part 3の問題を見てみよう 📖 p.251～252

問 題	形 式	問題数	放送回数
Part 4	**インタビューの内容一致選択** インタビューを聞いた後，その内容に関する質問に答える。質問は2問出題される。	2問	1回

➡ リスニング Part 4の問題を見てみよう 📖 p.253

一次試験に合格したら

面　接（約10分）

問 題	形 式
自由会話	面接委員と簡単な日常会話を行う。
スピーチ	提示された5つのトピックの中から1つを選び，1分間で準備をしてスピーチを行う。
Q & A	トピックやスピーチに関連した質問に答える。

➡ 二次試験・面接の流れは 📖 p.296

英検について

英検®は，公益財団法人 日本英語検定協会が実施する国内最大規模の英語検定試験です。

英検（従来型）申し込み方法

個人受験の申し込み方法は次の3種類から選ぶことができます。

インターネット申し込み	英検ウェブサイトから直接申し込む。検定料は，クレジットカード，コンビニ，郵便局ATMのいずれかで支払う。
コンビニ申し込み	コンビニの情報端末機で必要な情報を入力し，「申込券」が出力されたら検定料をレジで支払う。
特約書店申し込み	全国の英検特約書店で願書を入手し，書店で検定料を支払う。「書店払込証書」と「願書」を英検協会へ郵送。

▶各申し込み方法の詳細については，英検ウェブサイトをご確認ください。また，申し込み方法は変更になる場合があります。

▶個人受験とは異なり，学校や塾などで申し込みをする「団体受験」もあります。詳しくは学校の先生・担当の方にお尋ねください。

お問い合わせ先

公益財団法人 日本英語検定協会

英検ウェブサイト　**www.eiken.or.jp**

英検サービスセンター　03-3266-8311　※平日9：30～17：00（土・日・祝日を除く）

※本書に掲載されている情報は2024年4月現在のものです。試験に関する情報は変更になる場合がありますので，受験の際は必ず英検ウェブサイトで最新の情報をご確認ください。

基礎編

1日目

▼

9日目

基礎編にあたる前半9日間では，英検1級一次試験の問題形式を1つずつ正確に把握し，押さえるべき基本のポイントを確認することを目標にします。1日ずつ確実に進め，自分が苦手なところはどこなのかを発見しましょう。

短文の語句空所補充問題を攻略！①

今日の目標

筆記1は短文の空所に入る適切な語句を4つの選択肢から選んで文を完成させる問題。今日は，問われる単語の品詞や句動詞ごとの出題例を見ながら，基本的な出題形式を理解しておこう。

ポイント1 品詞ごとの出題傾向を知ろう

22問中，最初の18問程度は単語を問う問題である。その内訳は回によってばらつきはあるが，問われる品詞は名詞，動詞，形容詞が主で副詞の設問は少ない。

選択肢は正解も誤答も同じ品詞で統一されており，いずれも難度の高い語である。正解を選ぶためには単語の意味を知っていることがもちろん必要だが，前後の語（特に前置詞など）との結び付きがヒントになる場合もある。では，品詞ごとの傾向を例題で見てみよう。

例題（名詞）

The defense attorney told the jury to keep an open mind, since the prosecutor's accusations were only ( ). There was no hard evidence.

1 remuneration **2** conjecture **3** assessment **4** insolence

訳 被告弁護人は陪審に対して，検察の起訴内容は憶測にすぎないのだから，先入観を持たないようにと言った。確たる証拠はなかった。

1「報酬」 **2**「憶測」 **3**「評価」 **4**「無礼」

解答：2

解答のテクニック

- この例のように短文2つで構成される問題も多いが，答えを選ぶ際には空所のある文だけでなく，もう一方の文の内容も考えなければならない。
- 確たる証拠はなかったという第2文から，検察の起訴内容はconjecture「憶測」であることがわかる。

例題（動詞）

Greg was able to ( ) that he should not expect a pay raise this year from his boss's comment about their section's budget being reduced.

1 prevail **2** infer **3** hinder **4** jostle

訳 グレッグは，自分たちの部の予算が減らされるという上司のコメントから，今年は昇給を期待しない方がいいと推測することができた。

1「広く行き渡っている」 **2**「～と推測する」 **3**「～を妨げる」 **4**「～を突く」

解答：2

claim 動 ～を主張する　project 動 ～を見積もる　expand 動 ～を拡大する　address 動 （問題）を取り上げる

解答のテクニック

- 部の予算が減らされるから昇給を期待しない方がいい，というthat節の内容は，確定した事実ではなく，**そうなるだろうという予想**であることを文から読み取る。
- **infer that ～** は「～と推測する」という意味なので，文法的に適切で文意にも合うと判断できる。

例題（形容詞）

A: Amanda's behavior in that meeting was (　　　　), wasn't it?
B: Definitely. I can't believe she would say such rude things right to David's face.

1 auspicious　**2** migratory　**3** vicarious　**4** reprehensible

訳
A: さっきの会議でのアマンダの振る舞いは非難されてしかるべきだったよね？
B: 本当にそうね。デイビッドに面と向かってあんな失礼なことを言うなんて，信じられない。
1「縁起のよい」　**2**「移住する」　**3**「自分のことのように感じられる」　**4**「非難されるべき」

解答：4

解答のテクニック

- 単語か句動詞かを問わず，上記のような会話文形式の問題も毎回数問出題されるが，**空所がない方の発言内容**が大きな手がかりを提示していることが多い。
- Bの発言内容から，アマンダがデイビッドに失礼なことを言い，そのことについてこの2人が憤っていることがわかる。つまり，アマンダの振る舞いは**reprehensible**「非難されるべき」ものだったことになる。

ポイント2　句動詞とは何かを押さえておこう

筆記1の最後の4問は，句動詞が出題される。句動詞は**「動詞＋副詞／前置詞」という形の慣用句**で，もとになる動詞や副詞，前置詞からある程度意味を推測できる場合もあるが，推測が難しい場合もかなりあるので，基本的にはそのままの形で覚える必要がある。

例題（句動詞）

At first, it seemed like the negotiations were going to fail. However, after several hours of discussion, the two sides were able to (　　　　) most of their differences.

1 trip over　**2** wind down　**3** iron out　**4** stumble upon

訳 最初，交渉は失敗するように思われた。しかし，数時間の話し合いの後，両者は意見の相違のほとんどを解決することができた。
1「～につまずく」　**2**「～を徐々に終わらせる」　**3**「～を解決する」　**4**「～に偶然出くわす」

解答：3

解答のテクニック

- **逆接を示すHoweverをヒント**に，最初は失敗に終わりそうだった交渉が，話し合いによって意見の相違「を解決する」ことで，最終的に成功したのだと推測できる。
- **iron out**は「（しわ）をアイロンで伸ばす」が本来の意味。しわを伸ばすように，比喩的に「（問題・相違など）を解決する，を解消する」という意味で用いられる。

次のページからは練習問題。ここで学んだことを使って問題を解いてみよう！

detect 動 ～を感知する　evolve 動 進化する　guarantee 動 ～を確約する　implement 動 ～を実行する

練習問題

To complete each item, choose the best word or phrase from among the four choices.

□□ **(1)** Jake spent the afternoon ( ) with his old college roommates about their school days. Talking about those times reminded him of how lucky he was to have such good friends.

1 succumbing **2** reminiscing **3** squabbling **4** reneging

□□ **(2)** Although nothing has been announced officially, there is a lot of ( ) that Giorgio Ferrante is likely to be chosen as the new office manager.

1 speculation **2** resurrection **3** inauguration **4** devastation

□□ **(3)** The politician was very satisfied when he was given a post ( ) with his knowledge and experience.

1 commensurate **2** consummate **3** congested **4** commendable

□□ **(4)** ***A:*** What did you think of Gina's plan for upgrading the Middleton factory? I reckon one obvious ( ) is the cost.

B: Well, I agree. I don't think we can afford it.

1 drawback **2** onslaught **3** stalemate **4** transaction

□□ **(5)** After a long search, police have finally ( ) Austen Chambers, the main suspect in the robbery at the State Street Bank.

1 gratified **2** exemplified **3** apprehended **4** extolled

□□ **(6)** On April Fool's Day, fake stories often appear in the media. Surprisingly, people often believe such ( ) no matter how ridiculous they are.

1 deluges **2** hoaxes **3** perforations **4** factions

□□ **(7)** The soccer player was finally given a red card and expelled from the game since he continued to show ( ) disregard for the rules.

1 flagrant **2** heedful **3** covert **4** serene

□□ **(8)** Many critics suspected that, contrary to the government's stated aim, its real ( ) for the new law was to try and suppress political opposition.

1 antagonism **2** exposition **3** deviation **4** rationale

weather 動 ～を切り抜ける justify 動 ～を正当化する convict 動 ～に有罪判決を下す prioritize 動 ～を優先する

(1) 解答 2

ジェイクは，昔の大学のルームメートたちと学生時代の思い出話をしてその午後を過ごした。当時の話をしていると，こんなにいい友人たちに恵まれて幸運だったということに彼は気づかされた。

解説 古い友人たちと会ってreminisce「思い出話をする」とすると自然。第２文のTalking about those timesが裏づけになる。**1**「屈している」，**3**「言い争っている」，**4**「（約束などを）破っている」

(2) 解答 1

公式にはまだ何の発表もないが，ジョルジオ・フェランテが新しいオフィスマネージャーに選ばれそうだという憶測が飛び交っている。

解説 まだ公式の発表はないのだから，人事の話はspeculation「憶測」にすぎない。**2**「復活」，**3**「就任」，**4**「破壊」

(3) 解答 1

その政治家は，自分の知識と経験に見合ったポストを与えられてとても満足した。

解説 政治家が満足したのは，知識と経験にcommensurate「釣り合った，見合った」ポストを手にしたから。**2**「完全な」，**3**「混雑した」，**4**「称賛されるべき」

(4) 解答 1

A: ジーナのミドルトン工場のアップグレード計画をどう思った？　1つの明らかな欠点は費用だと思う。
B: そうだね，同感だ。そんなお金の余裕はないと思う。

解説 Bの第２文からお金の余裕がないとわかるので，Aが述べている費用はdrawback「欠点」であるとわかる。**2**「猛攻撃」，**3**「行き詰まり」，**4**「（業務などの）処理」

(5) 解答 3

長期間の捜索の後，ついに警察はステートストリート銀行強盗事件の主要容疑者であるオースティン・チェンバーズを逮捕した。

解説 apprehend「～を逮捕する」はarrestの堅い語。**1**「～を喜ばせた」，**2**「～を例証した」，**4**「～を激賞した」

(6) 解答 2

エイプリルフールには，偽の記事がしばしばメディアに載る。驚いたことに，どんなにばかげていても，そうした悪ふざけを人々はしばしば信じてしまう。

解説 第１文のfake storiesを言い換えたhoaxes「悪ふざけ」が正解。**1**「大洪水」，**3**「ミシン目」，**4**「派閥」

(7) 解答 1

そのサッカー選手は目に余るルール無視を続けたので，ついにレッドカードを出され退場となった。

解説 退場になるくらいなので，ルール無視の度合いとしてはflagrant「目に余る」が適切。**2**「注意深い」，**3**「はっきりと示されない」，**4**「穏やかな」

(8) 解答 4

多くの批判派は，その新しい法律を制定した政府の本当の理由は，政府が表明した目的に反して，政治的敵対勢力を抑えようとすることだと考えた。

解説 rationaleは「論理的根拠」。**1**「敵対（心）」，**2**「説明」，**3**「逸脱」

NOTES

派生語の名詞reminiscence「思い出すこと，思い出」と形容詞reminiscent「思い出させる」もまとめて覚えておこう。

派生語の名詞apprehensionには「逮捕」という意味もあるが，「不安，懸念」という意味で用いられることが多いので注意したい。

rebel 動 反逆する　fuel 動 ～をあおる　sustain 動 ～を維持する　portray 動 ～を描写する

□□ **(9)** The (　　　) the director received from the company president was more than he could bear, so he resigned in disgrace.

1 censure　**2** stance　**3** hunch　**4** repute

□□ **(10)** When Marc saw a dog being bullied by a group of older boys, he (　　　) ran to its defense and rescued it from them.

1 malevolently　**2** nominally　**3** spitefully　**4** gallantly

□□ **(11)** The investor was deep in the red in the financial crisis, but he managed to (　　　) most of his losses when the stock market recovered the following year.

1 wreak　**2** recoup　**3** mollify　**4** fillet

□□ **(12)** When Susan's teacher (　　　) her for being late, she simply stood up, walked out of the classroom, and went home.

1 intimated　**2** expurgated　**3** reprimanded　**4** elided

□□ **(13)** It was hoped that the storm would help the area recover from the drought, but it did little to (　　　) the water shortage.

1 besiege　**2** alleviate　**3** invigorate　**4** diverge

□□ **(14)** When pictures of the (　　　) of the refugees were shown on television, the public responded by donating millions of dollars to help them.

1 vortex　**2** breech　**3** spore　**4** plight

□□ **(15)** At the press conference, the prime minister said he wished to (　　　) any rumors that he was about to resign. "I have no such intention," he asserted.

1 extort　**2** dispel　**3** relent　**4** debar

□□ **(16)** ***A:*** Have you read the latest novel by A. G. Jones?
B: No. He's so (　　　) that he writes novels more quickly than I can read them. That's his third book this year.

1 soporific　**2** explicit　**3** intrepid　**4** prolific

manipulate 動 ～を巧みに操る　stimulate 動 ～を刺激する　integrate 動 溶け込む　undergo 動（検査・治療）を受ける

NOTES

(9) 解答 1

部長が会社の社長から受けた非難はとても耐えられるものではなかったので，彼は体面を失って辞職した。

解説「とても耐えられるものではなかった」とあるので，部長が受けたのはcensure「非難」。**2**「立場」，**3**「直感」，**4**「評判」

(10) 解答 4

マークは犬が年上の少年のグループにいじめられているのを見ると，勇敢にも犬を守るために駆けつけ，彼らから助けた。

解説 自分より年上の少年たちから1人で犬を救出しようとするのだから，gallantly「勇敢に」が適切。**1**「悪意を持って」，**2**「名目上は」，**3**「意地悪く」

(11) 解答 2

その投資家は金融危機で大きな赤字を出したが，翌年，株式市場が回復すると，なんとか損失のほとんどを取り戻すことができた。

解説 後半のbut以降から，株式市場の回復のおかげで金融危機によるマイナスのほとんど「～を取り戻す」(recoup) ことができたとわかる。**1**「(損害など) をもたらす」，**3**「～をなだめる」，**4**「(肉・魚) を骨なしの切り身にする」

(12) 解答 3

スーザンの先生が遅刻したことで彼女をしかったところ，彼女はただ立ち上がって教室から出ていき，家に帰った。

解説 遅刻をしてされることだからreprimand「(特に公式に人) をしかる」が適切。**1**「～をほのめかした」，**2**「(本など) の不穏当な箇所を削った」，**4**「(母音・音節) を省いて発音した」

(13) 解答 2

嵐はその地域が干ばつから回復するのに役立つと期待されたが，水不足を軽減することはほとんどなかった。

解説 後半のbut以降から，期待に反して水不足「～を軽減する」(alleviate) ことはなかったと考えられる。**1**「～を包囲攻撃する」，**3**「～を活気づける」，**4**「分岐する」

(14) 解答 4

難民たちの窮状の映像がテレビで放送されると，人々は彼らを助けるために数百万ドルの寄付で応えた。

解説 寄付をしたのは，難民をplight「窮状」から救うためである。**1**「渦」，**2**「銃尾」，**3**「胞子」

(15) 解答 2

首相は記者会見で，彼が辞職しようとしているといううわさを一切払拭したいと述べた。「私にそのような意向はない」と彼は断言した。

解説 辞職する意向はないのだから，うわさ「～を一掃する」(dispel) のが発言の目的である。**1**「～を強要する」，**3**「和らぐ」，**4**「～を除外する」

(16) 解答 4

A: A・G・ジョーンズの小説の最新刊を読んだ？
B: いいえ。彼はとても多作だから，私が読める速さよりも速く小説を書くの。その最新刊は今年彼の3冊目よ。

解説 小説を速くたくさん書くのでprolific「多作の」が正解。**1**「眠気を誘う」，**2**「明確な」，**3**「勇猛な」

diagnose 動 ～を診断する　enforce 動 (法律など) を執行する　abuse 動 ～を悪用する　dismiss 動 ～を却下する

□□ **(17)** When Roger finally (　　　　) the courage to ask Nora out on a date, she told him that she already had a boyfriend.

1 simpered　**2** pandered　**3** mustered　**4** clambered

□□ **(18)** Being an artist is not usually a (　　　　) profession. In fact, only a handful of artists can make a lot of money selling their works.

1 dormant　**2** remedial　**3** lucrative　**4** mandatory

□□ **(19)** At first, Jane found it difficult to control a class of (　　　　) children, but over time she learned a number of tricks for calming them down.

1 exuberant　**2** lugubrious　**3** dispassionate　**4** indelible

□□ **(20)** At a city council meeting, Mayor O'Keefe was (　　　　) by a protestor who disagreed with her when she proposed a tax increase. As the man approached her on the stage, her security staff swiftly stopped him.

1 exonerated　**2** accosted　**3** circumvented　**4** ransacked

□□ **(21)** Jim's behavior at the party was so (　　　　) that he was asked to leave. Even his friends were upset with him.

1 plausible　**2** innocuous　**3** extraneous　**4** appalling

□□ **(22)** Support for tax reductions (　　　　) party lines, so the tax initiative was quickly passed by the legislature. It was a rare case of cooperation by all.

1 cut across　**2** rattled off　**3** covered over　**4** churned out

□□ **(23)** The merger agreement between the two companies (　　　　) when one of them suddenly broke off negotiations.

1 squared off　**2** shot up　**3** fizzled out　**4** made away

□□ **(24)** Many people were against the idea of the government (　　　　) the banks. After all, bank executives had taken unnecessary risks and should suffer the consequences.

1 holding up　**2** shrugging off　**3** rolling over　**4** bailing out

migrate 動 （鳥などが）渡る　contradict 動 ～に反論する　plague 動 ～を絶えず苦しめる　complex 名 集合体

NOTES

(17) 解答 3

ロジャーがようやくノラをデートに誘う勇気を奮い起こしたとき，彼女はすでに恋人がいると彼に言った。

解説 目的語が「勇気」なのでmustered「～を奮い起こした」が適切。**1**「にやにや笑った」，**2**「迎合した」，**4**「よじ登った」

(18) 解答 3

芸術家というのはたいていもうかる職業ではない。実際，作品を売って大金を稼げるのは一握りの芸術家だけだ。

解説 大金を稼げる人はわずかなのだから，芸術家はlucrative「もうかる」職業ではないのである。**1**「休眠状態の」，**2**「治療の，改善の」，**4**「義務的な」

(19) 解答 1

最初のうち，ジェーンは元気いっぱいの子供たちのクラスをコントロールするのは難しいと思ったが，しばらくすると彼女は子供たちを落ち着かせるいくつかのコツを覚えた。

解説 子供たちを落ち着かせなければいけないのだから，exuberant「生気あふれる」と形容するのが適当。**2**「悲しげな」，**3**「感情に左右されない」，**4**「ぬぐい去れない」

(20) 解答 2

市議会でオキーフ市長が増税を提案したとき，その意見に賛成しない抗議者から話しかけられた。その男が壇上の彼女に近づくと，警備員が素早く彼を止めた。

解説 accostは「～に話しかける」。**1**「無罪にされた」，**3**「巧みに回避された」，**4**「徹底的に探された」

(21) 解答 4

パーティーでの振る舞いがあまりにひどかったので，ジムは帰ってほしいと言われた。友人ですら彼に腹を立てていた。

解説 パーティー会場からの退去を求められるほどの振る舞いは，相当にappalling「ひどい」ものだろう。**1**「もっともらしい」，**2**「悪意のない」，**3**「無関係の」

(22) 解答 1

減税への支持が各党の方針の違いを超えて広がったので，その税構想は速やかに議会を通過した。これは全党協力というまれな事例だった。

解説 cut acrossで「（相違など）を乗り越える」。**2**「～をすらすらと言った」，**3**「～の上をすっかり覆った」，**4**「～を大量生産した」

(23) 解答 3

その2社間の合併合意は，一方が突然交渉を打ち切って立ち消えになった。

解説 fizzle outは「（途中で）失敗に終わる」という意味。**1**「身構えた」，**2**「急に増大した」，**4**「急いで立ち去った」

fizzleは「（花火などが）シューと音を立てる」が原義で，fizzle outはその音が次第に消えるさまを比喩的に転用したもの。

(24) 解答 4

政府が銀行に資金援助を行うという考えに多くの人は反対だった。何と言っても，銀行の経営陣が不要なリスクを冒したのだから，結果を甘んじて受け入れるべきだった。

解説 bail outで「～の（経済的）窮地を救う」。**1**「～を持ち上げている」，**2**「～を一笑に付している」，**3**「～を寝返りさせている」

bailとは「保釈金」のことで，bail outのもともとの意味は「保釈金を払って（被告人）を拘置所から出す」である。

Congress 名 米国議会　antibiotic 名 抗生物質　amendment 名 修正　diversity 名 多様性

長文の語句空所補充問題を攻略！①

今日の目標

筆記2は350語程度の長文2つに空所がそれぞれ3か所設けられ，それらに入る適切な語句を4つの選択肢から選ぶ形式。今日は基本的な問題の形式と，頻出テーマを確認しておこう。

ポイント1 問題の形式を把握しよう

出題される長文には必ずタイトルがつけられ，本文は3～4段落からなる350語程度の長さの文章である。空所はそれぞれ異なる段落に設けられており，空所に合う動詞句や名詞句などを選択肢の中から選ぶ形式となっている。

正解を選ぶためには，空所の前後の文脈を考えて論旨の展開に沿った語句を選ぶ必要がある。例題を見てみよう。タイの象と象使いについて書かれた文章の最初の段落である。

例題

Elephants Hit the Streets of Bangkok

Among the many curious spectacles offered in Bangkok's downtown areas, perhaps the most exotic is that of elephants making the rounds of tourist spots at night. Bringing elephants into the city is illegal but mahouts, as elephant trainers are known, still drag in their charges, using them to attract passers-by, then selling sugar cane and other snacks. This practice (1). While the mahouts eke out a living this way, their big colleagues themselves fare worse as they step on glass or whack against cars and buildings when lumbering their way through teeming streets.（以下略）

(1)

1 is spreading to nearby areas of Bangkok
2 has created problems for sugar cane farmers
3 has its drawbacks for elephants
4 is hardly confined to elephants

訳　象がバンコクの街にやって来る

バンコクの繁華街が見せる多くの奇妙な光景の中で最もエキゾチックなのは，夜に観光スポットを訪ね歩く象の光景かもしれない。市内に象を連れ込むことは違法だが，それでも，マハウトとして知られる象の調教師たちは自分が世話をする象を引き連れ，象を呼び物に通行人を集めてはサトウキビや軽食を売る。この慣行には，象にとって欠点がある。マハウトはこうやって何とか生計を立てているが，彼らの大きな同僚たち自身の状況はさらに悪い。雑踏の中をどすどすと進むときにガラスを踏んだり車や建物に衝突したりするからである。

解答：3

plot 名 陰謀　advocate 名 支持者　trait 名 資質　perspective 名 観点

解答のテクニック

- 空所の前では，バンコクではマハウトとして知られる調教師が連れて来る象が観光スポットで人気を博している現状が述べられている。空所直前のThis practiceは，これが日常的に行われていることを意味している。
- 空所の後では，調教師の生活もぎりぎりだが，ガラスを踏んだり車や建物に衝突したりといった都会ならではの，さらに悪い状況が象を待ち受けていると説明されている。
- つまり，象を都会で観光資源として利用する慣行には象にとってマイナス面がある，と考えると文脈がつながる。したがって**3**が正解となる。

ポイント2 頻出テーマを確認しておこう

出題される長文は，人文科学，社会科学，自然科学を問わず，さまざまな学術的なテーマを扱った文章が多い。誰もが予備知識を持っているようなトピックが選ばれることはほとんどなく，読み飛ばすことのできない内容と構成になっている。

テーマとしては「歴史・文化」が最も多く，続いて「政治・経済」「時事・社会」「教育・心理」系の出題が目立つ。「自然・環境」に関するトピックもコンスタントに出題されている。どのようなトピックが扱われるのか，テーマごとに実際に出題されたトピックを見ていこう。

歴史・文化
- 毒に対する考え方の歴史的変遷
- ある演出家の特徴的な演出法
- 映画に基づく宗教
- 植民地の領土争奪戦で地図が果たした役割

政治・経済
- 戦争が経済に与える影響
- 人工衛星を利用した経済活動

時事・社会
- 女性の意識の変化
- ある辞書を巡る社会的背景

教育・心理
- 映像の編集方法が見る者に与える効果
- 容疑者から自白を引き出す技術
- 俳優の演技に脳が与える影響

自然・環境
- 火を使って狩りをする鳥
- ほかの生物に擬態するクモ
- ほかの生物を利用して産卵するハチ

次のページからは練習問題。ここで学んだことを使って問題を解いてみよう！

stem 名 茎　component 名 構成部品　balance 名 残高　inmate 名（病院・老人ホーム・刑務所などの）収容者

Read the passage and choose the best word or phrase from among the four choices for each blank.

The Value of Volunteers

Volunteering has long been an important American social and cultural institution. Millions of Americans devote time each year to working without pay at public, private, or non-profit organizations around the country. Due to the fact that volunteering is classified as unpaid labor, however, until now many organizations have had problems identifying its real (**1**). Some organizations account for it at minimum wage—even if the volunteering work requires highly technical expertise. Others measure it at replacement cost: what the organization would have to pay if it substituted a full-time employee for the volunteer. Still other organizations have hesitated to compile statistics on volunteer work at all, for fear it could seem exploitative. After all, volunteers are by definition working for free, yet often resent being referred to as "free labor."

An even more sensitive topic concerning volunteers is their (**2**). Just because labor is unpaid does not mean it is contributing something of worth to an organization. This is partly because, just as with paid labor, too many people doing a single task may cause waste. Volunteers also impose administrative costs on organizations—they must be recruited, monitored, and sometimes given or loaned various types of equipment. They may also receive non-monetary compensation, such as clothing, entry to an event or snacks. The more volunteers there are, the more these costs rise, and in worst cases they may overwhelm the actual organizational benefits provided by volunteers. This is why some organizations are starting to screen volunteers just as they do paid workers, putting them through an interview process. Others try to more precisely evaluate work done by volunteers, most commonly through the Karn Method. This method places a market estimate on work done by volunteers. Laws may also require organizations receiving federal or state assistance or enjoying tax-exempt status to use this or a similar measurement tool.

A concern, though, is that rigorously doing this could reduce volunteering itself. Research shows that the more obstacles that are placed in front of volunteers, the less time they will contribute. The performance benchmarks used for paid workers may not be ultimately applicable to volunteers. The key may be to (**3**) between both the organization and the volunteer so that volunteering barriers are removed but at the same time the volunteering that does occur adds value to the organization.

extinction 名 絶滅　proponent 名 支持者　uprising 名 反乱　perception 名 認識

□□ (1) **1** cost to the many volunteers
2 savings to the local community
3 effect on economic growth in America
4 value by placing it in dollars

□□ (2) **1** concrete assurance of speed
2 amount of confirmed profit
3 compensation for their work
4 degree of actual effectiveness

□□ (3) **1** strike the right balance
2 create more convenient access
3 seek higher profit margins
4 reduce mutual distrust issues

habitat 名 生息環境　bias 名 えこひいき　microbe 名 病原菌　archaeologist 名 考古学者

NOTES

□ non-profit　非営利の

account forには「～を説明する」「～を構成する」「～の原因となる」などさまざまな意味がある。

□ expertise　専門知識

□ screen　～をふるい分ける

□ tax-exempt　免税の

□ applicable　適用できる

ボランティアの価値

ボランティア活動は，長い間アメリカの重要な社会的かつ文化的制度であり続けてきた。毎年何百万人ものアメリカ人が，全国の公的，私的および非営利団体において無給で働くことに時間を割いている。しかしながら，ボランティア活動が無給労働に分類されていることから，今まで多くの団体にとってそれを実際にドルに換算した場合の価値を定めることは困難であった。ある団体は最低賃金で計上する――たとえそのボランティア労働が高度に技術的な専門知識を必要とする場合でも。別の団体は代替コスト，すなわちボランティアを常勤の雇用者で代替した場合に団体が支払わなければならない給料で見積もる。別の団体はなお，搾取的に見られるかもしれないという恐れから，ボランティア労働の統計をまとめること自体をためらってきた。結局，ボランティアたちはその定義からして無報酬で働いてはいるものの，「ただ働き」と見なされることにはしばしば憤慨するのである。

ボランティアに関するさらに微妙な論点は，その実際の効果の程度である。労働が無報酬であるからといって，それが団体に対して多少の価値を提供しているとは限らない。これは，有給労働の場合もそうだが，ただ1つの作業をする人の数が多すぎると無駄を生むことがあるというのが理由の一部である。またボランティアは団体に運営コストを課すことになる――団体はボランティアを募集し，監督し，時にはさまざまな種類の備品を配布したり貸与したりしなければならない。また，ボランティアは衣服やイベント入場資格や軽食などの金銭を伴わない報酬を得ることもある。ボランティアが多ければ多いほどこれらのコストは増大し，最悪の場合にはそれらのコストがボランティアによってもたらされる団体の実際の利益を超過してしまうことがある。このような理由から，一部の団体は，ボランティアを有給労働者と同じように面接にかけて選別することを始めている。別の団体はボランティアがする仕事をより精密に評価することを試みていて，最も一般的にはカーン法が用いられている。この方法は，ボランティアがする仕事に市場的評価を与える。連邦政府や州政府の助成を受けたり，免税資格の恩恵を受けたりしている団体については，この方法もしくは類似の測定手段を用いることが法律によって義務づけられている場合もある。

ただ，この評価を厳密にやってしまうと，ボランティア活動そのものを減らすことになりかねないという懸念もある。目の前に置かれる障害が多ければ多いほど，ボランティアが活動に割く時間が減少するという調査がある。有給労働者に用いられる成果基準は，究極的にはボランティアには適用不可能なのかもしれない。ボランティア活動に伴う障害が取り除かれ，しかし同時に実際の活動が団体に価値を付与するような形で，団体とボランティア双方の間によいバランスを取ることがカギかもしれない。

mutation 名 変異型　attribute 名 特質　nanoparticle 名 ナノ粒子　regime 名 政権

NOTES

(1) 解答 **4**

1 多くのボランティアにかかる経費
2 地域共同体にとっての貯金
3 アメリカにおける経済成長への効果
4 ドルに換算した場合の価値

解説 空所に続く3つの文で述べられている「最低賃金で計上する」「代替コスト…で見積もる」「ボランティア労働の統計をまとめること自体をためらってきた」は，無給労働であるボランティア活動を，さまざまなボランティア団体がどのように金銭に置き換えて計算しようとしているかについての現状である。これにふさわしい選択肢は**4**。

(2) 解答 **4**

1 明確な速度の保証
2 確定した利益の額
3 仕事に対する報酬
4 実際の効果の程度

解説 空所に続く部分では，ボランティアの労働が「団体に対して多少の価値を提供している」かが議論されている。具体的には，段落後半で述べられているように，ボランティアにかかる費用に見合うだけの利益をボランティアは現実にもたらしているか，という問題である。つまり，選択肢**4**の「実際の効果の程度」がこの段落の主題ということになる。

(3) 解答 **1**

1 よいバランスを取る
2 アクセスをより便利にする
3 より大きな利ざやを求める
4 相互不信の問題を薄れさせる

解説 ボランティア活動は高利益を追求するものではなく，また，団体とボランティアの間に不信感があるとも述べられてはいないので，選択肢**3**と**4**はまず除外される。**1**か**2**ということになるが，ボランティアを無制限に受け入れれば費用がかかりすぎ，かと言って受け入れ基準を厳しくすれば参加者が減る，というここまででの流れを考えれば，団体とボランティアの「よいバランスを取る」ことが必要だとわかる。

algorithm 名 アルゴリズム　vet 名 獣医　dispute 名 争議　migration 名 移住

長文の内容一致選択問題を攻略！①

今日の目標

筆記３では長文（500語程度の長文１題と，800語程度の長文１題の合計２題）を読み，それぞれの内容を問う質問に答える。今日は問題の形式と，最近の頻出テーマを確認しておこう。

ポイント１ 問題の形式を把握しよう

長文には必ずタイトルがつけられ，500語程度の長文は3〜4段落，800語程度の長文は7〜8段落で構成されている。用いられる語彙や表現は，筆記２で出題される長文よりもやや難度の高いものである。

500語程度の長文には３問，800語程度の長文には４問の質問が設けられており，それぞれ４つの選択肢から正解を選ぶ。質問は１つの段落の内容に関するものがほとんどだが，中には連続した２つの段落の内容を考えて答えなければならないものもある。

次の例題で１つの段落に１つの質問が対応するパターンを見てみよう。

例題

Corruption as a Cost of Global Aid

In his annual letter about the Gates Foundation, Bill Gates, co-founder of Microsoft, said something that provoked heated controversy. Concerning aid efforts in developing countries, Gates argued that corruption is not as big an obstacle to development as many people believe. Instead, he describes bribes and kickbacks as "an inefficiency that amounts to a tax on aid." Such a statement from the head of a leading global donor organization was not only unprecedented, but it flew in the face of prevailing wisdom. Take former President of the World Bank Jim Yong Kim, for example, who asserted, "In the developing world, corruption is public enemy number one." Kim and most heads of large donor organizations have to take a tough stand on corruption, because the public views corruption as the biggest obstacle to development. In one British survey, for example, 57 percent of respondents reported that corruption eats up so much of foreign aid that it is essentially a wasted effort. It is small wonder, then, that leaders of donor organizations are unwilling to take a similar stand to Gates, who, as the main donor to his foundation, is beholden to no one. He can say what he pleases without fear of backlash from donors.（以下略）

(1) What is one difference between Bill Gates and other donor-organization leaders?

1 He is viewed primarily as a businessperson, and people are more accepting of corruption in business than in development aid.

2 He wields considerably more influence because of his wealth and worldwide fame, so more people are agreeing with him.

laborer 名（肉体）労働者　Prohibition 名（米国の）禁酒法時代　reservoir 名 貯水池　crack 名 割れ目

3 He has access to more information about the effects of corruption on development and sees it as his duty to inform the public.

4 He is in the position of not having to face the same pressures to conform to public opinion that other donor-organization leaders face.

訳　国際援助の代価としての汚職

ゲイツ財団についての年次書簡の中で，マイクロソフト社の共同創業者であるビル・ゲイツが述べたことが，激しい論争を引き起こした。発展途上国での援助活動に関して，汚職は多くの人が考えるほど発展にとって大きな障害ではない，とゲイツは論じた。それどころか，賄賂とリベートは「援助に税金をかけるのと同程度の無駄」なのだと彼は評している。主要な世界的寄付団体のトップによるこうした発言は前例がないのみならず，世間一般の常識と真っ向から衝突するものだった。元世界銀行総裁ジム・ヨン・キムを例に取ってみよう。彼は「発展途上の国々において汚職は社会の最大の敵である」と断言した。大衆は汚職を発展への最大の障害と見なすので，キムや大規模な寄付団体のほとんどのトップは汚職に対して厳しい姿勢をとらざるを得ない。例えば英国のある調査では，回答者の57%が，海外援助の多くは汚職の餌食になるので援助は本質的に無駄な努力だと答えた。そうであれば，自らの財団への主な寄付者として誰にも借りのないゲイツと同じような態度を寄付団体の指導者たちがとりたがらないのも，さして不思議ではない。彼は寄付者からの反発を恐れずに言いたいことを言えるからだ。

(1) ビル・ゲイツとほかの寄付団体の指導者の違いの1つは何か。

1 彼は主に実業家と見なされており，人々は開発援助における汚職よりビジネスにおける汚職の方をより受け入れている。

2 彼の方が富と世界的名声のおかげでずっと大きな影響力を振るうので，より多くの人々が彼に賛成している。

3 彼は発展に及ぼす汚職の影響に関する情報をより多く入手でき，大衆に知らせることが自分の義務だと考えている。

4 彼は，世論に同調するという，ほかの寄付団体の指導者が直面するのと同じ圧力に直面しなくても済む立場にいる。

解答：4

解答のテクニック

- ゲイツは汚職は大した障害ではないと発言したが，汚職は社会の最大の敵だというのが世間の常識であり，一般の寄付団体は汚職に厳しい姿勢を示さざるを得ない。ゲイツが違うのは，最後の2文に書かれているように，自分が自分の財団の主要な寄付者なので，世間の反発を恐れずに好きなことが言える点である。そうした事情を，**4**がconform to public opinion「世論に同調する」圧力を感じるかどうかという視点で，**本文とは違う表現を用いてまとめている。**

ポイント2　頻出テーマを確認しておこう

筆記3の長文は筆記2と同様，さまざまな分野の論説文で，「政治・経済」「歴史・文化」など人文系のトピックから「自然・科学」「医学・テクノロジー」といった理系のトピックまで，幅広く出題されている。中でも「政治・経済」が増加傾向にあり，「歴史・文化」も含め多くは19世紀と20世紀の英米の近現代を扱っているが，南米やアフリカも題材に選ばれている。理系では，生命の発達や進化といった生物学に関するトピックがさまざまなアプローチで取り上げられているのが目立つ。心理学や近年話題になっているテクノロジー関連のトピックも出題されている。また，分野にかかわらず，1人の思想家・作家・科学者などの仕事に焦点を当てたトピックも散見される。

次のページからは練習問題。ここで学んだことを使って問題を解いてみよう！

inhabitant 名 住民　commitment 名 責任　rebellion 名 反乱　capitalism 名 資本主義

Read the passage and choose the best answer from among the four choices for each question.

Land or Water?

The question of whether life on Earth first evolved in the ocean or on land has long provoked debate among scientists. During the 1950s, the vast majority of researchers assumed living things first emerged from an ocean environment. It was known that carbohydrates and proteins were essential building blocks of life and that they could have been formed around molecules composed of carbon-based chemicals found in the early oceans. This idea was supported by Stanley Miller's influential 1953 experiment in which he took one glass container filled with water to simulate the ocean and connected it with another containing various gasses that were present in the atmosphere billions of years ago. By heating and passing electric shocks through the two containers, he was able to produce a chemical called glycine, which is an essential ingredient for protein synthesis. Based on this, it seemed likely that organic matter had arisen near the surface of the ocean following a lightning strike.

Various objections have been raised against this hypothesis. First, some researchers believe that the vast scale of the ocean would have made the odds of molecules coming together to form the building blocks of life too remote. Furthermore, the fact that saltwater contains a huge amount of sodium makes it unlikely that proteins could have developed in it. Their formation requires large amounts of another chemical called potassium, but sodium prevents potassium from performing its role during protein synthesis. Areas on land, however, contain what are known as "mud pots," which are formed where heat from under the ground creates steam that rises to the surface and condenses. It transports numerous minerals, including potassium, so these areas would be ideal for protein formation. Although modern mud pots are high in acid that would be fatal to organic life, it should be remembered that in the billions of years since the beginning of life, there have been substantial changes in the atmosphere. In those days, oxygen was quite scarce, and the harmful acid would not have formed without it.

Interestingly, the father of evolution, Charles Darwin, speculated that life may have evolved in "warm little ponds." At that time, no one had heard of DNA, and little was known about the formation of proteins, but Darwin suggested that simple chemicals in water could spontaneously form organic compounds if they were able to obtain energy from heat, light, or electricity. Many modern researchers feel he was on to something. While some scientists still contend that life could have formed in ocean vents where hot water from inside the planet rises to the seafloor, this view so far lacks experimental

legacy 名 (過去からの) 遺産　offender 名 犯罪者　propaganda 名 プロパガンダ　republic 名 共和国

support. In contrast, there are extremely promising lab simulations of conditions that existed on Earth's surface, which resulted in the synthesis of the building blocks necessary for the formation of organic molecules. Areas such as mud pots would have had the necessary temperatures, and a process involving an area repeatedly filling up with water and then evaporating would have created conditions equivalent to those envisaged by Darwin.

□□ **(1)** Stanley Miller's experiment was thought to demonstrate that

1 the first forms of life could not have developed without the presence of both electricity and glycine.

2 life in the oceans may have first arisen much earlier than most scientists had previously believed to be true.

3 the gasses in the atmosphere billions of years ago would have led to the formation of a different type of life than we know today.

4 materials necessary for the creation of proteins could have been formed in the ocean.

□□ **(2)** In the second paragraph, the author of the passage mentions changes in the atmosphere in order to

1 demonstrate that the effect that sodium may have had on potassium is actually less important than some researchers believe.

2 explain that even though life could not form in mud pots today, conditions were very different when it first happened.

3 make an argument about why mud pots would have been much more common during Earth's early period.

4 show how it would be possible for potassium molecules to have been formed in saltwater environments.

□□ **(3)** What do many modern researchers believe about Charles Darwin's "warm little ponds" idea?

1 It can neither be confirmed nor rejected because there is no real evidence to support either side of the argument.

2 It is evidence that Darwin actually knew more about how proteins formed than had been previously believed.

3 It is supported by recent experiments in which the materials necessary to form living things were able to be created.

4 It is an idea that is difficult to test because the environment today is vastly different from that of Darwin's time.

telescope 名 望遠鏡　the humanities 名 人文科学　immunization 名 予防接種　islander 名 島民

NOTES

□ building block
構成要素

be on toまたはbe ontoは，「(重大な情報・悪事など）を感づいている，～に気づいている」という意味。

□ vent　噴出孔

□ envisage　～を想像する

陸か水か

生命が地球で初めて進化したのは海か陸地かという疑問は，昔から科学者の間で論争を呼んできた。1950年代には，生物は最初海の環境から現れたと研究者の大多数が推測していた。炭水化物とタンパク質が欠くことのできない生命の構成要素であり，それらは初期の海に存在した炭素系化学物質からなる分子の周りに形成されたのかもしれないことがわかっていた。この考えは，スタンリー・ミラーが1953年に行った，大きな影響を及ぼした実験によって裏づけられた。彼はその実験で，水で満たした1つのガラス容器を用いて海の模擬装置を作り，数十億年前の大気に存在したさまざまな気体を入れた別の容器とつなげた。2つの容器を加熱し電撃を流すことで，彼はタンパク質合成の必須成分であるグリシンという化学物質を作ることができた。これに基づくと，おそらく有機物は落雷に続き海面近くで出現したのだろうと思われた。

この仮説にはさまざまな反論が提起されてきた。まず，一部の研究者は，海の広大な規模からすれば，分子が集まって生命の構成要素を形成した確率は低すぎるだろうと考える。さらに，塩水には膨大な量のナトリウムが含まれることから，その中でタンパク質が生成されたであろう可能性は低い。タンパク質の形成にはカリウムという別の化学物質が大量に必要だが，タンパク質合成の間にカリウムが役割を果たすのをナトリウムが妨げるのである。しかし陸地には，「泥水泉」として知られるものを含む場所がある。泥水泉は，地中からの熱が蒸気を作り出し，それが地表に上昇して凝結する所で形成される。蒸気はカリウムを含む多数のミネラルを運ぶので，これらの場所はタンパク質合成に理想的だろう。現代の泥水泉は有機生物の命にかかわるだろう酸を多く含むが，生命が始まってから数十億年で大気にかなりの変化があったことを忘れてはいけない。当時，酸素はかなり乏しく，有害な酸は酸素なしでは形成されなかっただろう。

興味深いことに，進化の父チャールズ・ダーウィンは，生命は「温かい小さな池」で進化したのかもしれないと推測した。当時，DNAの存在を知る人はおらず，タンパク質の形成について知られていることはほとんどなかったが，ダーウィンは，熱か光か電気からエネルギーを得ることができれば，水の中の単純な化学物質が自然発生的に有機化合物を形成できるかもしれないと示唆したのである。現代の多くの研究者は，彼が何か重大なことに気づいていたと感じている。地球内部からの熱水が海底へと上昇する海の噴出孔で生命が形成されたのかもしれないといまだに主張する科学者もいるが，この意見はこれまでのところ実験による裏づけを欠いている。対照的に，地表に存在した条件の極めて有望な実験室でのシミュレーションがあり，有機分子の形成に必要な構成要素の合成という結果を生んだ。泥水泉のような場所には必要な温度があっただろうし，繰り返し水で満たされては蒸発する場所に関係する一連の作用は，ダーウィンが思い描いたのと等しい条件を作り出したことだろう。

extinct 形 絶滅した　electoral 形 選挙の　subsequent 形 その後の　controversial 形 物議を醸す

NOTES

(1) 解答 **4**

スタンリー・ミラーの実験は次のことを証明すると考えられた。

1 生命の最初の形態は電気とグリシン両方の存在がなければ発達することができなかっただろう。

2 海の生命は，ほとんどの科学者が以前考えていたよりはるか前に最初に出現したかもしれない。

3 数十億年前の大気中の気体によって，私たちが今日知っているのとは異なる種類の生命が形成されたのだろう。

4 タンパク質を作り出すのに必要な物質が海で形成されたかもしれない。

解説 第1段落第3文（It）によると，生命には炭水化物とタンパク質が必須で，それらは海の炭素系化学物質と結合して形成された。続く2文で記述されているミラーの実験では，数十億年前の海と大気を模した装置を用い，タンパク質合成に必須のグリシンという化学物質を作ることができた。つまり，炭素系化学物質＝グリシンであり，生命のもとになった物質が海で形成されたという考えが裏づけられたことになる。

(2) 解答 **2**

第2段落でこの文章の筆者は大気の変化に言及しているが，それは，

1 ナトリウムがカリウムに与えたかもしれない影響が，一部の研究者が考えるより実際は重要ではないことを証明するためである。

2 今日の泥水泉では生命が形成されないかもしれないにせよ，最初に生命が起こったときは条件が大きく違ったことを説明するためである。

3 地球の初期に泥水泉がはるかによく見られたであろう理由について主張するためである。

4 カリウム分子がどのように塩水環境で形成され得たかを示すためである。

解説 changes in the atmosphereは第2段落第7文（Although）に出てくる。ここまでの記述を追うと，タンパク質の形成にはカリウムが必要→海ではナトリウムがカリウムの役割を邪魔する→陸地の泥水泉にはカリウムがある→現代の泥水泉は生命に有害な酸も含む，となっている。段落最後の文では，数十億年前の大気には有害な酸を作る酸素が乏しかった，と書かれている。つまり，泥水泉における生命形成の条件が今とは違ったことになる。

(3) 解答 **3**

チャールズ・ダーウィンの「温かい小さな池」という考えについて現代の多くの研究者はどう考えているか。

1 議論のどちらの側にも裏づけとなる真の証拠がないので，確証することも退けることもできない。

2 タンパク質の形成のされ方について，それ以前に考えられていたよりダーウィンが実際は多くのこと知っていた証拠である。

3 生物を形成するのに必要な物質を作り出すことができた最近の実験によって裏づけられている。

4 今日の環境はダーウィンのころの環境とは大きく違うので，検証するのが難しい考えだ。

解説 第3段落の最初の2文によると，ダーウィンが「温かい小さな池」でイメージしたのは，水中の化学物質がエネルギーを得て生命を生むことで，その考えは泥水泉に通じる。第5文（In）の実験では，地表に存在した条件で「有機分子の形成に必要な構成要素の合成」に成功した。これを**3**が「生物を形成するのに必要な物質を作り出すこと」と言い換えている。

disruptive 形 固定観念を壊す　robotic 形 ロボットの　toxic 形 有毒な　domesticated 形 家畜化された

英文要約問題を攻略！①

今日の目標

筆記4は，英文を読み，その内容を自分の言葉で言い換えながら要約にまとめる問題。今日は，要約問題の基本的な形式と解答の手順について確認していこう。

ポイント1 問題の形式と解答の手順を把握しよう

筆記4の英文要約問題は，3つの段落で構成される300語程度で書かれたアカデミックな文章を読み，その内容を自分の言葉を用いて90～110語の長さでまとめる形式だ。解答時間の目安は20分程度で，下書きを問題冊子に書き込んでも構わない。**文章の内容を正確に把握するだけでなく，自分の言葉を用いて，簡潔にまとめる力が求められる。**

解答には，「読む」と「書く」という2つの技能が求められる。まず「読む」パートでは，文章のトピック，各段落のキーポイント，段落間の論理展開，主張（メインアイデア）をとらえることが求められる。次に「書く」パートでは，各段落の**キーポイント**と**主張**を適切な語句や文法を用いて簡潔にまとめ，**ディスコースマーカー**（→14日目）を用いて，論理的な文章にすることが求められる。また，本文中の**固有名詞**や，数値や年代といった**数字**は省略するか，総称的または抽象的な語句で置き換えながらまとめていく必要がある。

ポイント2 段落ごとの要旨と文の主張を押さえよう

ここからは，例題を見ながら要約問題の解き方を確認していこう。本文には，主張と，主張を支えるキーポイントが含まれている。まずは本文全体に目を通し，トピックをとらえながら**本文の主張**と各段落に散りばめられている**複数のキーポイント**を見つけて，「なぜその主張に至るのか」を把握しよう。それぞれの文を1文ずつ丁寧に読むのではなく，スキミング（→17日目）によって，各段落の要旨をとらえると効果的だ。例として，「生活習慣の改善と報酬の関係」に関する文章を見てみよう。

例題

①Every year, billions of individuals worldwide undertake the difficult task of making lifestyle changes, such as quitting smoking or getting more exercise. In an attempt to assist smokers in breaking their habit, researchers at the University of Wisconsin invited people to take advantage of a free service that provided advice on giving up tobacco. Some of them were offered money if they used the service five times, and others got nothing. ②While the vast majority of all participants were unable to kick the smoking habit, the researchers found that 22 percent of individuals who were provided with financial incentives remained smoke-free six months after the study. This figure was only 14 percent for those who were not compensated. Another study of pregnant smokers at the same university also produced similar findings.

An experiment by a researcher at the University of Pennsylvania on using payments to

founder 名 創設者　hydrogen 名 水素　slavery 名 奴隷制度　warfare 名 戦争（行為）

motivate people to exercise also produced intriguing results. One group of participants was paid $1.40 each time they worked out. A second was given $42 in advance, but $1.40 was deducted each time they failed to follow the program. This group was far more faithful in sticking to the routine. This indicates that ③taking advantage of human reluctance to sacrifice something one already possesses could be a promising method for prompting lifestyle changes.

④The idea of providing financial incentives or tax breaks to citizens who attempt to quit smoking or exercise may, of course, seem impractical due to the enormous expense that would be involved. ⑤However, governments are currently spending huge sums on things like medical treatment for smokers, insurance companies are making gigantic payouts for healthcare, and obesity is said to greatly reduce worker productivity. ⑥Therefore, measures that would facilitate lifestyle changes may actually be a wise investment.

訳

毎年，世界中で何十億人もの人々が，禁煙や運動不足の解消など，生活習慣の改善という難しい課題に取り組んでいる。ウィスコンシン大学の研究者たちは，喫煙者が習慣を断ち切る手助けをしようと，タバコをやめるためのアドバイスを提供する無料サービスを利用するよう呼びかけた。サービスを5回利用すればお金がもらえる人と，何ももらえない人がいた。全参加者の大多数は喫煙習慣をやめることができなかったが，金銭的インセンティブを受けた人の22%は，研究の6か月後に禁煙を続けていたことに研究者たちは気づいた。報酬を得ていない人では，この数値はたったの14%であった。同大学で行われた妊娠中の喫煙者を対象とした別の研究においても，同様の結果が得られた。

ペンシルベニア大学の研究者によって行われた運動意欲を高めるために支払いを用いる実験でも，興味深い結果が出た。1つ目の参加者のグループには，運動するたびに1ドル40セントが支払われた。2つ目のグループには事前に42ドルが支払われたが，プログラムに従わなかった場合には毎回1ドル40セントが差し引かれた。このグループの方が，日課をはるかに忠実に守った。これは，すでに持っているものを犠牲にしたくない人間の気持ちを利用することが，生活習慣の変化を促すのに期待できる方法かもしれないことを示している。

禁煙や運動をしようとする国民に金銭的インセンティブや税制上の優遇措置を与えるという考えは，もちろん莫大な費用がかかるために，非現実的に思えるであろう。しかし，現在，政府は喫煙者の治療などに巨額の支出をしており，保険会社は医療費に巨額の支払いを行い，また，肥満は労働者の生産性を大きく低下させると言われている。したがって，生活習慣の変化を促進するような措置は，実際のところ，賢明な投資なのかもしれない。

要約例

Studies have demonstrated that ❶although making lifestyle changes can be difficult, ❷paying people has the potential to facilitate their efforts. Smokers who were trying to quit showed better results when they received financial remuneration than those who did not. ❸There is also evidence that it is more effective to give out a monetary reward and then threaten to remove it if people do not achieve success than it is to compensate them each time they are successful. ❹It seems that while paying money to encourage people to make lifestyle changes can be expensive, the financial benefits of a healthy population may outweigh the costs. (104語)

訳

生活習慣を変えるのは難しいかもしれないが，人々に金銭を支払うことで努力が促進されるかもしれないことが研究で実証されている。禁煙しようとする喫煙者は金銭的な報酬を受けた場合，そうでない者よりよい結果を示した。また，成功のたびに報酬を与えるよりも，報酬を与えてから，成功しなければ報酬を取り上げると脅す方がより効果的だという証拠もある。生活習慣の変化を促すためにお金を払うのは高くつくかもしれないが，健康的な人口がもたらす経済的利益はそのコストに勝る可能性があるようだ。

criterion 名 基準　asset 名 資産　conviction 名 確信　corruption 名 （道徳的）腐敗

解答のテクニック

- 数値や固有名詞，繰り返しなどの**余分な部分と**，要約に組み込む必要がある**キーポイントや主張を区別しよう。**
- それぞれの段落は**1～2文程度**にまとめる。
- 各段落の構成を把握すると，文章全体の要旨と論理展開がとらえやすくなる。例題の段落構成は次のようになっている。

第１段落：主題の導入（報酬は喫煙などの生活習慣の改善に効果的である）
第２段落：主題の分析［展開］（報酬は，成功のたびに支払われるよりも，先にまとめて支払われる方が，すでに持っているものを犠牲にしたくないという心理が働くため，生活習慣の変化を促すのにより効果がある）
第３段落：主張の提示（喫煙者に対する医療費や肥満の人の社会での生産性の低下といった多くの問題を解決するために，生活習慣の改善に多額の費用をかけることは，賢い投資である）

各段落の内容を把握するだけでなく，段落間の論理的なつながりを把握しながら，主張を特定することに努めよう。第１段落でまず，主題の提示がなされ，第２段落で，その主題が分析されており，最後に，第３段落では，第１段落，第２段落の内容を踏まえた筆者の主張が提示されている。段落ごとに詳しく見ていこう。

- 第１段落の①では，「生活習慣を変えることは難しい」ことが述べられている。①の主張は，②の実験の参加者の大半が喫煙習慣を断つことができなかったことに裏づけされるものであるが，続けて「金銭的インセンティブを受けた人の22％は，研究の6か月後に禁煙を続けていた」ことと，「報酬を得ていない人では，この数値はたったの14％であった」ことが述べられている。このことから，第１段落の要旨は「生活習慣を変えるのは難しいものの，金銭的報酬が生活習慣の改善に効果的である」だとわかる。要約例では，①②から読み取った段落の要旨が❶❷のように譲歩を表すalthoughを用いて１つの文にまとめられている。このように要約の際には，ディスコースマーカーを用いて，**キーポイントや主張の因果関係を明確にする。**
- 第２段落では，第１段落で提示された主題がより深く分析されている。「報酬は，成功のたびに支払われるよりも，先にまとめて支払われる方が，すでに持っているものを犠牲にしたくないという心理が働くため，生活習慣の変化を促すのにより効果がある」ことが③から読み取れ，第１段落の「報酬があると生活習慣が変えやすい」という段落の内容との論理関係を考えると，第２段落の内容は，第１段落の内容を別の切り口からより詳細に分析したものであることがわかる。要約例の❸では，alsoという副詞を用いて，第１段落と第２段落の**段落間の論理展開を明確にしている。**FurthermoreやIn additionなどを代わりに挿入してもよい。
- 第３段落では，筆者の主張が提示されている。④と⑤に目を向けると，④では「禁煙や運動する国民に対して優遇措置を与えることには多額の費用がかかる」という懸念点が述べられており，⑤では「政府は喫煙者の治療などに巨額の支出をし，保険会社は医療費に巨額の支払いを行い，また，肥満は労働者の生産性を大きく低下させている」という現在の問題点が述べられている。④と⑤を比べた結果，筆者は，⑥に見るように，「生活習慣の改善に多額の費用をかけることは，賢い投資かもしれない」という主張を導き出している。したがって，要約例では，「生活習慣の変化を促すためにお金を払うのは高くつくかもしれないが，健康的な人口がもたらす経済的利益はそのコストに勝る可能性がある」と④～⑥を❹のように，whileを用いて１文で筆者の主張をまとめている。

vent 名 通気孔　incentive 名 刺激　prosecutor 名 検察官　potential 形 潜在的な

ポイント3 評価観点を踏まえて要約をしよう

要約は「内容」,「構成」,「語彙」,「文法」の4つの観点からそれぞれ0〜8点の9段階（32点満点）で評価される。つまり，単なる文章の切り貼りや箇条書き，同じ語句の繰り返しは避け，適切な語句や文法を用いて文章を言い換えながら，論理的に文章の要旨をまとめることが求められている。

文章のキーポイントや主張がきちんと含められているか，文章の論理に沿って書かれているか，適切な語句を用いて言い換えられているか，文法が適切に用いられているかといった点に気をつけながら要約しよう。19日目，20日目でもポイントを解説する。

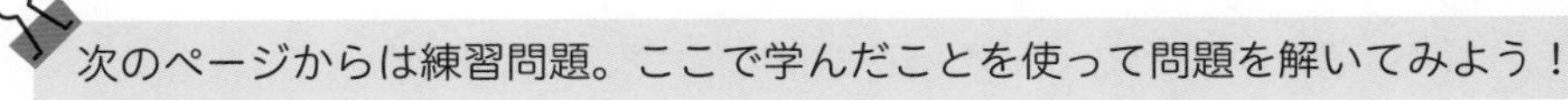

indigenous 形 土着の　enormous 形 巨大な　widespread 形 広範な　inevitable 形 避けられない

練習問題

目標時間 20分

- Instructions: Read the article below and summarize it in your own words as far as possible in English.
- Suggested length: 90-110 words

In the opening years of the twenty-first century, there was increasing optimism that humanity was prevailing in the battle against malaria, an often deadly disease spread by bites from mosquitoes. Innovations such as nets soaked in insecticide that helped to ward off mosquitoes along with drugs that decreased people's chances of becoming infected were leading to significant reductions in malaria case numbers, especially in Africa. In particular, malaria was becoming rare in urban areas there until a mysterious rise in cases was detected in 2019. That outbreak has been attributed to a type of mosquito known as *Anopheles stephensi*, which is not native to Africa but is thought to have migrated from Asia.

Most of the 228 million malaria cases in Africa come from mosquitoes like the *Anopheles gambiae*. The odds of contracting malaria from an individual *Anopheles stephensi* mosquito are far lower than from varieties such as the *Anopheles gambiae*. However, *Anopheles stephensi* is presenting some unique challenges. Outbreaks involving other breeds typically occur in rural areas and are limited to a specific portion of the year during the rainy season. In contrast to its rural cousins, *Anopheles stephensi* is able to survive in puddles that form in man-made containers year round in cities. Furthermore, it has a higher level of resistance to toxic chemicals typically used to combat mosquitoes.

Perhaps even more concerning is the realization that malaria outbreaks in urban areas may have more severe consequences there. In rural areas, repeated exposure to malaria may confer a degree of immunity over time. Urban populations that have never been exposed, however, often lack this acquired resistance. As a result, outbreaks in cities can spread more rapidly. This shift in focus from rural to urban settings highlights the need for a novel, comprehensive, and flexible strategy to both counter *Anopheles stephensi* and provide treatment for its victims.

 defy 動 ～に反抗する　ambush 動 ～を待ち伏せして襲う　obliterate 動 ～を消す　secede 動 脱退する

NOTES

21世紀の初頭には，蚊に刺されることで感染し，死に至ることもしばしばある病気であるマラリアとの闘いにおいて，人類が優勢に立っているとの楽観的な見方が増えていた。蚊を追い払うのに役立つ殺虫剤を染み込ませた蚊帳などの技術革新は，感染する確率を下げる薬剤とともに，特にアフリカでのマラリアの患者数の大幅な減少につながっていた。とりわけ，2019年に謎の感染者増加が検出されるまでは，マラリアはアフリカの都市部ではまれになりつつあった。その突然の広がりは，アノフェレス・ステフェンシとして知られる種の蚊が原因とされており，この蚊はアフリカ原産ではなく，アジアから移動してきたと考えられている。

アフリカにおける2億2,800万件のマラリア感染者の多くは，アノフェレス・ガンビエのような蚊によるものである。個々のアノフェレス・ステフェンシからマラリアに感染する確率は，アノフェレス・ガンビエのような種から感染する確率よりはるかに低い。しかし，アノフェレス・ステフェンシは特有の課題を生じさせている。ほかの種に関連する大流行は通常，農村部で発生し，雨季の間の特定の時期に限られる。しかし農村部にいる同類の蚊とは対照的に，アノフェレス・ステフェンシは一年中，都市部で人工的な容器にできた水たまりで生き延びることができる。さらに，それは，通常蚊の駆除に使用される毒性の薬剤に対してより高い抵抗力を持っている。

さらに懸念されるのは，都市部で発生したマラリアの大流行が，そこでより深刻な結果をもたらす可能性があることだろう。農村部では，マラリアに繰り返しさらされることで，ある程度の免疫が時間の経過とともに獲得される可能性がある。しかし，一度もマラリアにさらされたことのない都市部の住民には，このような獲得耐性がないことが多い。その結果，都市部での流行はより急速に拡大する可能性がある。このように焦点が農村部から都市部の環境へと移ったことは，アノフェレス・ステフェンシへの対策と，その感染者への治療の提供，両方のための斬新で包括的かつ柔軟な対策の必要性を浮き彫りにしている。

□ prevail　勝る，圧倒する

□ ward off　～をかわす，～を追い払う

□ contract　（重い病気）に感染する

□ cousin　よく似たもの，いとこ分

□ highlight　～を目立たせる

解答例

In the past, measures for preventing mosquitoes from giving people malaria seemed to be decreasing the incidence of the disease, but a type of mosquito, possibly from Asia, called *Anopheles stephensi*, is now hampering efforts to fight the disease in Africa. Although this mosquito is less likely to transmit malaria than other breeds are, it is better adapted to cities and is less affected by pesticides. On top of that, because many urban residents have not gained immunity to malaria, the disease may spread rapidly in cities, so innovative solutions for dealing with the mosquito and the disease will be necessary. (101語)

蚊の種類を問わない文脈なので，蚊全体を指すのにmosquitoesと複数形を用いているが，the mosquitoでも蚊全体を指すのに用いることができる。

slash 動 ～を大幅に削減する　mutate 動 変異する　decimate 動 ～を大量に減少させる　condemn 動 ～を激しく非難する

NOTES

以前は，蚊が人にマラリアをうつさないようにする対策がマラリアへの感染を減らしているように見えたが，現在では，おそらくアジアから来た，アノフェレス・ステフェンシと呼ばれる種類の蚊がアフリカでのその病気との闘いを妨害している。この蚊はほかの種に比べてマラリアを媒介する可能性が低いものの，都市部への適応性がより高く，殺虫剤の影響をより受けにくい。その上，多くの都市の人々はマラリアに対する免疫を獲得していないため，マラリアは都市部で急速に広がる可能性があるので，蚊と病気に対処するための革新的な解決策が必要となるだろう。

解説 第1段落では，本文のトピックと提起される問題を把握する。第1文のthere was increasing optimism ... や第2文の ... were leading to significant reductions in malaria case numbers ... から，「マラリアの感染」がトピックであると判断できる。続けて問題を特定する。第3文の ... until a mysterious rise in cases was detected in 2019と第4文のThat outbreak has been attributed ... から，問題は「外来種の蚊による都市部でのマラリア感染が増加している」ことであると特定できる。第2文でマラリアの感染減少について言われているものの，第3文では都市部でのマラリアの感染増加が述べられていることから，2つの文は逆接の関係に当てはめられることがわかる。

第2段落では，第1段落で挙げられた問題の原因を把握する。第2段落第5文In contrast to its rural cousins, *Anopheles stephensi* is ... と第6文Furthermore, it has ... から「外来種の蚊は人工容器にできた水たまりでも一年中生きることができ，殺虫剤にも耐性がある」という2つの原因が読み取れる。FurthermoreやHoweverなどのディスコースマーカーの前後には，重要な内容が述べられていることが多い。スキミングの際には，ディスコースマーカーの周辺の内容を重点的に押さえながら，追加や逆接などの論理展開を整理していくと段落の要旨を把握しやすい。

第3段落は，問題のさらなる懸念点，さらには，それを踏まえた筆者の主張という順に話題が流れていく。第3段落第3文でUrban populations that have never been exposed ... と懸念点が述べられており，それが「都市部での感染が急速に進む」という結果を招く可能性があることが読み取れる。その結果を踏まえて，第5文This shift in focus from rural to urban settings ... では筆者の主張が提示されている。これらをまとめると「都市部でマラリアが急速に流行する可能性があるため，外来種の蚊とマラリア感染者のそれぞれに対して，これまでとは異なった対策が必要である」という要旨になる。

要約例では，第1文で具体的な数値や固有名詞は基本的に排除し，In the opening years of the twenty-first centuryをIn the pastのように抽象化して置き換えている。ただし，必ずしもすべての固有名詞を排除する必要はなく，要約例のmalariaやAfricaのように，要旨を表現するのに欠かせない語である場合には，無理に抽象化したり言い換えたりせず，そのまま使用してもよい。ほかにも，本文のInnovationsはmeasuresへ，malaria case numbersはincidence of the diseaseへと言い換えている。また，マラリア感染は減少していたが，感染が急増したという逆接の論理展開はbutを挿入して再現している。第2文では第2段落第3文冒頭のHoweverによって表される逆接の論理展開を生かしながら，2つの原因をit is better adapted to citiesとis less affected by pesticidesという本文で用いられている語句とは異なる表現でまとめている。pesticidesのほかにもrepellent（虫除け）を用いてもよい。第3文では本文第3段落で説明された追加の懸念点について述べるため，追加のディスコースマーカー On top of thatを用いて第2文との論理関係を明確にしている。Urban populationsはurban residentsへ，a novel, comprehensive, and flexible strategyは複数の形容詞が並列されているので，innovative solutionsとそれらの形容詞をまとめる広い意味の語を使った表現へ言い換えている。

correlate 動 ～を互いに関連させる　descend 動 由来する　imprison 動 ～を投獄する　inflict 動（打撃など）を与える

英作文問題を攻略！①

今日の目標

筆記5は，与えられたトピックについて自分の意見をまとめ，それを支える3つの理由を挙げて200～240語程度の長さのエッセイを書く問題。今日はトピックの押さえ方やエッセイの基本的な構成を確認しておこう。

ポイント1 トピックをしっかり押さえて自分の立場を決めよう

英作文問題のトピックは，「賛成か反対か：諸政府は気候変動を止めるためにもっと努力すべきである」などといった，**現代社会が抱える社会性の高い諸問題についての意見**を問うものである。形式的には，Should ...? などの疑問文，またはAgree or disagree: ... など，**ある問題に対する賛否を問う形**になっている。

例題

TOPIC ***Agree or disagree: Governments should make more effort to stop climate change***

書き始めるにあたり，まずは自分が**トピックに対して肯定的な立場で書くのか，否定的な立場で書くのかを明確に決める必要がある**。肯定的な面も否定的な面もある，という中立的な立場で書くことも可能だが，どちらかの立場にはっきり決めた方がずっと書きやすくなるだろう。

ポイント2 意見を支える理由を考える

自分の立場を決めたら，その立場を選んだ理由を3つ挙げる。**理由は多様な観点から考え，意見を支える論拠や説明が明確で説得力のあるものでなければならない**。3つの理由を考えたら，それらをどのような**具体的な事例と関連づけて**，どのような順序で論を展開するか，大まかな構想を練る必要がある。

ポイント3 エッセイの基本的な構成を押さえよう

エッセイは，**「序論」「本論」「結論」の3部構成**で書くよう指示されている。「本論」で3つの理由を挙げて論を展開することになるので，**「序論」1段落，「本論」3段落，「結論」1段落の5段落構成**で書くのがわかりやすいだろう。例題の解答例から，実際の構成を見てみよう。

解答例（序論）

Although tackling climate change is crucial, many world governments are failing to take sufficient action. Terrifying temperature predictions, the growing threat of natural disasters, and the irreparable damage being done to the earth, however, make urgent action necessary.

left-wing 形 左翼の　ultimately 副 最終的には　initially 副 最初は　genetically 副 遺伝的に

解答のテクニック

- 序論では，最初の文でトピックの内容を簡潔にまとめたり表現を変えて繰り返したりした後，それに対して自分は肯定する立場なのか否定する立場なのかを明らかにする。ここでは「世界の多くの政府は十分な行動を取っていない」とトピックに対して肯定的な立場に立ち，その後に「恐ろしい気温予測」，「自然災害の増大する脅威」，「地球に加えられている取り返しのつかないダメージ」という，気候変動が地球に与える3つの影響を理由として列挙している。3つの理由については次の本論で具体的に述べることになる。

解答例（本論）

Firstly, according to some scientists, the average global temperature could rise by as much as 4°C by the end of the century if swift action is not taken. This could cause droughts that have huge effects on the world's food supply. Therefore, governments need to pass and enforce much stricter laws to reduce carbon emissions.

Secondly, rising temperatures are clearly intensifying natural disasters. Severe typhoons and hurricanes are causing massive amounts of damage to property and infrastructure. While measures to reduce global warming may seem expensive, in the long run, they will be cheaper for governments than dealing with worsening natural disasters.

Finally, much of the harm that is occurring can never be undone. If the last remaining members of endangered species like polar bears die or ecosystems like the Great Barrier Reef are destroyed, they will be gone forever. Therefore, governments must work to find alternative energies, promote electric vehicles, and reduce deforestation in order to stop climate change and protect nature.

解答のテクニック

- 本論では序論で列挙した3つの理由について，具体例などを挙げながら自分の立場を補強するための論を展開していくことになる。その際，（必ずそうしなければならないわけではないが）解答例のように本論を3段落に分け，各段落の最初の文（トピック・センテンス）でそれぞれの理由に言及し，続く文で具体例を挙げながら論拠を示していくのが最も書きやすく，また説得力のある構成になるだろう。

解答例（結論）

As we can see from the dire temperature predictions, frequent news reports of disasters, and disappearance of species and ecosystems, governments must start immediately to slow and then reverse the pace of global warming.

解答のテクニック

- 結論ではまず，序論と本論で述べた3つの理由を言葉や視点を変えてまとめる。ここでは第1の理由についてはterrifying→direという単語レベルの言い換え，残りの2つの理由については「災害の頻繁な報道」「種と生態系の消滅」という序論とは異なる視点からの言い換えを用いている。それを踏まえて改めてトピックに対する自分の立場（肯定か否定か）を最後の文で再確認して結ぶのがよい。

次のページからは練習問題。ここで学んだことを使って問題を解いてみよう！

cast 動 （疑惑など）を投げかける　supplement 動 ～を補う　outweigh 動 ～より価値がある　implant 動 ～を埋め込む

- Write an essay on the given TOPIC.
- Give THREE reasons to support your answer.
- Structure: introduction, main body, and conclusion
- Suggested length: 200-240 words

TOPIC

Agree or disagree: The Internet should be subject to censorship

enhance 動 ～を高める　revise 動 ～を改訂する　contend 動 競う　execute 動 ～を実行する

NOTES

解答例 **Positive**

I believe the Internet should be censored, mainly by Internet companies. The Internet is very useful. However, the fact that the Internet is uncensored means that problems to do with pornography, cyberbullying and dangerous propaganda have emerged.

The first problem is the enormous amount of pornography available. In only a few years, the Internet has contributed to the growth of an international online pornography industry. Although a lot of this pornography is not actually illegal, it can be harmful to those who watch it, especially children who may come across it unwittingly.

Another recent problem linked to the Internet is online harassment. Because the Internet is essentially anonymous, anybody can go online and write anything they want. Once information is posted, it is almost impossible to delete it completely and Internet harassment has created problems for many innocent people.

Also, there are a number of potentially dangerous groups who use the Internet as a way to spread their propaganda. If they were to publish their views in books and magazines, the cost would be very high. However, the Internet offers them a low-cost way to spread their poisonous ideas and to reach a population which may not otherwise have had access to such information.

Just as we censor movies and the media so that dangerous or harmful material is suppressed, so too should we censor the Internet. Only then will it become a truly positive force in our lives. (239語)

□ unwittingly 知らずに

□ anonymous 匿名の

□ innocent 無罪の

□ suppressed 隠された，抑圧された

「～も同じように」というときは，〈so＋助動詞＋主語〉のように，so の後は倒置される。

賛成

トピック　賛成か反対か：インターネットは検閲を受けるべきだ

インターネットは，主にインターネット企業によって，検閲されるべきだと私は考える。インターネットは非常に役に立つ。しかし，インターネットが検閲されていないという事実は，ポルノやネットいじめ，危険なプロパガンダに関する問題が現れたことを意味する。

第1の問題は，膨大な量のポルノが手に入るということだ。たった数年で，インターネットは国際的なオンラインポルノ産業の成長に寄与してきた。このポルノの多くは実際には違法ではないが，見る人にとって，特にうっかり出くわすかもしれない子供にとって有害になり得る。

インターネットと関連した最近のもう1つの問題は，オンラインでの嫌がらせである。インターネットは本質的に匿名なので，誰でもオンラインに接続でき，書きたいことを何でも書ける。一度情報が投稿されると，それを完全に消すことはほとんど不可能で，インターネットでの嫌がらせは，罪のない多くの人々に問題を引き起こしてきた。

また，プロパガンダを広めるための手段としてインターネットを利用している

undermine 動 ～を徐々に弱める　administer 動 ～を運営する　suspend 動 ～を一時中止する　govern 動 ～を統治する

NOTES

潜在的に危険なグループも多数ある。もし彼らが自らの考えを本や雑誌で発表しようとしたら，非常に費用がかかる。しかしながら，インターネットは彼らの有害な考えを広め，そうでなければそのような情報にアクセスすることがなかったかもしれない人々に接触するための低コストな方法を彼らに与える。

危険であったり有害であったりする情報を人目に触れさせないために，われわれが映画やメディアを検閲しているのとちょうど同じように，われわれはインターネットも検閲すべきなのだ。そうした場合のみ，インターネットは，われわれの生活において実にプラスの力になるだろう。

解説 ここでは，「インターネットは検閲を受けるべきである」の立場を取り，「ポルノ」，ネットを通した「嫌がらせ」の存在，「プロパガンダ」への活用，という検閲を必要とする具体的な理由を3つ挙げている。

結論でも，映画やメディアの検閲の例を挙げ，検閲賛成の主張を貫いている。ネガティブに陥りやすいところを，検閲されることによってインターネットが建設的なものになるとポジティブに締めくくられている。

解答例 Negative

Some people believe that the Internet should be subject to censorship. However, I believe that censorship of the Internet could result in less freedom of speech and increased political oppression. I think it is also unnecessary as there are already enough laws in place to protect us from the possible dangers of the Internet.

The first argument against censoring the Internet is that it goes against freedom of speech, which is a basic human right. Just because we do not like what another person says, it does not mean they have no right to say it. If we do not like something that is posted online, we can just choose to ignore it.

Another danger is that censorship may lead to political oppression. At present, the countries in which the Internet is censored the most heavily tend to be undemocratic. If we give governments the power to censor the Internet, we also run the risk of giving away our political freedom.

The final argument against censorship is that it is unnecessary because there are already enough existing laws covering subjects like pornography and violence. So, even if people post illegal or offensive things online, the police have the power to remove them and prosecute the people involved.

Therefore, I believe an uncensored Internet is not as dangerous as it seems and, in fact, is necessary in order to protect our freedom of speech.

(233語)

□ oppression 抑圧

run the risk of *doing* で「～する危険を冒す」。take the risk of *doing* ともいう。

□ give away（機会など）を逃す

□ prosecute ～を起訴する

assault 動 ～に暴行する　lobby 動 ロビー活動をする　torture 動 ～を拷問する　envision 動 ～を心に思い描く

NOTES

反対
トピック　賛成か反対か：インターネットは検閲を受けるべきだ

インターネットは検閲を受けるべきだと考える人々がいる。しかしながら，インターネットの検閲は，言論の自由を弱め，政治的抑圧を強める結果になりかねないと私は考える。また，私たちをインターネットの考えられる危険性から守るための十分な法律がすでに整っているのだから，検閲は不必要だとも思う。

インターネットの検閲に反対する最初の論拠は，基本的な人権である言論の自由に反するからである。単に他人が言うことが嫌いだからといって，彼らにそれを発言する権利がないということではない。もしオンライン上に投稿されたものが嫌いなのであれば，それを無視する選択をすればよいだけのことである。

もう1つの危険は，検閲が政治的抑圧につながるかもしれないことである。現在，インターネットが最も厳しく検閲されている国は，非民主的な傾向が強い。もし政府にインターネットを検閲する権限を与えたら，私たちは政治的自由を手放すリスクも負うことになる。

検閲に反対する最後の論拠は，ポルノや暴力のような主題を扱う既存の法律がすでに十分あるので，検閲は不必要だということである。したがって，人々が違法なものや不快なものをオンライン上に投稿したとしても，警察にはそれらを削除して関係者を起訴する権限がある。

したがって，検閲されていないインターネットは思うほど危険ではなく，それどころか言論の自由を守るために必要だと私は考える。

解説 自由が認められるべきだという立場の意見である。まず序論では，インターネットの検閲の悪い影響を挙げ，検閲に代わる十分な法律がすでに整っていると述べている。

続いて本論で3つの理由を挙げているが，それは「言論の自由」，「政治的抑圧」，「現行の法律による不必要性」，の3つの観点から述べたものである。1つ目の理由は検閲によって言論の自由が侵されるということ，2つ目の理由は検閲が政治的抑圧につながる可能性があるということ，3つ目の理由はすでにいろいろな法律があって警察が管理することができるのだから検閲は不必要だ，ということである。

最後に結論としてもう一度言論の自由を持ち出して，検閲の不必要性を訴えている。

cease 動 ～を終える　reconsider 動 （～を）考え直す　enzyme 名 酵素　faculty 名 能力

会話の内容一致選択問題を攻略！①

今日の目標

リスニング Part 1は，会話を聞き，その内容に関する質問の答えを4つの選択肢から選ぶ問題。今日は基本的な問題の形式と，よく出題される場面・トピックを確認しておこう。

ポイント1 問題の形式を把握しよう

問題用紙には4つの選択肢のみが印刷されている。**会話が流れた直後に質問が読まれ，10秒の解答時間内に答えを選ぶ**。また，会話と質問は一度しか読まれない。

会話は必ず男女の間で交わされるが，**No. 1からNo. 9までは男女2人による会話，最後のNo. 10だけが男女3人による会話**となっている。会話の長さは，**No. 1からNo. 8までが4～7程度の発言，No. 9とNo. 10が長めで8～13程度の発言**で構成されることが多い。

では，例題を見てみよう。

例題

（問題用紙に印刷されている選択肢）

1 Its new office may need renovation.
2 The head office wants to reduce the size of its staff.
3 It is moving to a smaller office.
4 He plans to ask the head office to cancel its relocation.

解答のテクニック

- 余裕があれば，**印刷されている選択肢にあらかじめ素早く目を通しておくと，キーワードからおおよその内容を予測することができる**。ここでは，office, renovation, moving, relocationといったキーワードから，オフィスのリフォームや移転についての話だと予測できる。

例題

01

（放送される英文と質問。男性のせりふは★，女性のせりふは☆）

☆：So, Brad, has your staff started relocating to the new office?

★：Yes, but progress is slow. The head office ordered our department to move as a cost-cutting measure.

☆：That must mean you're moving to a smaller space.

★：Not really. The size is not going to be dramatically different, but it does have a rather unusual layout and decor. We might end up having to remodel the place for visiting clients, which may cost us a lot more than planned.

☆：Maybe top management could be persuaded to back out of this plan.

★：I'm afraid it's too late for that. Our best bet is to ask for more funding.

Question: What is one thing we learn about the man's department?

解答：1

predator 名 捕食動物　execution 名 死刑執行　implication 名 影響　interpretation 名 解釈

❗ 解答のテクニック

- 会話の最初のやりとりから，登場人物の人間関係，会話が行われている場面や状況，トピックがほぼ明らかになる場合が多い。例題では，男性について多くの情報を得ることができる。
  ①女性のyour staffから男性が部下を抱える会社員であること，relocating to the new officeから新しいオフィスへの移転を話題にしていることがわかる。
  ②男性のprogress is slowから移転があまり進んでいないこと，The head office orderedから本社の命令であること，move as a cost-cutting measureから経費節減が理由であることがわかる。
  ③男性が自分の部署がcost-cuttingの対象だとわざわざ言っていることから，男性はこの移転に何らかの不満を持っているのではないかと想像できる。
  ④女性についての情報はないが，会話の全体的な内容から，ある程度事情を知っている同僚などビジネス関係者だと推測される。
  音声を聞きながらここまで細かい情報分析はできなくとも,「男性のオフィスが本社の命令により移転中で，何か問題がありそうだ」という状況を把握できればよい。
- 人間関係，場面や状況などの背景設定を理解したら，続く会話の流れをしっかりと理解しながら聞くことが重要である。女性は「経費節減施策」という男性の発言に反応し，移転してスペースが狭くなるのだろうと言っている。しかし男性は，大きさはそう変わらないがレイアウトと室内装飾がかなり普通と違うのでリフォームする必要があるかもしれず，予定よりお金がかかるかもしれないと答えている。この時点で，**3**は正解から外れることになる。
- そう聞いた女性は, 経営陣を説得すれば計画を撤回してもらえるかもしれないと言っている。男性は，それには手遅れで，もっとお金を出してもらうのが最善策だと答えている。ここで**4**は外れ，**2**の人員削減は話題に上っていないことがわかる。
- 質問は，この例題のように会話の内容を問うものが比較的多い。この場合，男性の部署，すなわち新しいオフィスはリフォームが必要になるかもしれないので，答えは**1**。いずれにせよ，会話の流れをしっかりと理解していれば，質問に答えること自体は難しくない。

ポイント2 よく出題される場面・トピックを確認しよう

Part 1でよく出題されるのは，職場での同僚同士あるいは上司と部下との会話，学校での学生同士の会話，家庭での夫婦の会話，友人同士の会話，医師と患者の会話，店員と客の会話などである。実際にどのような内容の会話が最近出題されているか，場面で分類して見ておこう。

職場（ビジネスについてのトピックが多い）
- 人事，昇進，求人，転職などについて話し合う同僚同士あるいは上司と部下の会話
- 会議の日程，進行中の仕事，事業の見通しなどについて話し合う同僚同士の会話

学校（学校生活についてのトピック）
- 授業，テスト，レポートなどについての学生同士の会話
- 学生の相談に応える教師

家庭（主に日常生活についてのトピック）
- 子供の学業，素行，習い事などについての夫婦の会話
- 買い物，家の購入やリフォーム，お金のやりくりなどについての夫婦の会話

友人（主に近況についてのトピック）
- どちらかが始めた新しい仕事についての会話
- 最近の身近な出来事についての会話

次のページからは練習問題。ここで学んだことを使って問題を解いてみよう！

extent 名 程度　pyramid 名 ピラミッド　midwife 名 助産師　hypothesis 名 仮説

6日目 練習問題

02〜05 目標時間 4分

Listen to each dialogue and choose the best answer from among the four choices.
The dialogue and the question will be given only once.

□□ **No. 1**

1 A party will help him with his move.
2 He dislikes saying farewell at parties.
3 A surprise party is the best option.
4 He is feeling overwhelmed about the party.

□□ **No. 2**

1 She actually wants to commute by car.
2 She hopes to start work at a later time.
3 She is sad that the man's schedule has changed.
4 She plans to go to work by train.

□□ **No. 3**

1 Her husband should act his age.
2 Her husband has bad taste.
3 Her husband is worrying too much.
4 Her husband should dress more appropriately.

□□ **No. 4**

1 He likes to please people.
2 He appears to be too friendly.
3 He exhibits hypocritical behavior.
4 He does not seem to care what people think of him.

canal 名 運河　communism 名 共産主義　compensation 名 補償金　consideration 名 考慮

NOTES

No. 1 解答 1

☆：Doug, have you invited everyone to Stan's surprise farewell party?
★：I've been hesitating because I suspect Stan wouldn't appreciate one.
☆：No, don't be silly. He doesn't like attention, but he's the kind of guy that needs to say goodbye to his friends before he moves. It'll make the whole transition easier for him.
★：You're right. But maybe this shouldn't be kept secret, so he won't get overwhelmed.
☆：OK, so we should give him some advance warning. Think he'll be shocked then?
★：Maybe a little, Elaine, but it will give him time for the news to sink in.
Question: What does the woman say about Stan?

☆：ダグ，スタンのサプライズお別れパーティーにみんなを招待した？
★：スタンはそういうのを喜ばないんじゃないかと思うから，ためらっているんだ。
☆：いいえ，ばかなことを言わないで。彼は注目されるのは嫌いだけど，引っ越す前に友達にさよならを言わずにいられないタイプの人よ。パーティーを開けば，移動の何やかやが彼には楽になるわ。
★：そのとおりだ。だけど，彼が困惑しないように，内緒にしない方がいいかもしれない。
☆：そうね，じゃあ，少し予告しておくのがいいわね。そうすると彼はショックを受けると思う？
★：少しは受けるかもしれない，エレイン，だけどそうすれば，知らせを十分に理解する時間をあげられるね。
質問：女性はスタンについて何と言っているか。
1 パーティーは彼の引っ越しの助けになる。
2 彼はパーティーでお別れを言うのが嫌いだ。
3 サプライズパーティーが最良の選択肢だ。
4 彼はパーティーのことで困惑している。

☐ sink in （十分に）理解される

解説 女性の2つ目の発言から，スタンは注目されるのは嫌いでも，引っ越しの前に友人たちにお別れを言いたいはずだと女性が考えていることがわかる。It'll make the whole transition easier for him. のItはパーティーのことなので，パーティーを開けばみんなにまとめてお別れを言えるからスタンの引っ越しの助けになる，と女性は言っていることになる。transitionは引っ越しのこと。

No. 2 解答 4

☆：Have you decided to change your work hours, Ben?
★：Yes. I'm going to come in earlier and get off earlier. How about you?
☆：Well, I was quite ecstatic when our supervisor offered flexible schedules, but after considering all the angles, I concluded that it's best to keep things the way they are.
★：Oh, but I heard that the morning traffic is highly congested in your area. Wouldn't you rather drive to work at a later time?
☆：Actually, a new train station is opening soon near my home. Problem solved!
★：That's great. But, it's unfortunate that we won't be able to hang out so often outside of the office anymore.
Question: What does the woman imply about her situation?

☐ ecstatic 有頂天の

「フレックスタイム制」は，flexible schedulesやflexible hours と言うほかに，アメリカではflextime，イギリスではflexitimeと言う。flexible「融通の利く」とtime「時間」からできた造語。

corps 名 部隊　environmentalist 名 環境保護論者　nationalist 名 国家主義者　offspring 名 （人・動物の）子

NOTES

☆：勤務時間を変更することにしたの，ベン？
★：うん。もっと早く出社してもっと早く切り上げることにするよ。君は？
☆：うーん，上司からフレックスタイム制の話があったときは歓喜したけど，あらゆる角度から検討して，今のままにしておくのが一番いいという結論に達したの。
★：へえ，だけど君の住んでいる地域では朝の道路はとても混んでいるって聞いたよ。もっと遅い時間に車で会社に来る方がよくない？
☆：実はね，もうすぐ家の近くに新しい鉄道の駅が開業するの。問題解決というわけ！
★：それはいいね。だけど，もう会社の外でそうしょっちゅうは一緒に遊べなくなるのが残念だ。

質問：女性は自分の状況について暗に何と言っているか。

1 実は車で通勤したい。
2 もっと遅い時間に仕事を始めたい。
3 男性のスケジュールが変わって悲しい。
4 電車で通勤する予定だ。

解説 女性は2つ目の発言で勤務時間は変えないと述べ，朝は道路が混雑しているだろうという男性の指摘に対し，3つ目の発言で家の近所に鉄道の駅ができるので問題解決だと言っている。つまり，自動車通勤から電車通勤に変えるつもりであることがわかる。

No. 3 解答 **4**

☆：Oh, darling, you're not going to wear that bright green jacket, are you?
★：Yes. Why not? I thought you said that you liked it.
☆：I do, but it's a wedding we're going to—not a cocktail party. Why don't you wear your new black suit?
★：But that's so dark.
☆：That's why I think it would be more suitable.

Question: What is the woman implying?

☆：あらあなた，その明るい緑のジャケットを着るつもりじゃないわよね？
★：着るよ。なぜだい？　君は気に入ってると言ってたと思ったけど。
☆：そうだけど，これから行くのはカクテルパーティーではなくて結婚式よ。新しい黒いスーツを着たらどう？
★：でもあれはすごく暗いよ。
☆：だからそっちの方がふさわしいんじゃないかと思うのよ。

質問：女性は暗に何と言っているか。

1 夫は年相応に振る舞うべきである。
2 夫は趣味が悪い。
3 夫は心配しすぎである。
4 夫はもっとふさわしい服装をするべきである。

解説 女性は最後の発言で，結婚式はフォーマルな場なので黒のスーツの方がふさわしいと言っている。

variation 名 変動　veteran 名 退役軍人　eyewitness 名 目撃者　tactic 名 戦術

No. 4 解答 **3**

★：What do you think of our new colleague, Jane?
☆：You mean Fred? I'm not sure. He seems a bit two-faced to me.
★：Does he? He always seems very nice to me.
☆：Well, he comes across as being nice, but what he says behind your back is different.
★：Really? I had no idea. I didn't get that impression from him at all.
☆：Well, I guess looks can be deceiving.
Question: What does the woman think of Fred?

★：ジェーン，新しい同僚についてどう思う？
☆：フレッドのこと？　よくわからないわ。私には少し裏表のある人に見えるわ。
★：そう？　僕にはいつも親切そうに見えるけどな。
☆：そうね，彼は親切そうだけど，彼が陰で言っていることは違うのよ。
★：本当？　ちっとも知らなかったよ。そんな印象を彼からまったく受けなかったよ。
☆：まあ，人は見かけによらないからね。
質問：女性はフレッドについてどう思っているか。
1 彼は人を喜ばせることが好きだ。
2 彼は気さくすぎるようである。
3 彼は偽善的な態度を見せる。
4 彼は人にどのように思われているか気にしていないようである。

解説 職場での同僚についての会話。two-facedは「裏表のある，偽善的な」。もしこの語の意味がわからなくても，女性の2つ目の発言がヒントになる。

NOTES

□ come across as　～という印象を与える

say ... behind ～'s backで「(人）のいないところで（悪口など）を言う」。定型的な慣用句としてはspeak ill of others behind their backs「他人がいないところで陰口を言う」という表現もある。

□ deceive　だます

altruism 名 利他主義　pesticide 名 殺虫剤　commodity 名 商品　accusation 名 告訴

文の内容一致選択問題を攻略！①

今日の目標

リスニング Part 2は，説明文を聞き，その内容に関する2つの質問の答えをそれぞれ4つの選択肢から選ぶ問題。今日は基本的な問題の形式と，よく出題されるトピックを確認しておこう。

ポイント1 問題の形式を把握しよう

放送される説明文はさまざまな分野からやや学術的な内容のものが出題されるが，使用される語彙，文構造は筆記問題で出題される長文より平易である。200語程度の説明文が1分半ほどの時間で読まれた後，内容に関する質問が2つ読まれる。それぞれの質問の後に解答時間が10秒あるので，その間に印刷された選択肢から正しい答えを選ぶ。ある程度の長さのある文章なので，内容を忘れないようメモを取りながら聞くのもよいだろう。

例題

（問題用紙に印刷されている選択肢）

No. 1

1 It is believed to contain harmful substances.
2 It hides the true taste of foods being eaten.
3 Restaurants do not usually display their MSG levels.
4 Tests show that it has an adverse effect on other ingredients.

No. 2

1 It contains especially high levels of sugar.
2 It can easily be converted into cholesterol in the body.
3 It was developed by Asian food companies.
4 It has no impact on human health.

解答のテクニック

- Part 1と同様，余裕があれば放送が始まる前に選択肢に素早く目を通しておくと，キーワードからおおよその内容を予測することができる。ここでは food(s), Restaurants, ingredients, sugar, cholesterol といった語句が使われていることから，食品に関する内容であることが予測できる。

例題

06

（放送される英文と質問）

MSG: Is It Safe?

For a few decades now, many health-conscious Westerners have disliked the food ingredient

density 名 密度　mantle 名 （地球の）マントル　homeopathy 名 ホメオパシー　obstetrician 名 産科医

called monosodium glutamate, or MSG. Some allegedly have an "MSG allergy" or adverse reaction to this substance. Others think the ingredient is fatty, sugary, and responsible for generating high cholesterol levels. At best, it is considered an additive that one should avoid. MSG is often associated with Asian food, especially from restaurant chains—to the point where many such places now advertise that they are low-MSG or MSG-free.

The truth about MSG is much more complicated. It is an artificial substance, not appearing in nature. However, it is made from natural food sources, and when consumed, it breaks down completely into substances that occur in natural foods. The additive creates a special sense of "umami," or sweet and sour taste that has the side effect of making one's mouth water—and craving larger amounts of MSG foods. However, it does not contain high levels of fat, sugar, salt, or cholesterol. In fact, it acts as a salt replacement or enhancer so that the amount of salt otherwise used in a meal can be reduced. Studies show that "MSG allergies" are actually a myth. Nevertheless, this unscientific idea persists across the Web. In sum, MSG is an artificial flavor enhancer with a neutral effect on the body.

Questions:

No. 1 What is one factor that makes MSG disliked by many Westerners?

No. 2 What do many people fail to understand about MSG?

解答 No.1：1　No.2：4

解答のテクニック

- 第１段落で，西洋ではMSGはアレルギーを引き起こしたり高コレステロールの原因になったりすると考えられており，避けるべき添加物と見なされていると述べている。No. １の解答は，これらをharmfulという語を使ってまとめた**1**。monosodium glutamateのような耳慣れない専門語が聞こえてきても，Part ２では必ず前後でそれが何かを説明しているので，慌てないことが肝心。ここでは，food ingredientであることを直前で述べている。
- 「MSGの真実」について述べている第２段落の後半から，MSGは西洋人が考えるような危険な物質ではなく，実は減塩に役立ち，人体に悪いものではないことがわかるので，No. ２の解答は**4**。
- この例のように，**１つ目の質問は文章の前半，２つ目の質問は文章の後半の内容に関するものになっていることが多い**ので，前半，後半それぞれのポイントを聞き逃さないようにする必要がある。

ポイント２ よく出題されるトピックを確認しよう

Part ２ではさまざまな分野のトピックが出題されるが，最近の出題傾向として，**「医療・テクノロジー」，次いで「教育・社会・心理」関連のトピックが多く，ほぼ半数を占めている。そのほかに「自然・環境」「政治・経済」「文化・歴史」なども出題されている。**筆記の長文問題と比べて，昨今課題となっているリアルなトピックが多く取り上げられる傾向がある。例えばある試験回では，ある病気の原因を巡る考察・ある食品の受容の歴史・販売戦略の効果に関する考察・ある野生動物の意外な側面・発展途上国における医療の問題点，とバラエティーに富んだトピックが出題されている。

次のページからは練習問題。ここで学んだことを使って問題を解いてみよう！

detection 名 探知　parasite 名 寄生生物　thesis 名 論文　coverage 名 報道

練習問題

Listen to each passage and choose the best answer from among the four choices.
The passage and the questions will be given only once.

(A)

□□ **No. 1**

1 The first airplane flight by the Wright brothers.
2 The French brothers wanting to fly to America quickly.
3 Taking notice of how clouds move in France.
4 Watching clothing getting dry through fire.

□□ **No. 2**

1 They are now constructed using high tech materials.
2 They have basically stayed the same.
3 They are currently only used by the military.
4 They have become more similar to balloons for manned flight.

(B)

□□ **No. 3**

1 They are losing vegetation due to pollution.
2 They only exist in limited areas of Great Britain.
3 They provide pathways which connect wildlife habitats.
4 They serve as the optimal site for beekeeping.

□□ **No. 4**

1 Create fewer road verges.
2 Cut the grass on verges less often.
3 Introduce more wildlife to verges.
4 Use road verges to produce food.

(C)

□□ **No. 5**

1 Patients in dangerous areas depend on them.
2 Doctors remain unsure about how useful they are.
3 Soldiers have sometimes used them as weapons.
4 Surgeons have found them to be beneficial.

□□ **No. 6**

1 They can only operate by themselves for a short time.
2 They are unsuitable for use on serious wounds.
3 They cannot react in the same way as surgeons.
4 They are too big for delicate operations.

resurrection 名 復活　molecule 名 分子　sway 名 支配　activist 名 (政治的) 活動家

NOTES

(A)

Hot Air Balloons

The idea of flight has long fascinated mankind. Long before the Wright brothers successfully flew an airplane in America, another set of brothers helped humans take to the skies in France. The Montgolfier brothers built the first hot air balloon capable of carrying passengers in 1793, over a century before the Wright brothers flew. The first successful flight was unmanned, but passengers flew in their balloon just one month later. The idea for the balloon came from an unlikely source—watching laundry dry. The elder Montgolfier brother noticed that pockets of air were rising upwards as the clothes dried over a fire.

The Montgolfier brothers were not the first people in history to experiment with hot air balloons, however. Smaller unmanned balloons, known as Kongming lanterns, were used by Chinese military forces around 2,000 years ago, mainly in order to send signals. Although balloons for manned flight have changed a great deal since early versions, these small lanterns have changed little. They are now mainly used in festivals, and are traditionally made from oiled rice paper on a bamboo frame. Small candles or waxy flammable material are still used to provide the hot air needed for flight.

☐ waxy　ろう（製）の
☐ flammable　可燃性の

Questions:

No. 1　What inspired the first manned balloon flight?

No. 2　What has happened to Chinese lanterns over time?

熱気球

空を飛ぶという考えは，長い間人類を魅了してきた。アメリカでライト兄弟が飛行機を飛ばすことに成功するよりずっと以前，フランスでもう１組の兄弟が，人間の初飛行に貢献した。ライト兄弟が空を飛ぶより１世紀以上前の1793年に，モンゴルフィエ兄弟は，乗客を運ぶことのできる最初の熱気球を作ったのである。最初の成功飛行は無人だったが，わずか１か月後には彼らの気球で乗客が空を飛んだ。その気球のアイデアは，普通なら考えもしないようなことがもとになっていた――洗濯物が乾くのを眺めていたことである。モンゴルフィエ兄弟の兄の方が，火にかざした衣服が乾くにつれポケットの形のような空気が上昇するのに気づいたのである。

しかし，モンゴルフィエ兄弟は，熱気球の実験をした歴史上最初の人たちではない。孔明灯として知られるもっと小型の無人気球が，主に合図を送るため，およそ２千年前に中国の軍隊によって用いられていた。有人飛行用の気球は初期の型から大きく変化しているが，これらの小型の天灯はほとんど変わっていない。今では主に祭りで用いられ，伝統的に，米が原料の油紙を竹の枠に貼って作られる。飛ぶのに必要な熱い空気を送るため，小さなろうそくか，ろう製の可燃物が今でも使われている。

certification 名 証明書　complication 名 合併症　consensus 名 総意　hostage 名 人質

NOTES

No. 1 解答 4

質問：何が最初の有人気球飛行の発想を与えたか。

1 ライト兄弟による初の飛行機の飛行。
2 速くアメリカに飛んで行きたいフランス人兄弟。
3 フランスで雲がどのように動くかに気づいたこと。
4 衣類が火によって乾くのを眺めていたこと。

解説 質問のinspiredに対応するのは，第1段落第5文（The idea）のThe idea ... came fromの部分。モンゴルフィエ兄弟による初の有人気球飛行のヒントになったのは，その文によると，watching laundry dry「洗濯物が乾くのを眺めていたこと」。次の文で，as the clothes dried over a fireと少し詳しく状況が説明されている。それを組み合わせた**4**が正解。

No. 2 解答 2

質問：時がたって中国の天灯はどうなったか。

1 今ではハイテク素材を用いて作られている。
2 基本的にずっと同じままである。
3 現在は軍隊によってのみ用いられている。
4 有人飛行用の気球にもっと似てきた。

解説 第2段落第3文（Although）で，人を乗せる気球は大きく変わったが，these small lanterns have changed littleと言っている。「ほとんど変わっていない」ということは，**2**のように，基本的に同じままだということである。

(B)

Road Grass

Road verges—grassy areas by roadways—are a natural way to offset pollution and enhance the environment. The bushes, flowers, and trees planted in these areas can act as homes for pollinators such as bees and birds. Wildlife habitats have become increasingly fragmented and vulnerable in recent years, so there has been a need for road verges, which can serve as corridors for wild animals to move from place to place. In addition, while any particular length of road verge may be short, their national totals can be huge: studies show that about 1.2% of Great Britain is composed of road verges.

To get the most out of these green areas, scientists suggest that governments change how the road verges are being managed. To begin with, these green areas should not be mown, or mown no more than once a year. This is to make sure that greenery can reach its natural height. By doing so, insects, birds, and other creatures can safely nest. More importantly, greenery can complete its flowering cycle, grow fruit, and produce seeds, which are an important source of food to many birds and other animals. Mowing the grass and trimming the bushes less often can also save public funds, which can be used to plant even more greenery.

Questions:

No. 3 What is one thing we learn about road verges?

No. 4 What do some scientists want government authorities to do?

□ pollinator
送粉者，花粉媒介生物

be composed of「～で構成される，～からなる」の同義表現としてはcomprise，consist of，be made up of などがある。

innocence 名 無罪　journalism 名 ジャーナリズム　landlord 名 家主　larva 名 幼虫

NOTES

道路の緑

道路の緑地帯──道路脇の草の生えた区域──は，汚染を相殺し環境を向上させる自然の方法である。これらの区域に植えられた低木や花，樹木は，ミツバチや鳥などの送粉者の生息場所として機能することができる。野生生物の生息地は近年ますますばらばらになり外部からの影響に弱くなっているので，野生動物が場所から場所へ移動する通路の役割を果たすことのできる道路の緑地帯が必要とされている。さらに，道路の緑地帯の長さは個別にはどれも短いかもしれないが，全国で合計すれば膨大になり得る。調査によると，英国の約1.2%が道路の緑地帯からなっているのである。

これらの緑の区域を最大限に活用するため，科学者は，道路の緑地帯が管理されている方法を政府が変えることを提案している。まず，これらの緑の区域の草刈りは，やらないか，年1回だけにするのがよい。これは，草木が自然の高さになるまで成長できるようにするためである。そうすれば，昆虫や鳥，ほかの生き物は安全に巣作りができる。もっと重要なのは，草木が開花のサイクルを完了し，実をつけて種を作れることで，それらは多くの鳥やそのほかの動物の大切な食料源になる。草を刈り低木を剪定(せんてい)する回数を減らせば公費を節約することもでき，そのお金はさらに多くの草木を植えるために使うことができる。

No. 3 解答 **3**

質問：道路の緑地帯についてわかることの1つは何か。

1 汚染によって植生を失いつつある。
2 英国の限られた地域にしか存在しない。
3 野生生物の生息地をつなぐ道になっている。
4 養蜂に最適な場所として役に立つ。

解説 第1段落から道路の緑地帯についてわかるのは，花粉を運ぶミツバチや鳥の生息場所になること，野生動物が移動する通路になること，合計すると英国の面積の約1.2%を占めることなど。2つ目のcorridors「通路」をpathwaysと言い換えた**3**が正解。

No. 4 解答 **2**

質問：一部の科学者が政府当局にしてほしいことは何か。

1 造る道路の緑地帯を減らす。
2 緑地帯の草を刈る頻度を減らす。
3 緑地帯にもっと野生生物を導入する。
4 道路の緑地帯を使って食料を生産する。

解説 第2段落の冒頭で，科学者は政府が緑地帯の管理方法を変えることを提案していると述べた後，続く第2文（To begin）で，草刈りはしないか年1回だけにするべきという具体的な提案内容を示している。また，最終文（Mowing）でもless oftenと言っていることから，今は年に複数回している草刈りの回数を減らすことが科学者の提案だとわかる。

playwright 名 劇作家　relief 名 息抜き　representation 名 代表　senator 名 上院議員

NOTES

☐ dexterity 器用さ

「自動運転車」は英語で autonomous carまたは self-driving carと言う。

☐ alleviate ～を軽減する

☐ workload 仕事量

(C)

Robot Surgeons

Robots have been assisting surgeons in operating rooms since the 1980s, holding limbs steady during operations, or allowing for laparoscopic surgery in which doctors use remote-control robots through small incisions in a patient's skin rather than large cuts. Some of these robot surgical assistants, such as the da Vinci system developed in the United States, confer an extra level of dexterity and precision to surgeons, particularly in difficult-to-access areas of the human body. They also have the potential to help patients in remote regions lacking medical access, or those in hazardous situations such as soldiers wounded in battle, undergo remote surgery.

Although robots are becoming more common in surgical procedures, surgeons remain in control of the operation. In the future, however, this may not be the case, as engineers and medical professionals are developing robot surgeons that could operate autonomously. Autonomous systems are still years away from replacing human surgeons for complete, intricate operations, as they currently lack the ability to react to the subtle and often sudden changes surgeons face. However, they show great potential for alleviating surgeons' workloads by performing less-demanding tasks such as closing wounds after surgery is completed.

Questions:

No. 5 What does the speaker say about remote-control robots?

No. 6 What limitations do autonomous robot surgeons have?

ロボット外科医

ロボットは1980年代から手術室で外科医を補助しており，手術の間手足を押さえて固定したり，患者の皮膚を大きく切らず小さい切開部を通して医師が遠隔操作ロボットを用いる腹腔鏡手術を可能にしたりしている。アメリカで開発されたダビンチ・システムなどのこうした手術支援ロボットのいくつかは，特に人体のアクセス困難な場所で，格段のレベルの器用さと正確さを外科医に授ける。それらはまた，医療アクセスのないへき地の患者や，戦闘で負傷した兵士など危険な状況にいる患者が遠隔手術を受ける助けとなる可能性を秘めている。

ロボットは外科処置でより一般的になりつつあるが，手術をコントロールしているのは相変わらず外科医である。しかし，将来はそうではないかもしれない。エンジニアと医療専門家が，自律的に手術することができるロボット外科医を開発しているからである。自律システムは，外科医が直面する微妙でしばしば突然の変化に対応する能力を現在は欠いているので，人間の外科医に取って代わって複雑な手術を最初から最後までできるようになるのは，まだ遠い先の話である。しかし，手術終了後に傷口を閉じるといったそれほど難しくない作業を行って外科医の作業量を軽減することには，大きな可能性を示している。

toxin 名 毒素　captor 名 捕らえる人　irradiation 名 放射線照射　vulnerable 形 かかりやすい

NOTES

No. 5 解答 **4**

質問：遠隔操作ロボットについて話者は何と言っているか。

1 危険な地域にいる患者はそれらに依存している。
2 それらがどの程度役に立つのか医師たちは確信を持てずにいる。
3 兵士たちがそれらを時々武器として用いてきた。
4 外科医たちはそれらが有益だとわかった。

解説 第1段落で遠隔操作ロボットについて，腹腔鏡手術を可能にしている，外科医に格段のレベルの器用さと正確さを与える，遠隔手術が可能になるかもしれない，といくつかのメリットを述べている。つまり，**4**のように，有益であるとすでにわかっていることになる。**1**の「危険な地域にいる患者」についてはまだ可能性の話なので誤り。

No. 6 解答 **3**

質問：自律型ロボット外科医にはどんな限界があるか。

1 自力では短時間しか手術できない。
2 重傷に用いるには適していない。
3 外科医と同じようには反応できない。
4 繊細な手術をするには大きすぎる。

解説 第2段落第3文（Autonomous）で，自律システムが外科医に取って代わるのは遠い先の話だと述べ，その理由について，as they currently lack the ability to react to the subtle and often sudden changes surgeons faceと言っている。**3**がこれを短くまとめている。

contemporary 形 現代の　crucial 形 重大な　forensic 形 犯罪科学の　colonial 形 植民地の

Real-Life形式の内容一致選択問題を攻略！①

今日の目標

リスニングPart 3は，アナウンス，留守番電話など，現実の生活場面を想定した音声を聞き，その内容に関する質問に答える形式。今日は基本的な問題の形式と，最近出題されたトピックを確認しておこう。

ポイント1 問題の形式を把握しよう

問題用紙にはあらかじめ**Situation**（状況），**Question**（質問），**4つの選択肢が印刷されており，Situation と Question を読むための時間が10秒与えられる。**その後，問題文であるアナウンスなどの音声が（場合によっては効果音を伴って）一度だけ流れる。解答のための時間は10秒ある。

例題

（問題用紙に印刷されているSituation・Question・選択肢）

Situation: You are planning to do some home renovations that will increase your house's value because you want to sell it after you retire in about ten years. A contractor is telling you about options.

Question: What should you do?

1 Convert the bedroom into an office.
2 Turn your house into a smart home.
3 Have your window glass replaced.
4 Have your rooms wallpapered.

解答のテクニック

- 10秒間でSituationとQuestionに目を通して理解するには，ある程度の速読力が必要となる（もし余裕があれば選択肢まで目を通しておくとよい）。また，Situationには**自分が置かれている状況，自分が何をしようとしているのかという目的と，その目的を達成するために必要な条件などが書かれているので，**それを素早く読み取って頭に入れておかなければならない。
- 上の例では，自宅のリフォームを計画しており，「**家の価値を高める**」「**約10年後に定年退職してから売る**」の2つが条件となる。

例題

10

（放送される英文）

You mentioned you were interested in converting the bedroom into a home office. In terms of resale value, however, a higher bedroom count is almost always a priority for home shoppers. Converting one's house into a smart home is also popular these days. You could have your lighting and entertainment system upgraded so it can all be controlled from your phone. From the perspective of future buyers, though, it will probably all be outdated in a few years and may

magnetic 形 磁力の　naval 形 海軍の　societal 形 社会の　so-called 形 いわゆる

cause you to receive lower offers. I noticed that you currently have single panes of glass in your windows. Upgrading them to double panes would save substantially on your heating bills, and that's always a big plus for home shoppers. A final option you mentioned is wallpapering all of your rooms white. While the color is generally a safe option, honestly, most people replace wallpaper and getting it removed is pricey, so this will end up negatively affecting your home's resale value.

解答：3

解答のテクニック

- **4つの選択肢のうちのどれが2つの条件を満たすのかを考えながら放送される音声を聞く。**
- 最初に，家を買う人は寝室が多い方をほとんどいつも優先すると言っているので，**1**のように寝室をオフィスに変えると，家の価値を下げることになる。したがって**1**は外れる。
- 業者は次に家をスマートホームに変えるメリットを説明しているが，続けて，数年で時代遅れになり価格が下がる原因になるかもしれないと言っている。売るのは約10年後なのだから，**2**も条件に合わないことになる。
- 次に業者は窓を2重ガラスにアップグレードすることを提案し，家を買う人には常に大きなプラスだと言っている。家の価値を高めることになるので，**3**は条件に合う。
- 最後に**4**の壁紙の張り替えについては，買った人が張り替えることがほとんどで，はがすのにもお金もかかるから，結局家の価値にはマイナスの影響があると言っている。**4**も外れるので，実施すべきなのは**3**ということになる。

8日目 リスニング3

ポイント2 最近出題されたトピックを確認しよう

Part 3では実生活で遭遇する可能性のあるさまざまなトピックが出題されるが，実際の試験で出題されたものを下に挙げておく。

- けがをしたり病気になったりして，医師から診断や治療についての説明を受ける
- 買い物に行き，店員から商品やサービスについての説明を受ける
- 旅先や空港でトラブルに遭い，フロントやカウンターで対処法についてアドバイスを受ける
- 会社の会議で，問題についての対応策を聞いたりチーム編成についての指示を受けたりする
- 車を運転中，事故による迂回路(うかい)について説明するラジオの交通情報を聞く
- 自然公園に電話をして，アクティビティーの選択肢について問い合わせる
- 留学した大学のオリエンテーションで，授業の登録などに関する説明を聞く
- スポーツクラブで，会員の種別と料金や特典についての説明を受ける
- 海外のイベントで，入場手続きなどに関する館内放送を聞く
- 生活面でのトラブルに関して，同僚や隣人からアドバイスを受ける

対面した相手から直接説明を聞くという設定が多いが，そのほかに電話，ラジオ，館内放送，ボイスメールといった設定もある。なお，あまり過剰な効果音は使用されないが，電話の呼び出し音，放送のチャイムなどが使われるほか，館内放送ではエコーがかかっていたり，電話ではくぐもった声になったりしていることもある。

次のページからは練習問題。ここで学んだことを使って問題を解いてみよう！

sophisticated 形 洗練された　sustainable 形 持続可能な　archaeological 形 考古学の　diplomatic 形 外交の

練習問題

Read the situation and question. Listen to the passage and choose the best answer from among the four choices. The passage will be given only once.

(A)

□□ **No. 1**

Situation: You want to get a credit card with cashback rewards with the highest possible rate. You do not want to pay a yearly fee. A bank employee is describing different card types.

Question: Which card should you apply for?

1 The Infinity card.

2 The Infinity Plus card.

3 The Diamond Rewards card.

4 The Diamond Rewards Plus card.

literary 形 文学の　Catholic 形 カトリックの　right-wing 形 右派の　dominant 形 支配的な

NOTES

(A) No. 1 解答 2

We have a wide variety of cards to suit your needs. One of our most popular offerings is the Infinity card, which offers 2 percent cashback on food and gasoline, and 1 percent on all other purchases. One great thing about it is that there's no annual fee. The Infinity Plus is quite similar, but it's 3 percent on gas and groceries, and 2 percent for other purchases. It has an annual fee of $120. However, I see that you have Gold Elite status in your savings account, so you'd be exempt from the annual fee. Our Diamond Rewards card offers 1.5 percent cashback, or you also have the option of choosing various products from our rewards catalog. It has no yearly fee. Finally, there's the Diamond Rewards Plus card. It offers 2 percent cashback on all purchases, and the yearly fee is $90.

reward はクレジットカードの「還元」の意味。reward rate「還元率」，reward point「還元ポイント」のように使われる。

お客さまのニーズに合う各種カードを幅広く取りそろえています。ご提供している中で最も人気のあるものの1つがインフィニティーカードで，食品とガソリンは2%のキャッシュバック，ほかのご購入品はすべて1%です。これの素晴らしい点の1つは，年会費がないことです。インフィニティープラスもよく似ていますが，ガソリンと食料雑貨は3%，ほかのご購入品は2%です。こちらは年会費が120ドルかかります。ですが，お客さまは普通預金口座でゴールドエリートのステータスをお持ちのようですから，年会費は免除されます。ダイヤモンド還元カードは1.5%のキャッシュバックですが，あるいは，還元カタログからさまざまな商品をお選びいただく選択肢もございます。こちらは年会費はありません。最後ですが，ダイヤモンド還元プラスカードがあります。ご購入いただいたものすべて2%のキャッシュバックで，年会費は90ドルです。

状況：あなたはキャッシュバック還元率ができるだけ高いキャッシュカードが欲しい。年会費は払いたくない。銀行員がいろいろなカードの種類について説明している。

質問：あなたはどのカードを申し込むべきか。

1 インフィニティーカード。
2 インフィニティープラスカード。
3 ダイヤモンド還元カード。
4 ダイヤモンド還元プラスカード。

解説 Situationに還元率と年会費とあることから，数字がたくさん出てくると予想される。メモを取って，混乱しないようにしたい。最初のインフィニティーカードの還元率は2%と1%で，年会費はない。Situationのyearly feeがannual feeと言い換えられている点に注意。インフィニティープラスカードの還元率は3%と2%と高いが，年会費が120ドルかかる。しかし続けて銀行員は，預金口座のステータスからyou'd be exempt from the annual feeと言っており，年会費は不要ということになる。残りの2種類のカードは還元率がインフィニティープラスカードより低いので，**2**が正解となる。

infectious 形 伝染性の　legitimate 形 道理にかなった　tremendous 形 すさまじい　cognitive 形 認知の

(B)

□□ **No. 2**

Situation: You want to buy a new fish for your aquarium. You are a beginner at raising fish, and you currently have a fish called a molly in your aquarium. A fish store employee is describing the fish they have.

Question: Which type of fish should you buy?

1 A neon tetra.

2 A convict cichlid.

3 A platy.

4 An oscar.

critical 形 批判的な　architectural 形 建築の　influential 形 大きな影響を及ぼす　joint 形 共同の

NOTES

□ coloration 配色

(B) No. 2 解答 **3**

Here are some of our most popular types of fish. This one is called a neon tetra and it's known for its gorgeous coloration. You can create an amazing home aquarium using them and some other passive fish like mollies. However, they're quite a frail, sensitive species, so you really have to know what you're doing to raise them. Next, we have convict cichlid. They're relatively easy to maintain and usually get along with each other. But they can be fierce and sometimes slaughter passive fish. Next, we have the platy. This is an extremely hardy species, and they're very low maintenance. They'll also get along with other passive species. Finally, we have an oscar. It's a colorful, eye-catching fish that preys on other species, and requires a large aquarium. They come in a huge variety of colors and are also known for their intelligence.

こちらが，当店で最も人気のある種類の魚の一部です。これはネオンテトラと言って，華やかな配色で知られています。これと，ほかにモーリーのようなおとなしい魚を使えば，自宅に見事な水槽を作れます。ですが，かなり体が弱く過敏な種なので，育てるにはその道に詳しい人じゃないとだめですね。次はコンビクトシクリッドです。世話をするのが比較的簡単で，たいてい互いの仲はいいです。ですが，凶暴になることがあって，おとなしい魚を時々大量に殺します。次はプラティです。これは非常に丈夫な種で，世話に手間がほとんどかかりません。ほかのおとなしい種とも仲よくやります。最後はオスカーです。ほかの種を捕食するカラフルな目を引く魚で，大きな水槽が必要です。色のバラエティーはたくさんあって，頭がよいことでも知られています。

状況：あなたは水槽に入れる新しい魚を買いたい。魚を育てるのは初心者で，今はモーリーという魚を水槽で飼っている。鑑賞魚店の従業員が店に置いている魚の説明をしている。

質問：あなたはどの種類の魚を買うべきか。

1 ネオンテトラ。
2 コンビクトシクリッド。
3 プラティ。
4 オスカー。

解説 ネオンテトラはモーリーと組み合わせることを店員は推奨しているが，詳しい人でなければ育てるのが難しいので，初心者には向かない。コンビクトシクリッドは飼いやすいが，passive fishを襲って殺すことがある。第3文（You can）でpassive fish like molliesと言っているので，今飼っているモーリーは殺される可能性がある。プラティはlow maintenance「手間がかからない」しpassive speciesとも仲よくやるので，理想的である。オスカーはほかの種を食べるのだから，モーリーと一緒には飼えない。

pharmaceutical 形 製薬の　ironically 副 皮肉にも　inevitably 副 必然的に　consequently 副 その結果として

(C)

□□ **No. 3**

Situation: You are planning to drive to your sister's house on the other side of town, and you want to take the quickest route. You hear the following traffic report on the radio.

Question: What should you do?

1 Take Waterdown Avenue.

2 Take Fairlady Boulevard.

3 Take the Milton Expressway.

4 Take a train downtown.

underestimate 動 ～を過小評価する　trigger 動 ～を誘発する　diminish 動 減少する　reinforce 動 ～を補強する

NOTES

(C) No. 3 解答 **3**

Good morning, everyone. Here is our latest report on the traffic situation in the metropolitan area this morning. And I'm sorry to say it's pretty chaotic. Everything both ways on Waterdown Avenue has been brought to a complete standstill by a major collision involving a car and a truck. Police are advising all drivers to avoid this route if at all possible. The obvious alternative is Fairlady Boulevard. Unfortunately, this is closed today because of construction. For those of you who are simply driving across town, the Milton Expressway looks to be your best bet. Although it will take you a bit out of your way, it should end up being quicker. Meanwhile, those of you who for some reason have to get to the downtown area, we advise you to leave your cars at home and take a train.

□ chaotic　混沌とした
□ standstill　停止
□ collision　衝突

「高速道路」は英語でexpressway，freeway，motorwayなどの言い方がある。highwayは「幹線道路」を指すので注意。

皆さん，おはようございます。今朝の都市部の交通状況について最新のお知らせです。残念ながら交通は非常に混乱しております。ウォーターダウン大通りは乗用車とトラックの大きな衝突事故のため，両方向で交通が完全に停止しています。警察はすべてのドライバーに可能な限りこの道は避けるよう勧めています。明らかな代替ルートはフェアレディー大通りですが，残念ながら今日は工事のために閉鎖されています。単に町を横断するという方はミルトン高速道路が一番よい方法のようです。少し道はそれますが，結果的にはより早く着くでしょう。一方，何らかの理由で中心部に行く必要がある方は，車を家に置いて電車で行くことをお勧めします。

状況： あなたは町の反対側にある姉［妹］の家まで車で行く計画で，一番早い道で行きたい。あなたはラジオで次の交通情報を聞く。

質問： あなたはどうすべきか。

1 ウォーターダウン大通りを通る。
2 フェアレディー大通りを通る。
3 ミルトン高速道路を通る。
4 中心部まで電車で行く。

解説 後半でdriving across townと表現されていることが，Situationのdrive to your sister's house on the other side of townの言い換えであることに気づけば，**3**が正解だとわかる。

abolish 動 ～を廃止する　exonerate 動 ～の疑いを晴らす　perish 動 死ぬ　halt 動 止まる

インタビューの内容一致選択問題を攻略！①

今日の目標

リスニングPart 4は，インタビューを聞き，その内容に関する2つの質問の答えをそれぞれ4つの選択肢から選ぶ問題。今日は基本的な問題の形式と，最近出題されたトピックを確認しておこう。

ポイント1 問題の形式を把握しよう

問題用紙には2つの質問の選択肢が印刷されている。まず，選択肢の例を見ておこう。

例題

(問題用紙に印刷されている選択肢)

1 Become a professor in a Japanese university.
2 Start her own translation agency.
3 Write novels both in English and Japanese.
4 Translate Japanese literature into English.

解答のテクニック

- 選択肢をじっくり読んでいる時間はないが，素早く目を通してキーワードからおよそどのような分野の話かを推測することはできる。上の例では，professor, university, translation agency, novels, literatureなどのキーワードから，文学関係の翻訳と大学や企業に関する話題だと推測できる。

放送では問題形式について英語で説明が流れた後，インタビューされる人物（＝ゲスト）の名前と肩書きが簡単に紹介される。特に肩書きはその人物の仕事内容を理解する上でカギとなるので，聞き逃さないようにしたい。その後，聞き手とゲストとの会話が一度だけ流れる。

例題

14

(放送される英文)

This is an interview with Naoko Watanabe, a professional translator.

Interviewer (I): Today's guest is Naoko Watanabe. Welcome to the show, Naoko.

Naoko Watanabe (N): Thank you. It's a real pleasure to be here.

I: So, tell us first of all what kind of translation you do, Naoko.

N: Well, I mainly specialize in technical translation from Japanese to English and vice versa.

I: And how did you get into that line of work?

N: Well, at first, I was interested in doing translations of novels or essays. I grew up bilingual because my father was transferred to the UK from Japan when I was six years old. Later, I studied Japanese literature at a Japanese university. Unfortunately, after that, I quickly discovered that it is very difficult finding work as a Japanese to English literary translator.

extract 動 ～を抽出する　decay 動 腐敗する　resume 動 再開する　cultivate 動 ～を栽培する

However, there is a lot of demand for technical translation.
I: I see. So what kinds of things do you actually translate?（以下略）

解答のテクニック

- インタビューはラジオやテレビのインタビュー番組を再現したもので，**実際の会話に近く，言いよどみや言い直し，口語的な表現が含まれる**。時間は3分半程度とやや長いが，あまり難度の高い語彙は使われない。ゲストは一般人で国籍もさまざまなので，ほかのパートのように聞き取りやすい発音ばかりではない。

インタビューの後，2つの質問が一度ずつ読まれ，1つの質問につき10秒の解答時間で正解を選ぶ。

例題

15

（放送される質問のうちの1つ）
Question:
No. 1 What did Naoko want to do at first? **解答：4**

解答のテクニック

- インタビューの内容は，大きく分けて前半と後半でやや異なる話題を扱っている場合が多く，**1つ目の質問が前半の内容について，2つ目の質問が後半の内容について尋ねるものになっている。**
- 例題は前半のみを抜粋している。翻訳家という職業に就いたきっかけを問う聞き手に対して，ナオコは，もともと小説などの翻訳に関心があったが文学の翻訳の仕事が見つからず，需要の多い技術翻訳をしている，と説明している。質問はナオコが最初にしたかったことを尋ねているので，正解は**4**。
- 質問は上の例の**What did ～ want to do ...?など，その人物の言っていることの要点を尋ねるものが多い**ので，前半，後半それぞれの重要と思われるポイントを（できればメモも取りながら）しっかり聞き取っていれば，答えを選ぶのはさほど難しくはない。

ポイント2 最近出題されたトピックを確認しよう

実際の試験では，次のような職業のゲストが登場している。中には，日本で仕事をしている人もいる。
- コンサルタント，アドバイザー
- 作家，アーティスト，パフォーマー
- 商店経営者（宝飾店，中古レコード店）
- 教育関係者
- そのほか特徴的な産業で働く人（IT，ソーラーパネル，水道管理）

会話は主に次のような話題を中心に進む。
- 仕事の内容
- その職業に就いた経緯
- 仕事に伴う困難
- 仕事と社会とのかかわり
- その職業に就きたい人へのアドバイス

次のページからは練習問題。ここで学んだことを使って問題を解いてみよう！

depict 動 ～を描く　entitle 動 ～に権利を与える　lease 動 ～をリース（で賃借）する

練習問題

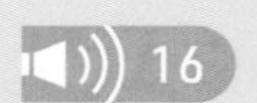

Listen to the interview and choose the best answer from among the four choices.
The interview and the questions will be given only once.

□□ **No. 1**

1 She was attracted to the salary and benefits the position offered.
2 She was interested in culture and human behavior.
3 She hoped for a job that offered flexible working hours.
4 She had friends in college who were foreign students.

□□ **No. 2**

1 She had her biggest culture shock when traveling overseas before becoming a foreign student advisor.
2 She had a major culture shock after moving to New Jersey and experiencing the differences there.
3 She spends a lot of time during her working day to help students with their culture shock.
4 She has never had culture shock herself but would like to experience it to understand it better.

oversee 動（従業員・活動など）を監督する　**regain** 動 ～を取り戻す　**comprise** 動（be comprised で）構成される

NOTES

This is an interview with Cynthia Patterson, a counselor for foreign students.

Interviewer (I): Thanks so much for coming here today, Cynthia.
Cynthia Patterson (C): It's great to be here, Patrick.
I: You must work with some interesting students.
C: True. At Morgan University, we have over 600 foreign students from 82 different countries. And as a counselor for them, yes, I've seen a lot of differences, many having to do with culture.
I: What attracted you to the job in the first place?
C: Well, it certainly isn't the hours that I work or my salary. What interested me was the chance to work with so many young foreigners and help them with their lives and academic careers. I have a Master's in intercultural communication, so I'm particularly interested in how culture affects the way people think and behave. I also wanted to help students with their adjustment issues here in America.
I: And is the job everything you expected it to be?
C: Well, not exactly. I'd hoped to spend more time helping students with things like culture shock and making their learning experience in America more meaningful, but I get tied up with administrative tasks, like helping students renew their visas at immigration. I'm required to spend most of my time on basic tasks and emergencies. The budget for our International Center was cut back, so we only have one advisor and one assistant for all our foreign students.
I: It must be tough. You mentioned culture shock. Tell me about it.
C: Culture shock involves a variety of difference adjustments, from simple things like getting used to a new diet to more complex things like learning to effectively communicate in different social environments. If English isn't their first language, that can be difficult. We've had a few students who didn't adjust well, which can lead to things like depression or isolation. We try to identify those students with these kinds of problems early on, but some fall between the cracks. A few end up leaving before they've completed their degrees.
I: What are your own personal goals?
C: To tell you the truth, I'm envious of the students I work with. They're having wonderful experiences living abroad. I've only been abroad twice, but those were only brief trips, so I'd like the chance to live and work abroad.
I: And have your own culture shock?
C: Well, actually, I've already had culture shock. I moved to New Jersey from California, and the culture in this state is very different, which I didn't expect. I assumed that America was basically the same all over, but I found out that things here in New Jersey are really different—the accents, the way people dress, the crime rate, and so many little things. One time I was about to cross the street at a crosswalk in front of a car, which was approaching slowly. A man behind me pulled me back just in time as the car continued through the intersection. He asked me where I was from and then explained to me that you should never step in front of a car, even if you legally have the right of way. It's not that

□ tie up ～を拘束する，～を（忙しさなどで）身動きできなくする

□ fall between the cracks 見落とされる

□ crosswalk 横断歩道

□ right of way 優先通行権

NOTES

way in California.

I: What an experience! Well, thank you, Cynthia, for being with us today.

C: You're welcome. It was my pleasure.

Questions:

No. 1 Why was Cynthia interested in becoming a foreign student counselor?

No. 2 What is one thing Cynthia says about culture shock?

これは，外国人学生のカウンセラー，シンシア・パターソンとのインタビューです。

聞き手（以下「聞」）：今日はお越しいただきありがとうございます，シンシア。

シンシア・パターソン（以下「シ」）：呼んでいただきうれしいです，パトリック。

聞：お仕事をする中には興味深い学生もいるでしょうね。

シ：そのとおりです。モーガン大学には世界82か国からの600人を超える外国人学生がいます。そして彼らのカウンセラーとして，ええ，たくさんの違いを目にしてきましたが，多くは文化と関係があります。

聞：そもそも何に引かれてそのお仕事に就いたのですか。

シ：えー，絶対に勤務時間とか給料とかではないです。私が関心を持ったのは，すごくたくさんの若い外国人を相手に仕事をして，彼らの生活と学業の手助けをする機会です。私は異文化間コミュニケーションの修士号を持っているので，文化が人々の考え方と行動の仕方にどう影響するのかに特に関心があります。また，ここアメリカで適応する上での問題でも学生を助けたいと思いました。

聞：それで，仕事は予想したとおりのものでしたか。

シ：えー，そうでもないです。カルチャーショックのようなことで学生を助けたり，彼らのアメリカでの学習経験をより有意義にしたりすることにもっと時間を費やしたいと思っていたのですが，学生が入国に関するビザを更新するのを手伝うといった管理的な作業に忙殺されます。時間のほとんどを基本的な作業と緊急の要件に費やすことを求められます。私たちの国際センターの予算が削減されたので，外国人学生全員に対してアドバイザー1人とアシスタント1人しかいません。

聞：それは大変でしょうね。カルチャーショックと言われましたが，それについて教えてください。

シ：カルチャーショックは，なじみのない食生活に慣れるといった単純なことから，さまざまな社会的環境で効果的に意思を疎通することを学ぶといったもっと複雑なことまで，いろいろな違いに適応することを伴います。英語が第一言語でなければ，それは難しいこともあります。うまく適応できない学生も少数いましたし，そうするとうつや孤立を招きかねません。私たちはこうした類いの問題を抱えるそうした学生を早期に特定するよう努めていますが，見落とされてしまう学生もいます。少数の学生は結局学位を修了する前に去ることになります。

聞：個人的な目標は何ですか。

シ：実を言うと，仕事で会う学生たちがうらやましいです。彼らは外国で生活して素晴らしい経験をしています。私は2回しか外国に行ったことがありませんが，どちらも短い旅でしかなかったので，外国に住んで働く機会が欲しいと思っています。

聞：そして自分でもカルチャーショックを受ける？

methane 名 メタン　**rodent** 名 げっ歯類の動物　**enforcement** 名 （法律などの）施行　**peer** 名 仲間

シ：えー，実は，カルチャーショックはすでに受けました。カリフォルニアからニュージャージーに引っ越したんですが，この州の文化はとても違っていて，それは予想していませんでした。アメリカはどこも基本的に同じだろうと思い込んでいたのですが，ここニュージャージーではいろいろなことがとても違うとわかりました――なまり，人々の服装，犯罪率，それにすごくたくさんの細かなこと。あるとき，ゆっくり近づいて来る車の前で，横断歩道で通りを渡ろうとしていました。その車がそのまま交差点を抜けて行くぎりぎりのところで，後ろにいた男性が私を後ろに引っ張ってくれました。その人は，どこの出身なのかと私に聞いて，それから，法的にはこちらに優先権があったとしても，決して車の前に踏み出してはいけないと説明してくれました。カリフォルニアではそんなふうではありません。

聞：大変な経験でしたね！　えー，シンシア，今日は来ていただきありがとうございました。

シ：こちらこそ。どういたしまして。

No. 1 解答 2

質問：シンシアはなぜ外国人学生のカウンセラーになることに関心を持ったのか。

1 その職が提供する給料と手当に引かれた。
2 文化と人の行動に関心があった。
3 フレックスタイムで働ける仕事を望んでいた。
4 大学時代に外国人学生の友人がいた。

解説 今の仕事を選んだきっかけを聞かれたシンシアは，3つ目の発言で，直接の動機は外国人学生の手助けをすることだが，その背景には，文化が人々の考えと行動にどう影響するかについての関心がある，といったことを話している。**2**がそれと合致する。3つ目の発言の最初に勤務時間と給料ではないと断言しているので，**1**と**3**は誤り。

No. 2 解答 2

質問：シンシアがカルチャーショックについて言っていることの1つは何か。

1 外国人学生のアドバイザーになる前に，海外旅行をしたときに最大のカルチャーショックを受けた。
2 ニュージャージーに引っ越してそこで違いを経験して大きなカルチャーショックを受けた。
3 カルチャーショックを受けた学生の手助けをするため，就業時間中に多くの時間を費やしている。
4 自分ではカルチャーショックを受けたことはないが，よりよく理解するために経験してみたいと思っている。

解説 シンシアは後半でカルチャーショックについていろいろ語っている。5つ目の発言で，カルチャーショックに適応できない学生もいること，7つ目の発言では，ニュージャージに引っ越してから，カリフォルニアとのさまざまな違いに自身もカルチャーショックを受けたことを実体験を例に話している。**2**が7つ目の発言の内容をまとめている。4つ目の発言で，カルチャーショックを受けた学生の手助けをもっとしたかったのに，多忙と人手不足で時間がないと話しているので，**3**は誤りである。

NOTES

forgery 名 偽造（罪）　agenda 名 協議事項（リスト）　contamination 名 汚染　composition 名 組成

応用編

10日目
▼
31日目

前半9日間で基礎固めができたら，後半は得点を上げるためのさまざまなポイントを学習します。巻末には本番と同じ分量・形式の実力完成模擬テストが掲載されていますので，時間を計って挑戦しましょう。

短文の語句空所補充問題を攻略！②

今日の目標

筆記1の語句空所補充問題では問題文自体は平易であり，空所にどのような語句が入るかはおおむね想像がつく。難しい語句が並んだ選択肢から正解を選べるかどうかは，語彙力が勝負。今日はどのような語が実際に出題されているのかチェックしよう。

ポイント1 単語の出題傾向を確認しよう

以下のリストは過去の試験で実際に出題された単語を品詞別に整理したものだ。リストを見て出題される語のレベルをイメージすると同時に，語彙力増強の一助としてほしい。

名詞

□accolade	称賛，賛美	□incision	切開，切り込み
□acrimony	とげとげしさ，辛辣さ	□mirage	幻影，蜃気楼
□affront	(公然の)侮辱	□morsel	一口，わずか
□allure	魅力	□pageant	華麗な行列，山車
□annotation	注釈	□pinnacle	頂点
□attire	服装	□prowess	武勇，優れた能力
□aversion	嫌悪感	□quandary	板挟み，苦境
□bigotry	偏狭，頑迷	□quirk	奇癖
□blemish	汚点，染み	□rampage	狂暴な行動
□blight	破滅の原因，胴枯れ病	□relapse	(元の状態への)逆戻り
□catalyst	きっかけ，触媒	□remorse	深い後悔
□charade	見え透いたごまかし	□rendition	演奏，翻訳
□charlatan	ぺてん師，大ぼら吹き	□renunciation	放棄
□clamor	叫び声	□reparation	償い
□clout	権力，影響力，殴打	□respite	一時的中断，休息(期間)
□combustion	燃焼	□tenet	信条
□compunction	後ろめたさ，気のとがめ	□transgression	違反
□condolence	弔辞，哀悼	□turmoil	騒ぎ
□debacle	大敗北	□vestige	名残
□decorum	礼儀正しさ	□vigil	寝ずの番
□derision	嘲笑	□void	虚空，空虚
□echelon	地位，(組織などの)階層	□wrath	激怒
□figment	想像の産物	□zenith	絶頂

constituent 名 選挙区民　counselor 名 カウンセラー　coup 名 クーデター　glue 名 接着剤

動詞

□absolve	～を解放する	□epitomize	～の典型である
□accentuate	～を強調する	□exasperate	～を憤慨させる
□admonish	～を諭す	□excavate	～を発掘する
□adorn	～を飾る	□exonerate	～の疑いを晴らす
□allay	～を和らげる	□exude	(においなど)を放つ
□ambush	～を待ち伏せして襲う	□flounder	まごつく
□annex	～を併合する	□foment	～を助長する
□appease	～をなだめる	□fortify	～を強化する
□assuage	(不安など)を和らげる	□fumble	手探りする
□babble	ぺちゃくちゃしゃべる	□huddle	体を寄せ合う
□baffle	～を困惑させる	□instigate	～に着手する
□brandish	～を振り回す	□invoke	～を祈願する，～に訴える
□capitulate	屈服する	□lambaste	～を厳しくとがめる
□chisel	～をのみで彫る	□lament	～を嘆き悲しむ
□coalesce	合体する	□oust	～を追い出す
□douse	(火・明かり)を消す	□pester	～を困らせる，～を煩わせる
□emulate	～を見習う，～と張り合う	□ransack	～を徹底的に探す，～を略奪する
□enthrall	～を魅了する	□reiterate	～を繰り返す
□entice	～を引き寄せる	□trample	～を踏みつける
□enumerate	～を列挙する	□wane	衰える，衰退する

形容詞

□acrid	(味などが)刺激の強い，辛辣な	□gullible	だまされやすい
□apathetic	無関心な	□idyllic	牧歌的な，のどかで美しい
□candid	率直な	□intrinsic	固有の，本質的な
□caustic	辛辣な	□inveterate	常習的な
□deferential	敬意を表する	□menial	(仕事が)単純で退屈な，卑しい
□defunct	使用されていない，現存しない	□murky	うさん臭い，暗い
□devious	不誠実な	□omniscient	博学な，全知の
□diffident	自信のない	□petulant	不機嫌な，怒りっぽい
□forlorn	寂しげな，悲しげな	□staunch	強固な，筋金入りの
□gallant	勇敢な，堂々とした	□tepid	生ぬるい，熱意のない

副詞

□blatantly	露骨に	□daintily	優雅に，優美に
□brusquely	ぶっきらぼうに	□ruefully	後悔して，悲しそうに
□cordially	心から，真心を込めて	□vehemently	激しく，猛烈に

次のページからは練習問題。ここで学んだことを使って問題を解いてみよう！

philosopher 名 哲学者　psychiatrist 名 精神科医　socialist 名 社会主義者　specification 名 製品仕様

練習問題

To complete each item, choose the best word or phrase from among the four choices.

□□ **(1)** Although Jerry was an excellent employee when he started, the quality of his work has ( ) greatly. It seems like he hardly puts any effort into it at all these days.

1 reconciled **2** deteriorated **3** revamped **4** seceded

□□ **(2)** ***A:*** Couldn't you persuade Brad to change his mind and meet his brother?
B: No. It didn't matter what I said. He was ( ) that he would never talk to him again.

1 insatiable **2** malleable **3** prescient **4** adamant

□□ **(3)** When Gordon's teacher caught him playing a game on his smartphone during class, she immediately ( ) it, telling him that he could get it back at the end of the day.

1 emigrated **2** hypnotized **3** pulverized **4** confiscated

□□ **(4)** Jarod is a man without ( ). He is willing to lie, cheat, and use people to get what he wants.

1 trances **2** blisters **3** perks **4** scruples

□□ **(5)** Wynne ( ) everyone when she announced that she used to be a skydiving instructor. No one could imagine her doing anything that was even slightly dangerous.

1 astounded **2** prosecuted **3** consolidated **4** impoverished

□□ **(6)** If no one is ( ) to the idea, the company president is currently planning to appoint her son-in-law to the board of directors.

1 averse **2** abject **3** acrid **4** defunct

□□ **(7)** Brian hastily dialed his parents' telephone number as soon as he heard about the devastating earthquake, but his fears rapidly ( ) on hearing the calmness in his mother's voice.

1 absconded **2** assailed **3** abated **4** actualized

□□ **(8)** Patricia did not like what the interior designer had done. She preferred simple elegance, but her apartment now looked outright ( ).

1 gaudy **2** extinct **3** shrewd **4** fervent

stimulus 名 刺激　stockpile 名（食糧・武器などの）備蓄　watershed 名 分水嶺　mortality 名 死亡率

NOTES

(1) 解答 2

ジェリーは入社したころは優秀な社員だったが，仕事の質が大きく悪化している。最近は仕事にほとんど何の努力もしていないように見える。

解説 逆接の接続詞Althoughから，文の後半はexcellentと対照的な内容だとわかる。deteriorate「悪化する」が正解。**1**「～を和解させた」，**3**「～を改革した」，**4**「脱退した」

(2) 解答 4

A: ブラッドに考えを変えて弟と会うよう説得することはできなかったの？
B: うん，できなかったんだ。僕が何を言おうとだめだった。彼は弟とは絶対に二度と話をしないと断固主張したんだ。

解説 弟と会うように説得したが，ブラッドはもう二度と弟と話をしないと言っているので，adamant「断固たる」が適切。**1**「飽くことを知らない」，**2**「(金属が) 可鍛性の，(人が) 適応性のある」，**3**「予知力のある」

(3) 解答 4

先生は授業中にゴードンがスマートフォンでゲームをしているのを見つけると，直ちにそれを没収し，その日学校が終わったら返してあげると彼に告げた。

解説 学校が終わるまで返してもらえないのだから，confiscate「～を没収する」が適切。**1**「移住した」，**2**「～に催眠術をかけた」，**3**「～を粉々にした」

(4) 解答 4

ジャロッドは良心の呵責を持たない男だ。欲しいものを手に入れるためには，うそをつき，不正をし，人を利用しても構わないと思っている。

解説 第2文の内容から，ジャロッドにないのはscruples「良心の呵責」である。**1**「催眠状態」，**2**「水膨れ」，**3**「役得，特権」

(5) 解答 1

以前スカイダイビングのインストラクターをしていたと告げてウィンは皆を仰天させた。彼女が少しでも危険なことをしている姿を誰もまったく想像できなかった。

解説 第2文から，スカイダイビングのインストラクターという経歴は意外すぎて皆「～を仰天させた」(astounded) とわかる。**2**「～を起訴した」，**3**「～を強化した」，**4**「～を貧しくした」

(6) 解答 1

その考えに反対する人がいなければ，社長は娘婿を理事会の一員に任命しようと現在計画中だ。

解説 averse toで「～を嫌がって，～に反対して」という意味。否定文で用いることが多い。**2**「悲惨な」，**3**「舌を刺激する」，**4**「現存しない」

(7) 解答 3

壊滅的な地震のことを聞くやいなや，ブライアンは慌てて両親に電話をしたが，彼の恐れは母親の落ち着いた声を聞くと急速に薄らいだ。

解説 abateは痛みや勢いなどが「衰える，弱まる」。**1**「脱走した」，**2**「～を襲撃した」，**4**「現実化した」

(8) 解答 1

パトリシアは，インテリアデザイナーがした仕事が気に入らなかった。彼女は簡素な優雅さの方が好みだったが，今や彼女のアパートはすっかりけばけばしく見えた。

解説「簡素な優雅さが好み」とあるので，それとは逆のgaudy「けばけばしい」を選ぶ。**2**「絶滅した」，**3**「機転が利く」，**4**「熱心な」

premium 名 報奨金　myriad 名 無数　phase 名 段階　tenure 名 (大学教授の) 終身在職権

□□ (9) Because of the yen's ( ) rise against other currencies, overseas production of many Japanese electronics products has grown rapidly.

1 precipitous **2** prescriptive **3** processional **4** innocuous

□□ (10) The large reduction in interest rates has been a ( ) to people who want to refinance their home mortgages.

1 boon **2** petition **3** surveillance **4** delusion

□□ (11) As the eye of the typhoon passed over the city, there was a temporary ( ) in the wind and rain. The storm returned full force minutes later.

1 gala **2** breach **3** lull **4** infusion

□□ (12) Charlotte is constantly amazed at how ( ) many young people today are. She wonders if their parents teach them any manners at all.

1 urbane **2** unscathed **3** uncouth **4** untenable

□□ (13) The teacher did her best to change her student's poor attitude and habits, but she finally had to give up. He was simply ( ).

1 incorrigible **2** meticulous **3** fallacious **4** inordinate

□□ (14) The thing Carla liked best about living in the city was her apartment's ( ) to a variety of shops and restaurants. She only needed her car for commuting to work.

1 proximity **2** adherence **3** legacy **4** demeanor

□□ (15) Merger negotiations reached an ( ) when it came time to finalize the new company's name. Both parties wanted their former trade name to take top billing.

1 erosion **2** asylum **3** impasse **4** incentive

□□ (16) Nearly every record of the ancient queen was ( ). The king who replaced her ordered them destroyed so that the common folk would not know she had ever existed.

1 curtailed **2** insinuated **3** obliterated **4** corroborated

quota 名 割り当て　assessment 名 査定　intervention 名 介入　alliance 名 同盟

NOTES

(9) 解答 1

他国通貨に対する円の急激な高騰のため，多くの日本の電子製品の海外生産が急速に増加した。

解説 rapidly「急速に」と意味が近いprecipitous「性急な」が適切。**2**「規範的な」，**3**「行列の」，**4**「無害な」

(10) 解答 1

利率の大幅な切り下げは，住宅ローンの借り換えをしたい人々にとってはありがたいことだった。

解説「利率の大幅な切り下げ」だから，ローン返済者にはboon「恩恵」である。**2**「嘆願」，**3**「監視」，**4**「思い違い」

(11) 解答 3

台風の目が都市の上空を通過すると，風雨が一時的に収まった。数分後，再び猛烈な嵐となった。

解説「数分後，再び猛烈な嵐となった」から，その前はlull「(嵐などの) 小やみ」が適当。**1**「祭り」，**2**「違反」，**4**「注入」

typhoon「台風」は南シナ海に発生する熱帯低気圧のこと。インド洋に発生する cyclone「サイクロン」，西インド諸島に発生する hurricane「ハリケーン」と発生する場所によって呼び名が異なる。

(12) 解答 3

シャーロットは，今日の若者の多くがいかに礼儀知らずかにいつも驚いている。彼らの親は少しでも行儀というものを教えているのだろうかと彼女は疑問を抱いている。

解説「行儀を教えているのか」と疑問を抱いているから，uncouth「粗野な，無作法な」が最適。**1**「洗練された」，**2**「無傷の」，**4**「支持できない」

(13) 解答 1

その教師は生徒の悪い態度と習慣を変えるべく最善を尽くしたが，ついにあきらめざるを得なかった。彼はとにかく矯正しようがなかった。

解説「生徒の悪い態度と習慣を変えるのをあきらめた」とあるので，incorrigible「矯正できない」が適切。**2**「細かいことに気を遣う」，**3**「誤った」，**4**「過度の」

incorrigibleはin (否定) + corrigible「矯正できる」から「矯正できない」となる。子供などが「手に負えない」様子を表す。

(14) 解答 1

カーラが都会暮らしで一番好きなのは，アパートの近くにいろいろな店や飲食店があることだった。車は通勤に必要なだけだった。

解説「アパートの」に続くのはproximity「近接」。**2**「固執」，**3**「遺産」，**4**「振る舞い」

(15) 解答 3

新会社の名称を最終決定する段になり合併交渉は袋小路に入った。両社とも最初に自分たちの旧社名が来ることを望んだのである。

解説 両社とも同じことを希望していたと続くので，合併交渉はimpasse「袋小路」に入った。**1**「腐食」，**2**「保護」，**4**「誘因」

「袋小路，行き止まり」を表す語には，ほかに dead end「行き止まり」，deadlock「行き詰まり」などがある。

(16) 解答 3

その古代の女王の記録はほとんどすべて抹消された。彼女を継いだ王は，そもそも彼女が存在したことを一般庶民が知ることのないよう，記録を破壊するよう命じた。

解説 obliterate「～を消滅させる」は，ここでは第2文のdestroyと同じ意味で用いられている。**1**「短縮された」，**2**「遠回しに言われた」，**4**「強固にされた」

projection 名 予測　scheme 名 たくらみ　bid 名 試み　brutality 名 残忍さ

□□ **(17)** Andrew eventually left all medical decisions in his doctor's hands. With such a ( ) of information about his rare condition, he felt incapable of making an informed judgment himself.

1 niche **2** variant **3** curb **4** dearth

□□ **(18)** The manager spent too much time on minor tasks. It was clear he needed to ( ) more of these responsibilities to his staff.

1 delegate **2** petrify **3** embellish **4** imbue

□□ **(19)** The police probe into the ministry was so ( ) that none of those concerned realized they were even being investigated.

1 discreet **2** affluent **3** deviant **4** amenable

□□ **(20)** After determining the researcher's evidence was clearly inadequate, the scientists ( ) his claims to have discovered a cure for the common cold.

1 repudiated **2** proliferated **3** engendered **4** ascertained

□□ **(21)** Sarah spent hours cleaning the house from top to bottom. She finally collapsed on the sofa, for the effort had ( ) all her strength.

1 allocated **2** sapped **3** implored **4** fostered

□□ **(22)** It is an honor to be asked to be the keynote speaker for the 200th anniversary celebration of such an ( ) university. In fact, twelve graduates have gone on to win Nobel Prizes.

1 illustrious **2** iridescent **3** intractable **4** arduous

□□ **(23)** The union protested the company's decision to dismiss several of its members and demanded that the company ( ) it.

1 rebut **2** relegate **3** rescind **4** recuperate

□□ **(24)** While the teacher was scolding Alan for not paying attention during class, he ignored the words and ( ) continued reading text messages on his cell phone.

1 brazenly **2** reverently **3** benevolently **4** prudently

conquest 名 征服　contractor 名 請負業者　correction 名 訂正　crust 名 地殻

NOTES

(17) 解答 4

アンドリューは最終的にすべての医学的な判断を医師の手に委ねた。彼の珍しい病状についてこれほど情報が欠乏した状態では，自分では情報に基づいて判断を下すことはできないと感じた。

解説 情報に基づく判断ができないのは，情報のdearth「欠乏」のためである。**1**「市場のすき間」，**2**「変種」，**3**「制御」

dearth の同義語は lack, scarcity。

(18) 解答 1

部長は重要でない作業に時間をかけすぎた。彼が部下にこれらの職責をもっと委ねる必要があるのは明らかだった。

解説 部下に重要でない作業「～を委譲する」(delegate) ことで部長は負担を減らすことができる。**2**「～を石化する」，**3**「～を装飾する」，**4**「～に吹き込む」

(19) 解答 1

警察によるその省の調査は非常に慎重なものだったので，関係者は誰一人調査されていることにさえ気がつかなかった。

解説 調査は誰も気がつかないほどdiscreet「慎重な」ものだったのである。**2**「裕福な」，**3**「常軌を逸した」，**4**「従順な」

(20) 解答 1

科学者たちはその研究者の証拠が明らかに不十分だという判定を下してから，風邪の治療法を発見したという彼の主張を退けた。

解説 証拠不十分ということから，彼の主張「～を退けた」(repudiated) が適切。**2**「～を増殖させた」，**3**「～を生じさせた」，**4**「～を確かめた」

(21) 解答 2

サラは何時間もかけて家を上から下まで掃除した。そのがんばりですべての体力を使い果たしてしまったので，彼女はついにソファに倒れ込んだ。

解説 がんばって掃除した結果に起きたことだから，sap「(気力など) を奪う」が適切。**1**「～を割り当てた」，**3**「～に懇願した」，**4**「～を促進した」

(22) 解答 1

こんなに著名な大学の200周年記念式典の基調講演を依頼されるのは名誉なことだ。実際，12人の卒業生が卒業後ノーベル賞を受賞しているのである。

解説 基調講演をすることが名誉に思えるのはillustrious「著名な」大学だからである。**2**「玉虫色の」，**3**「強情な」，**4**「骨の折れる」

(23) 解答 3

労働組合は，組合員数名を解雇するという会社の決定に抗議し，会社がそれを撤回することを要求した。

解説 解雇の決定に抗議したのだから，それ「～を撤回する」(rescind) よう要求したと考えられる。**1**「～に反論する」，**2**「～を格下げする」，**4**「～を取り戻す」

rescindは「(法律など) を撤回する」こと。repealも同じ意味。「(前言など) を撤回する」という意味では retract，withdraw などを使う。

(24) 解答 1

授業をきちんと聞いていないと先生がアランをしかっている間，彼は先生の言葉を無視してずうずうしくも携帯電話のテキストメッセージを読み続けた。

解説 しかられているにもかかわらずメッセージを読み続ける態度としては，brazenly「ずうずうしく」が適切。**2**「うやうやしく」，**3**「慈悲深く」，**4**「用心深く」

hostility 名 敵意　imprisonment 名 投獄　initiative 名 重要な新計画　injection 名 注射

短文の語句空所補充問題を攻略！③

今日の目標

筆記１では句動詞も毎回出題される。今日は句動詞のタイプ，知らない句動詞への対応の仕方，句動詞を構成する副詞・前置詞の基本的な意味を確認しよう。

ポイント１ 句動詞のタイプを確認しよう

句動詞はその形式から〈動詞＋副詞〉，〈動詞＋前置詞〉，〈動詞＋副詞＋前置詞〉の３タイプに分類することができる。最近の出題例を分析してみると，〈動詞＋副詞〉タイプが最も多く，〈動詞＋前置詞〉タイプ，〈動詞＋副詞＋前置詞〉タイプが続く。以下にそれぞれのタイプの具体例を挙げておく。

〈動詞＋副詞〉

□ **beef up**	～を強化する	□ **lash out**	痛烈に非難する
□ **chime in**	話に加わる	□ **own up**	白状する
□ **churn out**	～を（機械的に）大量生産する	□ **palm off**	（偽物など）を売りつける
□ **crack down**	断固たる処置をとる	□ **pan out**	成功する
□ **drift off**	ゆっくり去っていく，居眠りする	□ **peter out**	次第に消滅する
□ **ease off**	和らぐ，緩む	□ **rein in**	～を厳しく抑制する
□ **flare up**	かっとなる，再発する	□ **shell out**	大金を（しぶしぶ）支払う
□ **knuckle down**	真剣に取り組む	□ **trump up**	～を捏造する

〈動詞＋前置詞〉

□ **capitalize on**	～に乗じる	□ **hinge on**	～次第である
□ **gloat over**	～にほくそ笑む	□ **pore over**	～を熟読する，～を熟考する
□ **gloss over**	～を取り繕う	□ **scrimp on**	～を倹約する

〈動詞＋副詞＋前置詞〉

□ **boil down to**	～に帰着する	□ **chip away at**	～を徐々に減らす

ポイント２ 知らない句動詞をイメージする

１日目で述べたように，句動詞の多くはいわゆる慣用句（イディオム）であり，必ずしも，構成する動詞や副詞・前置詞が持つ意味から全体の正確な意味を理解できるとは限らない。したがって，確実に正解を選ぶにはその句動詞を知っていることが最も望ましいのだが，英語における句動詞の数は非常に多く，知らない句動詞に遭遇することも多いだろう。

構成要素から意味を推測するのがどれくらい容易かは，個々の句動詞によってかなりばらつきがあるが，一見難解に思える句動詞でも，イメージを膨らませることで意味をかなりの程度まで推測できる場合もある。ここではその例を次の例題から見てみよう。

manipulation 名（世論などの）操作　mate 名 つがいの相手　morality 名 道徳　reliance 名 依存

例題

After police officers showed the volunteers where the little boy had wandered into the woods, they (　　　) in order to search a wider area.

1 fanned out　**2** tapered off　**3** screened out　**4** spouted off

訳 小さな男の子が森に迷い込んだ場所を警官がボランティアたちに教えた後，彼らはもっと広い範囲を捜索するために**散らばっていった**。

1「扇状に進んだ」　**2**「次第に減少した」　**3**「～を仕切りで締め出した」　**4**「べらべらしゃべりまくった」

解答：1

解答のテクニック

- ボランティアたちは警官の説明を聞くため1か所に集まっていたと考えられる。その後，より広い範囲を捜索するためにどうしたかを考えると，彼らは分かれていろいろな方向に向かったと推測できる。したがって，正解は**1**の**fanned out**「散らばっていった」である。
- この句動詞を知らなかったとしても，まずfan「扇」という名詞の意味と，副詞out「外へ，（中心から）離れて」という組み合わせから，**「扇状に広がる」**というイメージを描くことはできるだろう。そこからさらに**意味を抽象化させて**，「（人が）扇状に進む，散らばっていく」という意味にたどり着くことは十分可能である。

ポイント3 副詞・前置詞の基本的な意味を確認しよう

上の例題のようにイメージからその句動詞の意味を推測する場合，その句動詞を構成している**副詞や前置詞の基本的な意味を知っておく必要がある**。ここでは句動詞に比較的多く使われる副詞や前置詞をいくつか取り上げ，その基本的な意味と句動詞の例を挙げておく。

by（近接して）
例：scrape by「何とか暮らしていく」（←限界ぎりぎりをこするように進む）

into（～の中へ）
例：rope（人）into「（人）を説得して～に誘い込む」（←縄をかけて引き入れる）

off（離れて）
例：shake off「（病気など）を断ち切る」（←嫌なものを振り落として離れる）

out（外へ・完全に・消滅して）
例：chew out「（人）をひどくしかる」（←完全に噛みくだく）

over（越えて・覆って）
例：boil over「怒りが抑えきれなくなる」（←沸騰して鍋のふちから吹きこぼれる）

up（上に・高まって・完全に・終了して）
例：settle up「（勘定を）清算する」（←金を払って貸借関係を終わらせ，落ち着く）

次のページからは練習問題。ここで学んだことを使って問題を解いてみよう！

sensitivity 名 配慮　sentiment 名 感情　severity 名 厳しさ　variant 名 変形

To complete each item, choose the best word or phrase from among the four choices.

□□ **(1)** After being (　　　) in the house for several days due to the bad weather, it was wonderfully refreshing to go outside and take a walk.

1 tacked on　**2** flipped out　**3** cooped up　**4** knuckled under

□□ **(2)** *A:* Did you go to the concert this weekend?

B: I thought I could get tickets at the door, but they had all been sold out. So, my plans (　　　) unfortunately.

1 fell through　**2** clammed up　**3** blacked out　**4** blew over

□□ **(3)** After the new product went viral on social media, customers (　　　) the store's entire supply. The store manager said he had never seen an item sell in just a few hours like that.

1 let down　**2** headed off　**3** groped for　**4** snapped up

□□ **(4)** Janice always (　　　) her grandchildren. She makes special meals for them whenever they come to visit and buys them expensive gifts for their birthdays and Christmas.

1 reels in　**2** dotes on　**3** spruces up　**4** towers over

□□ **(5)** The enemy army has surrounded the town in order to (　　　) supplies. Without food, the defenders will probably have to surrender.

1 choke off　**2** play down　**3** bawl out　**4** rifle through

□□ **(6)** *A:* Be sure to pick me up by 8:00 tomorrow. My flight leaves at 10:00, and I'm (　　　) you to get me there in time.

B: Don't worry. I won't let you down.

1 attesting to　**2** grappling with　**3** standing by　**4** banking on

□□ **(7)** Stealing money from his mother's purse (　　　) the boy's conscience for weeks. He finally confessed and apologized to her.

1 chewed over　**2** gnawed at　**3** harped on　**4** scratched out

□□ **(8)** The management offered a compromise, but the union members did not consider it sufficient. They voted to (　　　) for a better offer.

1 dole out　**2** clog up　**3** hold out　**4** ease up

workload 名 仕事の負担量　fireplace 名 暖炉　gunpowder 名 火薬　painkiller 名 鎮痛剤

NOTES

(1) 解答 3

悪天候のため数日間家に閉じ込められていた後，外に出て散歩をするのは素晴らしくさわやかだった。

解説 coop up で「～を（狭い場所に）閉じ込める」。受け身で用いるのが普通。**1**「添えられた」，**2**「かっとなった」，**4**「屈服した」

coop は名詞「鶏小屋」が原義で，そこから coop up の意味が生じた。強制的に監禁するというより，問題文の悪天候のように，やむを得ない理由で外に出られなくするというニュアンス。

(2) 解答 1

A: 週末はコンサートに行ったの？
B: 入り口でチケットを買えると思ったんだけど，全部売り切れていたの。だから，残念ながら計画は失敗に終わったわ。

解説 fall through で「（計画などが）失敗する」。**2**「口を閉ざした」，**3**「意識を失った」，**4**「吹き飛んだ」

(3) 解答 4

その新製品がソーシャルメディアで評判になった後，客がその店の在庫全部をわれ先に買い求めた。1つの商品がたった数時間でこんなふうに売れるのは見たことがない，と店長は言った。

解説 snap up で「～を先を争って買う」。**1**「～を失望させた」，**2**「～を阻止した」，**3**「～を手さぐりで探した」

viral は「ウイルスの」という形容詞だが，go viral「バズる」など，インターネット上で急速に拡散することについても用いられる。

(4) 解答 2

ジャニスはいつも孫たちを溺愛している。孫たちが訪ねて来るたびに特別な食事を作ってやり，誕生日とクリスマスには高価なプレゼントを買ってやる。

解説 特別な食事と高価なプレゼントは，孫たち「～を溺愛する」（dotes on）ゆえの行為だと考えられる。**1**「（糸など）を（リールで）巻き上げる」，**3**「～の身なりを整える」，**4**「～の上に高くそびえる」

(5) 解答 1

敵軍は，補給を止めるために町を包囲している。食料がなければ，防衛軍はおそらく降参しなければならなくなる。

解説 食料などの物資の供給「～を止める，～を断つ」（choke off）ことで降参に追い込もうという兵糧攻めの状況である。**2**「～を軽視する」，**3**「～を怒鳴って言う」，**4**「～をくまなく探す」

(6) 解答 4

A: 明日8時までに忘れずに車で迎えに来てね。私の乗る便は10時出発で，遅れずにそこに着けるようあなたを当てにしているんだから。
B: 心配しないで。期待を裏切るようなことはしないから。

解説 bank on で「～を当てにする」。**1**「～を証明する」，**2**「～に取り組む」，**3**「～を支援する」

「～を当てにする」という意味では，ほかに count on，depend on，lean on などが使える。

(7) 解答 2

母親のハンドバッグからお金を盗んだことは，何週間も少年の良心をさいなんだ。結局彼は母親に告白して謝った。

解説 gnaw at で「～を苦しめる」。**1**「～を熟考した」，**3**「～をしつこく繰り返した」，**4**「～を（線で）消した」

(8) 解答 3

経営側は妥協案を提示したが，組合員たちはそれが十分とは考えなかった。彼らは投票の結果もっといい提示を要求して粘ることにした。

解説 hold out for で「～を要求して譲らない」。**1**「～を配る」，**2**「詰まる」，**4**「和らぐ」

zoology 名 動物学　stake 名 株　pricey 形 高価な　cellular 形 細胞の

□□ **(9)** After a cease-fire had been agreed upon, representatives from both countries settled down to the task of ( ) the details of a peace treaty.

1 hanging out **2** burning up **3** thrashing out **4** cracking up

□□ **(10)** Dave's company was considering opening a branch overseas, but decided not to ( ) it because there seems to be a recession coming.

1 snap out of **2** bear down on **3** load up on **4** go through with

□□ **(11)** ***A:*** Thanks so much for babysitting Jeremy.

B: Don't mention it. Jeremy is such a polite boy. I only wish that some of his politeness would ( ) my two boys.

1 wriggle out of **2** rub off on **3** come in at **4** leap out at

□□ **(12)** The copy machine was ( ) nearly every day. After numerous complaints from her staff, the manager finally decided to purchase a new one.

1 drawing out **2** fighting back **3** jamming up **4** nodding off

□□ **(13)** The baseball team ( ) another victory in what appeared to be an unstoppable climb to the top of the league.

1 squeezed up **2** brushed over **3** chalked up **4** painted out

□□ **(14)** The committee members could not decide how to vote on the proposal right away. They needed time to ( ) any potential problems first.

1 butter up **2** flick through **3** mull over **4** drum up

□□ **(15)** After Sandra's boss recommended her for promotion as the next head of the regional office, she felt such an exciting offer was too difficult to ( ).

1 pin down **2** make way **3** shoot down **4** pull through

□□ **(16)** In order to make it to the campsite before sundown, they knew they had to ( ), even though their legs were tired from all the hiking.

1 puff up **2** hit out **3** bow out **4** press on

 considerable 形 かなりの gifted 形 優れた才能のある present-day 形 現代の illicit 形 不義の

NOTES

(9) 解答 3

停戦が同意されると，両国の代表団が平和条約の詳細を徹底的に議論する作業に取り掛かった。

解説 thrash out で「～を徹底的に議論する」。settle down to は「～に腰を据えて取り掛かる」。**1**「ぶらぶら過ごす」，**2**「～を焼き尽くす」，**4**「爆笑する」

(10) 解答 4

デイブの会社は海外に支社を開くことを検討していたが，不況が近づいているようなので実行しないことにした。

解説 go through with は「（予定していたことなど）をやり通す，～をやり抜く」という意味。**1**「～から立ち直る」，**2**「～を圧する」，**3**「～をどっさり買い込む」

(11) 解答 2

A: ジェレミーのベビーシッターをしてくれてどうもありがとう。
B: どういたしまして。ジェレミーはとても礼儀正しい子ね。彼の礼儀正しさが少しでもうちの男の子2人に移ってくれたらいいんだけど。

解説 rub off on は「（性格・態度などが）～に乗り移る，～に影響を与える」という意味。**1**「～を何とかして逃れる」，**3**「価格が～である」，**4**「（名前などが）～の目に飛び込む」

rub off on は，一緒に時間を過ごすうちに，一方の性格などがこすれて（rub）落ち（off）他方にくっつく（on）というイメージ。

(12) 解答 3

そのコピー機はほとんど毎日紙詰まりを起こしていた。スタッフから数多くの苦情が寄せられた後，部長はようやく新しいコピー機を購入することにした。

解説 jam up で「（機械などが）動かなくなる」。**1**「（日が）長くなる」，**2**「反撃する」，**4**「うとうとして眠り込む」

(13) 解答 3

その野球チームは止まらぬ勢いでリーグの首位へ向かって上昇を続けている中，また勝利を収めた。

解説 chalk up で「（得点・勝利）を挙げる」。**1**「～に席を詰めさせた」，**2**「（人・事柄など）に軽く触れた」，**4**「～を塗りつぶした」

(14) 解答 3

委員たちはその提案についての賛否をすぐには決められなかった。何か問題が潜んでいないかをじっくり考える時間がまず必要だった。

解説 mull over で「～についてじっくり考える」。**1**「～にへつらう」，**2**「～をぱらぱらめくる」，**4**「（支持・取引など）を懸命に得ようとする」

(15) 解答 3

上司がサンドラに次の地方局長への昇進を勧めると，彼女は断ることはできないほど刺激的な提案だと思った。

解説 shoot down で「（提案など）を却下する，～を断る」。**1**「～をはっきりさせる」，**2**「道を開ける」，**4**「～を切り抜ける」

(16) 解答 4

ずっとハイキングをして脚は疲れていたけれども，日没までにキャンプ場にたどり着くためにはひたすら歩き続けるしかない，と彼らはわかっていた。

解説 press on で「継続する」。**1**「膨らむ」，**2**「殴りかかる」，**3**「辞職する」

compelling 形 説得力のある　skeptical 形 懐疑的な　authentic 形 本物の　inherent 形 生来の

長文の語句空所補充問題を攻略！②

今日の目標

筆記2では長文の空所に入る答えを選ぶ際に，その前後の文脈を手がかりとして考えることがまず何よりも重要である。今日は例題を解きながらそれを確認しよう。

ポイント1　空所の前の文脈から考える

正解を選ぶヒントとなる情報は，空所の前にある場合，後ろにある場合，あるいはその両方にある場合もあるが，ここではまず，空所の前の文脈が手がかりとなる例を見てみよう。

次の長文は，猫が喉をごろごろ鳴らす行為は何を表すかについて書かれた文章の第1段落である。

例題

The Language of Purring

A purring cat is considered by many to be the epitome of a contented creature. Cat owners generally believe that when their precious feline is purring, especially when curled upon their lap, their cat is expressing happiness and perhaps even appreciation. While this may well be the case, researchers have discovered that purring is not purely restricted to when a cat is enjoying a nice belly rub or drifting off to sleep. For example, some cats purr to their mother when they are hungry, and others may purr even after being startled or scared. Such findings suggest that purring should perhaps be (**1**) rather than simply an expression of pleasure.（以下略）

(1) **1** dismissed as an insignificant reaction　**2** considered more a form of communication
3 seen as more a sign of vulnerability　**4** treated more like a personality defect

訳　喉を鳴らすという言語

喉をごろごろ鳴らす猫は，満足した生き物の典型だと多くの人に考えられている。猫の飼い主は，自分が大切にしているネコ科の生き物が特に膝の上で丸くなって喉を鳴らしているとき，飼い猫が表現しているのは幸福感，もしかすると感謝ですらあるかもしれないと一般に考えている。おそらくそのとおりの場合もあるだろうが，猫が喉をごろごろ鳴らすのは，おなかを優しくなでられるのを楽しんでいたり，うとうとと眠りに落ちたりする場合だけに限られるのではないことを，研究者たちが発見した。例えば，おなかがすくと母猫に向かって喉を鳴らす猫もいれば，驚いたり怖がったりした後ですら喉を鳴らすことのある猫もいる。そうした研究結果は，喉を鳴らすことは単に喜びの表現というより，むしろコミュニケーションの一形態と考えるべきなのかもしれないと示唆している。

解答：2

解答のテクニック

- 第1文と第2文では，猫が喉をごろごろ鳴らすのは満足感や幸福感の表れだと広く考えられている，というこの文章のテーマが提示されている。
- 第3文では，猫が喉を鳴らすのはそうした場合だけに限られないことが研究でわかったと書かれている。おなかをなでられたりうとうとするというのは，猫が満足感や幸福感を感じる状況の具体例である。
- 続く第4文では第3文の内容に対応する，つまり研究者たちが発見したことの実例が挙げられている。
- 空所を含む第5文は，そうした研究結果から何が考えられるかという結論を述べている。猫が喉を鳴

ethical 形 道徳にかなった　irrational 形 訳のわからない　decent 形 かなりの　civic 形 市民としての

らすとき空腹や驚きなどを伝えることもあるのだから，単なる喜びの表現にとどまらず，より広い感情を伝えるために行われている可能性があることになる。したがって，**2**が正解となる。

ポイント2 空所の後ろの文脈から考える

では次に，空所の後ろの文脈が手がかりとなる例として，肥沃な土壌である黒土が中国で失われつつあるという文章の第2段落を見てみよう。第1段落では，中国東北部の黒土が肥沃な理由や清王朝が黒土を大切に守ってきたことなどが書かれている。

例題

China's Endangered Black Soil

（前略）Although Chairman Mao Zedong's ruling proved to be largely fruitful and enabled Chinese leaders to feed their burgeoning population, the increase of arable land used for farming has (2). When he first came to power, he forced many thousands of military personnel and persuaded young people to clear forests in the Northeast to make way for farmland. Since then, millions of hectares of forests have been cut down, grasslands and wetlands have disappeared, and the topsoil has become increasingly exposed to wind and rain, resulting in soil erosion. With the black topsoil decreasing, soybean and corn production have plummeted by more than half. These problems have become exacerbated due to global warming, which has increased the number and severity of storms and floods, as well as pressing global economic and political issues.（以下略）

(2) **1** offered additional benefits as well　**2** faltered due to political unrest
3 affected traditional agricultural methods　**4** had unintended ecological consequences

訳　危機に瀕する中国の黒土

毛沢東主席の統治が結果的におおむね実を結び，中国指導部は急増する人口を食べさせられるようになったとはいえ，農業に用いる耕地の増加は生態環境に意図せざる結果をもたらした。彼は権力の座に就いた当初，農地を切り開くために東北部の森林を伐採するよう，何千人もの軍人に強制し，若者を説き伏せた。それ以来，何百万ヘクタールもの森林が切り倒され，草原と湿地が消滅し，表土はますます風雨にさらされるようになり，土壌の浸食を招いている。黒い表土が減少したことで，大豆とトウモロコシの生産量は半分以下に落ち込んでいる。これらの問題は世界全体の差し迫った経済問題と政治問題に加えて，嵐と洪水の件数と深刻さを増加させている地球温暖化のため悪化している。

解答：4

解答のテクニック

- この段落では，空所は第1文のトピック・センテンス（段落全体の要旨を簡潔に述べた文）にあるので，続く支持文（p.109参照）の具体的内容を読んでいけばおのずと正解は選べるはずである。
- 第2文では，毛沢東が農地をつくるために軍人や若者を使って東北部の森林を伐採させた事実が，続く第3文では，それが土壌の浸食という結果を招いている事実が述べられている。
- 第4文では，表土の減少により大豆とトウモロコシの生産量が急激に減った事実が述べられている。
- 第5文では，それらの問題は世界の経済・政治問題と地球温暖化で悪化している，という別の視点が導入されている。
- これらの内容をまとめると，農地を増やすために始めた森林伐採が，土壌の浸食という想定外の結果を生態環境に及ぼし，さらに地球温暖化も加わって農作物の収穫量が逆に減ることとなった，という流れになる。したがって，正解は**4**である。

次のページからは練習問題。ここで学んだことを使って問題を解いてみよう！

psychiatric 形 精神病学の　racial 形 人種の　sympathetic 形 好意的な　volcanic 形 火山の

Read the passage and choose the best word or phrase from among the four choices for each blank.

Compassionate Conservation

Animal conservation is a worthy goal that has gained increasing attention in recent decades. As the movement has grown, however, some have become concerned that conservation efforts tend to prioritize ecosystems and species over individual creatures. To remedy this situation, a movement called "compassionate conservation," which holds that wild animals share rights equivalent to those of human pets and animals in captivity, has sprung up. In particular, compassionate conservationists are against culling invasive species or predators. This practice, which frequently involves shooting or poisoning animals, causes terrible suffering. Furthermore, compassionate conservationists believe that culling (**1**). One frequently cited example is culling wolves in order to prevent them from preying on deer-like animals called caribou, which are vanishing at an alarming rate. However, researchers have found significant evidence suggesting that mining and forestry are often the real culprits jeopardizing the caribous' existence.

Compassionate conservationists often take the controversial position that invasive species should be accepted into ecosystems. When considering non-native species' effects, they say, we (**2**). Compassionate conservatives believe that when traditional conservationists deny that non-native species are legitimate members of an ecosystem, they are blinding themselves to the potential roles these creatures could play in an ecosystem that would be drastically transformed, but no worse off in the long run. Wild pigs, for instance, are a widely detested invasive species, but in Guam, they have come to play a significant role in the ecosystem. After snakes began to kill off too many birds, the wild pigs took over birds' role of regenerating forests by spreading seeds.

Critics argue that compassionate conservation strategies (**3**). Were the culling of predator species to cease, for example, it would almost certainly lead to mass extinctions of numerous vulnerable prey species. A case in point is the endangered Tristan albatross. Mice kill an estimated two million of the birds' chicks annually, and without lethal control of the rodents, the species is destined for extinction. There is, however, debate among compassionate conservationists about whether some degree of culling should be permitted. Whether they are correct about culling and invasive species or not, compassionate conservationists are asking thought-provoking questions that all conservationists should take into account.

appealing 形 魅力的な　decisive 形 断固とした　fundamentally 副 根本的に　interestingly 副 興味深いことに

□□ (1) **1** proves their point is correct
2 requires far too much effort
3 actually harms protected animals
4 fails to solve the real problem

□□ (2) **1** tend to lack sufficient data
2 know which are most harmful
3 need to be open-minded
4 ignore native species' effects

□□ (3) **1** have become less relevant lately
2 tend to be impractical
3 ignore the needs of humans
4 have been introduced too late

simultaneously 副 同時に　solely 副 単独で　transmit 動 ～を伝達する　retain 動 ～を保持する

NOTES

☐ compassionate 哀れみ深い，情け深い

captivityは「捕らわれの状態」という意味で，in captivityは動物が動物園や実験室などでおりや籠に入れられて飼育されている状態を言う。家畜は普通含まない。

☐ invasive species 外来種

☐ cull （動物）を間引く

☐ culprit 犯人，原因

☐ controversial 物議を醸す

☐ blind *A* to *B* A（人）にB（事実など）を見えなくする

☐ regenerate ～を再生させる

☐ thought-provoking 深く考えさせる

思いやりのある保全

動物の保全は，ここ数十年でますます多くの注目を集めている立派な目標である。しかし，この運動が拡大するにつれ，一部の人は，保全の取り組みが個々の生き物よりも生態系と生物種を優先する傾向があることを懸念するようになっている。この状況を正すため，野生動物は人に飼われるペットや飼育下の動物の権利と同等の権利を共有すると考える「思いやりのある保全」という運動が立ち上がっている。思いやりのある保全の活動家は，特に外来種や捕食動物の間引きに反対している。しばしば動物の射殺や毒殺を必然的に伴うこの行為は，恐ろしい苦しみを引き起こす。さらに，思いやりのある保全の活動家は，間引きは**本当の問題を解決できない**と考えている。よく引き合いに出される一例は，オオカミを間引きして，驚くべきペースで姿を消しつつあるカリブーというシカに似た動物を捕食するのを防ごうとすることである。しかし，研究者は，しばしば鉱業と林業がカリブーの存在を危うくしている真犯人だと示唆する重要な証拠を見つけている。

思いやりのある保全の活動家は，しばしば，外来種を生態系に受け入れるべきだという物議を醸す立場を取る。外来種の影響を考えるとき，われわれは**柔軟な考え方をする必要がある**，と彼らは言う。思いやりのある保全の活動家の考えでは，外来種が生態系の正当な一員であることを従来の保全活動家が否定するとき，彼らは，劇的に変容するだろうが長期的には悪くなるわけではない生態系でこれらの生き物が果たすかもしれない潜在的役割が見えなくなっている。例えばイノシシは広く忌み嫌われている外来種だが，グアムでは生態系で重要な役割を果たすようになっている。ヘビがあまりに多くの鳥を殺し始めた後，種子を運んで森を再生させる鳥の役割をイノシシが引き継いだのである。

批判する人たちは，思いやりのある保全の戦略は**非現実的な傾向がある**と主張する。例えば，捕食種の間引きが終わることになれば，ほぼ確実に，数多くの弱い非捕食種の大量絶滅を招くことになるだろう。好例は絶滅の危機に瀕しているゴウワタリアホウドリである。毎年推定２百万羽のこの鳥のひなをネズミが殺しており，このげっ歯動物を殺処分しなければ，その種は絶滅する運命にある。しかし，思いやりのある保全の活動家の間にも，ある程度の間引きが許されるかどうかについて論争がある。間引きと外来種について言っていることが正しかろうとそうでなかろうと，思いやりのある保全の活動家は，すべての保全活動家が考慮すべき深く考えさせる問題を問うている。

embrace 動 ～を受け入れる　allocate 動 ～を割り当てる　expire 動 期限が切れる　inhibit 動 ～を抑制する

NOTES

(1) 解答 4

1 彼らの論点が正しいと証明している
2 あまりに多すぎる努力を要する
3 実は保護されている動物の害になる
4 本当の問題を解決できない

解説 空所の後の文で挙げている例は，激減しているカリブーを保護するために，その捕食者であるオオカミを間引きすること。しかし，さらに次の文（However）で，カリブーを減らしているのは鉱業と林業だとする証拠があると述べている。つまり，いくらオオカミを間引きしても，鉱業と林業という the real problem「本当の問題」の解決にはならないことになる。

(2) 解答 3

1 十分なデータを欠く傾向がある
2 どれが最も有害かを知っている
3 柔軟な考え方をする必要がある
4 在来種の影響を無視している

解説 第2段落第1文から，思いやりのある保全の活動家は外来種を受け入れる立場だとわかる。空所後の文では，外来種が生態系を変えたとしても長期的には悪いことではない，と従来の保全活動家を批判し，第4文（Wild pigs）以降では，外来種であるイノシシが生態系で役に立っている例を紹介している。全体を考えると，外来種をただ否定するのではなく，be open-minded「柔軟な考え方をする」べきだというのが思いやりのある保全の活動家の主張ということになる。

(3) 解答 2

1 最近は以前より妥当でなくなった
2 非現実的な傾向がある
3 人間のニーズを無視している
4 導入されるのが遅すぎた

解説 空所のある文のCriticsから，空所には思いやりのある保全を批判する内容が入るとわかる。空所以降では，捕食種の間引きをやめれば弱い種が大量に絶滅するとしてアホウドリの例を挙げ，ひなを大量に殺すネズミを殺処分しなければこのアホウドリは絶滅するしかないと述べている。つまり，思いやりのある保全は種を保全する上でimpractical「非現実的」だというのが批判派の主張だと考えられる。

gamble 動（gamble that ... で）…ということに賭ける　finalize 動 ～を完結させる　hail 動 ～を称賛する

長文の語句空所補充問題を攻略！③

今日の目標

英語では1つのことがすぐに代名詞に置き換えられたり，別の表現に言い換えられたりする。文脈を正確に追うためには，それらが何を指しているのかを常に確認しながら読む必要がある。

ポイント1　代名詞が何を指すのかを考えよう

代名詞は人物や事物を置き換えるだけでなく，itやthisなどは前述の内容を受けるのに使われる場合もある。次の例題は，旅をしながら働くデジタルノマドを引き付けるためにさまざまな特典を用意する国が増えている，という文章の第1段落である。

例題

Digital Nomads

A growing number of countries (　1　) digital nomads — those who work remotely while traveling extensively. Until such systems were introduced, they were often stuck in a legal limbo due to not being employed locally and not being technically allowed to work abroad. They are now able to enjoy benefits including being able to open a bank account and reside in a country without sponsorship from a domestic employer. However, the system does not just benefit workers. It also helps host nations to boost income from increased tourism and domestic spending. This has led to similar initiatives having been launched in over 25 countries, with more likely to join them.（以下略）

(1) **1** are taking legal steps to restrict　**2** are building temporary homes for
3 now provide discount travel tickets for　**4** now offer special visas to attract

訳

デジタルノマド

デジタルノマド──広い範囲を旅しながらリモートワークをする人たち──を引き付けるため，今では特別なビザを提供する国が増えている。そうした制度が導入されるまで，彼らはしばしば，その土地で雇用されておらず厳密には外国で働くことが認められていないために，法的に宙ぶらりんの状態に置かれていた。彼らは今では，銀行口座を開設できたり，国内の雇用主の後援がなくても国に居住できたりといった特典を享受することができる。しかし，この制度で恩恵を受けるのは働き手だけではない。それは受け入れ国が観光と国内消費の増加による収入を増やす上でも役に立っているのである。その結果，同様の計画が25を超える国で開始されており，さらに多くの国がその仲間に加わりそうだ。

解答：4

解答のテクニック

- 空所の後の第2文と第3文で使われているtheyはどちらもdigital nomadsを指している。この2文から，デジタルノマドがその制度のおかげで，銀行口座の開設やその国での居住といった特典を認められたことがわかる。空所には，そうした制度を説明する語句が入ると考えられる。
- 第5文のItは第4文のthe system「この制度」を指しており，受け入れ国も収入が増えると説明されている。

overthrow 動（政府など）を転覆させる　resurrect 動 ～を復活させる　discriminate 動 差別する

- 第6文の主語のThisは前文の内容を指しており，最後のthemは直前のover 25 countriesを指す。
- つまり，そうした制度とは，デジタルノマドが働きやすい法的な裏づけを与える制度と考えられる。銀行口座の開設と国での居住という例が挙がっていることから，単なる仮設住宅や格安旅行券ではなく，**4**のように，特別なビザを提供してデジタルノマドを引き付けようとしていることになる。

ポイント2 言い換え表現に注意しよう

英語には同一の表現を繰り返し使うことを嫌う傾向があり，一度出てきた表現を別の言い方で言い換えることが多い。それらが結局同じものを指していることに気づかなければ，正確な文脈を見失うことにもなりかねない。次の文章は，12日目に学習した「危機に瀕する中国の黒土」の続き，第3段落である。

例題

China's Endangered Black Soil

（前略）The Chinese government has long been concerned about food productivity, but there has been (**3**). In former eras, the strategy was to assure that there was a sufficient crop yield to feed China's expanding population, including cutting down forests to increase farmland. Leaders have since changed tack and recognized the imperative for national food security by implementing measures to prevent the depletion and degradation of the country's precious topsoil. As part of this effort, a comprehensive survey of the quantity, quality, and distribution of black soil was conducted in 2022 to help restore its ecosystem. Coinciding with this, China's first law aimed at protecting black soil was enacted.

(3) **1** an adjustment in government objectives
2 an optimistic prospect of a rapid hike in production
3 an effort to return to ancient farming methodology
4 a shift toward control over population growth

訳　危機に瀕する中国の黒土

中国政府は昔から食糧の生産性を気にかけてきたが，政府の目標は修正された。かつての時代の戦略は，農地を増やすために森林を切り倒すことを含め，膨張する中国の人口を食べさせるのに十分な作物の収穫高が確実にあるようにすることだった。指導者層はその後方針を転換し，国の貴重な表土の枯渇と劣化を防ぐ諸対策を実行することによる国家的食糧安全保障が緊急課題だと認識するようになった。この取り組みの一環として，黒土の生態系を回復させる一助となるよう，2022年に黒土の量と質と分布の大規模な調査が行われた。これと同時に，黒土の保護を目的とする中国初の法律が制定された。

解答：1

解答のテクニック

- 第1文では，空所の前のbutから，気にかけている対象が食糧の生産性から変化したと推測できる。
- 第2文からは，かつては増え続ける人口を食べさせるだけの収穫高の確保が国の戦略だったこと，第3文からは，方針が変わり黒土を守ることによる食糧安全保障が重視されるようになったことがわかる。第4文と第5文では，黒土を保護するために行われた施策の具体例を挙げている。
- そうすると，butの後の「違うものに変化した」に対応するのは，第3文の**Leaders have since changed tack**「指導者層はその後方針を転換し」だとわかる。これが**1**の「政府の目標は修正」されたの言い換えになっている。

次のページからは練習問題。ここで学んだことを使って問題を解いてみよう！

resonate 動 共感を呼び起こす　harness 動（自然の力）を利用する　suppress 動 ～を鎮圧する　drain 動 ～の水を排出する

Read the passage and choose the best word or phrase from among the four choices for each blank.

Enrollment at Elite Universities

Today, the number of students attending America's institutions of higher learning is nearly twice what it was a half century ago. To meet this surge in demand, the vast majority of universities and colleges have substantially expanded their student bodies, with enrollment at the nation's non-elite schools soaring by at least 50 percent since the 1970s. (**1**) that the nation's elite schools, where demand far outpaces that of non-elite schools, would have seen at least as substantial an increase. However, the top institutions—elite schools like Harvard and Yale—increased admissions by an average of only 7 percent over the same period.

The combination of the elite universities' reluctance to significantly boost enrollment and the tremendous upsurge in student numbers means that a far smaller percentage of the overall student population is being admitted to elite universities. Stanford University, for example, which admitted approximately one-third of applicants 50 years ago, enrolled just 4 percent in 2022. One theory to explain this phenomenon is that elite university's low admissions rates are (**2**). This is because elite universities tend to compete based on prestige. And since any economist will tell you that scarcity confers value on a product or service in such markets, it makes sense that these institutions would want to seem more exclusive.

Interestingly, researchers have looked into exactly how valuable degrees from elite schools are to alumni. Of course, since applicants who get admitted to such institutions tend to be highly intelligent and motivated, it is difficult to measure how much of their success is attributable to the place where they studied. To solve this mystery, though, the researchers compared lifetime earnings for graduates of both elite and non-elite schools. Unsurprisingly, students who went to elite schools tended to earn more. However, when the researchers looked at participants who had applied to both elite schools and non-elite schools and been accepted to both, they found that, on average, students who had been accepted by elite schools but ended up at non-elite ones did just as well financially as the ones who attended more prestigious universities. This suggests that an education at an elite school (**3**).

usher 動 ～を案内する　exploit 動 ～を利用する　pitch 動 （商品・考えなど）を売り込む　slaughter 動 ～を畜殺する

□□ (1) **1** This disproved the theory
2 Yet this ignores the idea
3 It would therefore be logical to assume
4 Yet there is growing evidence

□□ (2) **1** an important part of their appeal
2 impossible to raise any higher
3 rising more than people realize
4 causing a new problem

□□ (3) **1** pays off in the long run
2 should be open to more people
3 may actually be overrated
4 has lost some of its appeal

enact 動 ～を制定する　deter 動 ～に思いとどまらせる　surveillance 名 監視　mosaic 名 モザイク

NOTES

□ outpace ～をしのぐ，～に勝る

as substantial an increase は，続く as non-elite schoolsが省略された表現。as ... asの中は〈形容詞＋冠詞＋名詞〉の語順になることにも注意。

□ prestige 権威，名声

□ scarcity 欠乏，希少性

□ confer *A* on *B* AをBに授ける，与える

alumniはalumnus「（大学の）卒業生」の複数形。

□ attributable to ～のせいと考えられる

エリート大学の入学者数

今日，アメリカの高等教育機関に通う学生の数は半世紀前の2倍近くになっている。この需要の急増に対応するため，総合大学と単科大学の大半は学生数を大幅に拡大しており，国の非エリート校での入学者数は急上昇して1970年代以来少なくとも5割増えている。需要が非エリート校をはるかにしのぐ国のエリート校では，少なくとも同程度の相当な増加が見られただろうと思うのはしたがって当然のことだろう。しかし，超一流教育機関――ハーバードやエールなどのエリート校――は，同じ期間で平均7%しか合格者数を増やしていない。

エリート大学が入学者数を大きく増やしたがらないことと学生数の急増を結び合わせると，エリート大学に合格する学生が全体数に占める割合ははるかに減っていることになる。例えば，50年前には志願者のおよそ3分の1を合格させていたスタンフォード大学は，2022年には4%しか入学させていない。この現象を説明する1つの説は，エリート大学の低合格率はそれらの大学のアピールポイントの重要な一部だというものである。なぜなら，エリート大学は威信に基づいて競い合う傾向があるからだ。そしてどんな経済学者も，そうした市場では希少性が商品やサービスに価値を付与するのだと言うのだから，これらの教育機関がより排他的に見せたがるのは理にかなったことである。

興味深いことに，エリート校の学位が卒業生にとって一体どれだけの価値があるのかを，研究者たちが調べた。もちろん，そうした教育機関に合格する志願者は非常に知能が高くモチベーションも高いから，彼らの成功のどれだけが学んだ場所のおかげと考えられるのかを判断するのは難しい。だが研究者たちはこの謎を解明するため，エリート校と非エリート校双方の卒業者の生涯所得を比較した。当然のことながら，エリート校に行った学生の方が所得が多い傾向があった。しかし，エリート校と非エリート校の両方に出願し両方に合格した参加者を研究者たちが調べると，平均して，エリート校に合格したが結局非エリート校を選んだ学生は，より名門の大学に通った学生とまったく同じように経済的に成功していたことを研究者たちは突き止めた。これは，エリート校での教育が実際は過大評価されているかもしれないことを示唆している。

conspirator 名 陰謀者　influx 名 流入　faction 名 派閥　expertise 名 専門知識

(1) 解答 3

1 これは…という説の誤りを証明した
2 だがこれは…という考えを無視している
3 …と思うのはしたがって当然のことだろう
4 だが…という証拠が増えつつある

解説 空所の前は，アメリカでは大学生の数が急増し，非エリート校の学生数は1970年代以来少なくとも5割増えているという状況を述べている。空所後はエリート校に関する説明で，that節の「少なくとも同程度の相当な増加が見られただろう」がどうなのかを考えると，エリート校の方が需要が高いのだから，that節のように考えることはlogical「当然の」ことだと言える。実際はそうではないことがHowever以下で示されている。

(2) 解答 1

1 それらの大学のアピールポイントの重要な一部
2 それ以上は少しも上げられない
3 人々が気づいているより上昇している
4 新たな問題を引き起こしている

解説 エリート校の低合格率はどう説明されればいいのか。空所以下を読み進めると，エリート校はどれだけprestige「威信」のある学校かということを競い合っており，scarcity「希少性」が商品やサービスに価値を与えるように，あえてexclusive「排他的」であろうとしている，という実情がわかる。つまり，合格率が低く排他的であるという希少性はその大学の威信を高める1つの要素，すなわちアピールポイントと考えられていることになる。

(3) 解答 3

1 長期的には割に合う
2 もっと多くの人に開かれるべきだ
3 実際は過大評価されているかもしれない
4 魅力の一部をなくしている

解説 第3段落で記述されている研究でわかったことは2つ。1つは，エリート校の卒業生の方が非エリート校の卒業生より生涯所得が多いこと。もう1つは，エリート校に合格したが非エリート校に行った学生は，エリート校に行った学生と同じくらいの経済的成功を手にしたことである。つまり，もともと知能の高い人は大学に関係なく成功する，ということになる。空所のある文のThisは後者を指すので，エリート校の教育は過大評価されているかもしれない，と続けると文脈に合う。空所の前の文のmore prestigious universitiesはelite schoolsの言い換え。

NOTES
□ disprove ～の誤りを証明する
□ overrate ～を過大評価する

diagnosis 名 診断　utility 名（電気・ガス・水道などの）公益事業　collision 名 衝突　coalition 名 連合

長文の語句空所補充問題を攻略！④

今日の目標

これまで見てきたように筆記2では空所の前後の文脈を考えることが重要だが，その際に論旨の展開を明確に示す表現が大きなヒントになる場合が多い。今日はその例を，例題を解きながら見てみよう。

ポイント1 論旨の展開を示す表現を確認しておこう

文章中で論旨の展開を明示する表現をディスコースマーカー（談話標識）と呼ぶ。その代表的なものをタイプごとに以下に挙げる。続けて例題を見てみよう。

順接：so, thus, therefore, accordingly, consequently, as a result, hence など
逆接：though, although, however, nevertheless, nonetheless など
例示：for example, for instance, such as など
対照・対比：while, whereas, meanwhile, on the other hand, in [by] contrast, in comparison など
付加：besides, moreover, additionally, in addition, furthermore など
言い換え：that is to say, that is, namely, in other words など
要約・結論：in short, in brief, in conclusion, to sum up, to put it shortly など

例題（逆接）

Accent Bias

The way in which people speak is often inextricably linked to their region of origin, with people from different countries, and indeed individual areas within countries, having a broad variety of accents. In many cases, these differences are celebrated and help us not only learn about other cultures, but expand and enrich our own. However, not all accents are celebrated, and speaking with a certain accent could (**1**). Some accents may be considered within a culture as typifying an uneducated, or somewhat backward, section of society, such as the stigmatization of people with a Southern drawl from states in the United States like Alabama, or people from Liverpool in the UK with the Scouse accent. Such stigmatization has become known as accent bias.（以下略）

(1)

1 conjure up negative connotations
2 help us understand how accents are formed
3 challenge perceptions of class structures
4 result in considerable social reforms

訳　なまりへの偏見

人の話し方はしばしば出身地と分かち難く結び付いており，出身国が違えば，また実際は国の中の個々の地域によって，多種多様ななまりがある。多くの場合こうした違いは賛美され，ほかの文化のことを知る助けとなるだけでなく，自身の文化を広げて豊かにしてくれる。しかし，すべてのなまりが賛美されるわけではなく，ある特定のなまりで話すことは否定的な含意を思い起こさせるかもしれない。なまりの中には，無学な，あるいはいささか遅れた社会の部分の典型だ

adoption 名 採用　attorney 名 弁護士　biodiversity 名 生物多様性　captivity 名 捕らわれの状態

と文化の中で見なされるかもしれないものがある。例えば，アラバマなど米国諸州の母音を延ばす南部特有の話し方をする人や，お国なまりのイギリスのリバプール出身者をいわれなく非難することである。そうしたいわれなき非難は，なまりへの偏見として知られるようになった。

解答：1

解答のテクニック

- 空所を含む文の前では，国や地域によりさまざまななまりがあり，ほかの文化について教えてくれたり自分の文化を豊かにしてくれたりするので，なまりは賛美されることが多いと述べられている。しかし，空所を含む第3文は**逆接を表すHowever**で始まり，**賛美されるなまりばかりではないと書かれていることから，空所には賛美とは逆の状況が入ると推測できる。**
- 空所の後では，特定のなまりは無学で遅れた社会の人が話すと見なされることがあり，そうした人へのいわれなき非難がなまりへの偏見と言われる，といった内容が書かれている。本文の an uneducated, or somewhat backward, section of societyをnegative connotations「否定的な含意」という一般的な表現で表している**1**が正解となる。

次に，同じ文章の続きで「順接」のディスコースマーカーが使われている例題を見てみよう。

例題（順接）

（前略） In some cases, accent bias can have real-world consequences beyond simple judgment. One study in Germany, for instance, found that people with strong regional accents earned an average of 20% less than those with supposed "standard" accents. Such consequences stem from the fact that some people connect accents with membership of a certain social class or even race and, as a result, (**2**). This can lead to entrenched and systemic prejudice against certain groups based simply on the way they speak, leading to problems ranging from ostracism to career impairment. People with what may be deemed less "prestigious" accents also report increased work-related stress and less work satisfaction due to accent discrimination.（以下略）

(2) **1** help them achieve social mobility　**2** help to defy cultural stereotypes
3 create new pathways to acceptance　**4** classify others according to their accent

訳

なまりへの偏見が単なる判断を超え，現実社会で影響をもたらす事例もある。例えばドイツで行われたある研究で，強い地方なまりを持つ人の収入は，「標準」アクセントとされる話し方の人より平均20%低いことがわかった。そうした影響は，なまりをある特定の社会階級の一員であること，あまつさえ人種と結び付け，その結果，他者をなまりによって分類する人たちがいることに由来する。このことは，話し方だけに基づく一定の集団に対する根深い社会全体の偏見を生むことがあり，社会的追放からキャリアの阻害まで，幅広い問題を生むことになる。それほど「威信のある」アクセントとは思われないかもしれない話し方の人たちはさらに，なまりによる差別のために仕事関連のストレスが増え，仕事の満足感が減ったと報告している。

解答：4

解答のテクニック

- 空所のある文の前では，なまりのある人の方が収入が低いという研究結果が紹介されている。空所のある文はその理由を述べており，一部の人がなまりを特定の社会階級や人種と結び付けていると書かれている。続けて**順接を表すas a result**があるので，直前の内容の帰結となるのは**4**の「他者をなまりによって分類する」だと考えられる。

次のページからは練習問題。ここで学んだことを使って問題を解いてみよう！

carrier 名 保菌者　catering 名 ケータリング　cement 名 セメント　commander 名 司令官

Read the passage and choose the best word or phrase from among the four choices for each blank.

The Birth of War

Many people, including a large segment of the scientific community, believe that humans and war are inseparable. The deep-roots theory of war holds that war is innate, that it has its beginnings not only in early humans, but in the primates from which we have evolved. However, three studies (**1**). In the first study, modern hunter-gatherers were found to be far less prone to warfare than the proponents of the deep-roots theory contend. The second study shows there is minimal archaeological evidence at best of group violence prior to 10,000 years ago. The third study, a survey by renowned anthropologist Brian Ferguson of Rutgers University, contends that archaeological evidence supports a totally different theory, that war is a comparatively recent cultural development.

Ferguson analyzed excavation sites of Neolithic-era human settlements in the Near East and Europe. During this period, humans began to cultivate plants and domesticate farm animals, and the nomadic way of life began to fade. Evidence showed that, at this age, the outbreak of warfare (**2**). In vast areas of Europe, it appears that early Neolithic people coexisted peacefully for 500 to 1,000 years with neighboring communities. But evidence from settlements, skeletons, weapons, and art shows increasing signs of warfare, though the line of progression is unsteady. Excavations in the Southern Levant, which includes the modern nations of Jordan, Syria, Israel, and Palestine, show a different picture. Despite a long history of expanding agriculture and populations from up to 15,000 years ago, there was no significant evidence of warfare until 5,500 years ago, when the region became dominated by the militaristic Egyptian empire. In other words, large numbers of people lived in the Southern Levant for nearly 10,000 years without warfare.

Many have opposed Ferguson's views, and he readily admits that (**3**). Future archaeological digs may turn up evidence of mass violence in the Southern Levant, a possibility that makes his own present findings inconclusive. Despite this, and despite the fact that war goes back thousands of years, there is scant evidence to show that war is either innate or an inevitable result of growing competition.

coordination 名 連携　deterioration 名 悪化　discomfort 名 不快　ethic 名 倫理

□□ (1) **1** cast doubt on these assumptions
2 demonstrate humans and apes are different
3 provide evidence of violence as genetic
4 show violence is common in various species

□□ (2) **1** was nonexistent throughout the world
2 varied according to time and place
3 occurred under predictable conditions
4 was correlated with agricultural advancement

□□ (3) **1** the debate remains unresolved
2 the Southern Levant is a historical anomaly
3 the human race is prone to violence
4 the studies he cites have flaws

herd 名（動物の）群れ　implementation 名（計画・政策などの）実行　intent 名 意図　pathogen 名 病原体

NOTES

□ innate 生まれながらの

□ proponent 支持者，提唱者

□ be prone to ～の傾向がある

□ domesticate （動物）を飼いならす

□ nomadic 遊牧（民）の

□ inconclusive 決定的でない

□ scant 乏しい

戦争の誕生

科学界の大部分を含む多くの人が，人間と戦争は切り離せないものだと考えている。根深い戦争説は，戦争は人間に生来備わったものであり，その始まりは初期人類だけでなく，われわれの進化のもととなった霊長類にもあるとする。しかしながら，3つの研究がこれらの仮定に疑問を投げかけている。第1の研究では，現代の狩猟採集民は，根深い戦争説の支持者が主張するよりもはるかに戦争をする傾向が低いことがわかった。第2の研究は，1万年前より前の集団的暴力の考古学的証拠はどう見てもごくわずかしかないことを明らかにしている。第3の研究はラトガース大学の高名な人類学者ブライアン・ファーガソンによる調査だが，考古学的証拠はまったく異なる説，つまり戦争は比較的最近の文化的展開だという説を裏づけていると主張する。

ファーガソンは近東とヨーロッパにある新石器時代の人間の集落の発掘地を分析した。この時代の間，人間は植物の栽培と家畜の飼育を始め，遊牧民的な生活方式は徐々にすたれ始めた。この時代の戦争の発生が時と場所によってさまざまだったことは証拠から明らかだった。ヨーロッパの広い地域では，新石器時代初期の人々は500年から1,000年の間，近隣共同体と平和的に共存していたらしい。しかし，集落，骸骨，武器，美術品から得られた証拠は，発展の進度は一定ではないものの，戦争が増加した形跡を示している。現代のヨルダン，シリア，イスラエル，パレスチナの各国を含むレバント南部での発掘からは，違うイメージが見えてくる。最大1万5千年前からの農業の拡大と人口の増大の長い歴史にもかかわらず，この地域が軍国主義的なエジプト帝国に支配されるようになった5,500年前まで，戦争を示す重要な証拠はなかった。言葉を換えれば，多数の人が戦争をせずに1万年近くの間，レバント南部で暮らしたのである。

ファーガソンの見解に反対する人は多く，論争は未解決のままだと彼もあっさり認めている。今後の考古学的発掘でレバント南部での大規模な暴力行為の証拠が発見されるかもしれず，そうした可能性は彼自身の現在の研究結果を決め手に欠けるものにする。それにもかかわらず，そして戦争の歴史が数千年もさかのぼるという事実にもかかわらず，戦争が人間に生来備わったものだと証明する証拠も，激化する競争の必然的な結果だと証明する証拠も乏しいのである。

pension 名 年金　portrait 名 肖像画　prosecution 名 起訴　qualification 名 資格

(1) 解答 1

1 これらの仮定に疑問を投げかけている
2 人間と類人猿は異なるものだと証明している
3 暴力が遺伝的なものだという証拠を提供している
4 多様な種において暴力が一般的であることを示している

解説 第1段落最初の2文で戦争は人間が遠い祖先から受け継いだ生得的なものだとする根深い戦争説を紹介しているが，空所のある第3文は逆接を表すHoweverで始まっているので，その説に対して批判的な研究を紹介していることになる。その後の3つの研究の具体的内容からもそれが確認できる。

(2) 解答 2

1 世界中に存在しなかった
2 時と場所によってさまざまだった
3 予測可能な状況で起こった
4 農業の進歩と相関関係があった

解説 空所の直後からヨーロッパと近東のレバント南部での新石器時代の戦争の発生傾向を考古学的証拠に基づいて説明しているが，ヨーロッパでは比較的短い平和な時代に続き次第に戦争が増加したのに対し，レバント南部でははるかに長い期間平和が続いていたと述べている。つまり，戦争の発生は，時代と場所によってさまざまだったことになる。

(3) 解答 1

1 論争は未解決のままだ
2 レバント南部は歴史的に異例だ
3 人類は暴力をふるいがちだ
4 彼が引用する研究には欠点がある

解説 空所直後の文で，レバント南部で「戦争は比較的最近の文化的展開」というファーガソンの主張が覆るような，大規模な暴力行為を示す証拠が発見される可能性に言及している。つまり，戦争は人間に生来備わったものか否かという論争はまだ決着を見ておらず，今後の発掘次第だということになる。

NOTES

cast doubt on「～に疑惑を投じる」のcastは「～を投じる」という意味。ほかに，cast a glance at「～に視線を向ける」，cast a vote「票を投じる」なども覚えておこう。

□ anomaly　異例，変則

relevance 名 関連　reproduction 名 生殖　sediment 名 堆積物　sociologist 名 社会学者

長文の内容一致選択問題を攻略！②

今日の目標

筆記3で出題される論説文は，全体としての構成，各段落内部の構成が一定のルールに従って書かれている。今日は論説文の基本構成を確認し，論旨の流れを正確に追えるようにしよう。

ポイント1 論説文全体の構成を理解しよう

一般に論説文は，1つの論点を提示する「序論」（Introduction：最初の段落），それに関する主張や学説などを展開する「本論」（Main body / Discussion：中間の複数の段落），内容をまとめる「結論」（Conclusion：最終段落）の3部構成をとる。筆記3では，「本論」前半で詳述される主張などが，後半でそれに対する批判・異論・負の側面・別のアプローチなどと対比され，最後にそれらを比較し何らかの判断を示してまとめるのが基本的パターンである。まず，「序論」ではその後の展開の核となるキーワードやテーマとなる問題が提示されるので，特に丁寧に読む必要がある。「序論」の例を見てみよう。

例題

Acoustic Ecology

Are we losing our ability to listen? We are surrounded by sound—perhaps "bombarded" would be a more fitting word in reference to our urban environments—but the vast majority of people live a daily existence with very little awareness of the sounds around them. Just in case you do not consider yourself to belong to this group of non-listeners, here's a simple test to assess your personal listening skills: Name five sounds that you heard today. If you fail to complete the list within a few minutes, rest assured that you are by no means alone.

The deterioration of the human ability to consciously listen, or at least the perception of this phenomenon, was one concern that led R. Murray Schafer, a Canadian musician, composer, and former communications professor, to propose and begin to develop the interdisciplinary field of acoustic ecology in the 1960s. Schafer believed that the visual modality was overly and increasingly dominant in society, often to the detriment of sound awareness. He advocated that the acoustic environment be listened to as a musical composition and that the members of a society be responsible for the content of this composition. This is certainly a profound concept and, although it is unlikely that such a frame of mind could be attained on a widespread level, Schafer has nevertheless made a laudable contribution to improving sound awareness around the world.
（以下略）

訳

音響生態学

私たちは聞く能力を失いつつあるのだろうか。私たちは音に囲まれている。都会の環境に関して言えば，「音に攻撃されている」と言う方がより適切かもしれない。しかし，大多数の人々は，周囲の音をほとんど意識することなく日々の生活を送っている。音を聞いていないこのグループに自分は属さないと思う人がいるかもしれないので，個人の聞き取り能

spacecraft 名 宇宙船　terrorism 名 テロ　cornerstone 名 基礎　janitor 名 用務員

力を評価する簡単なテストを出してみよう。今日耳にした音を5つ挙げてほしい。数分以内にリストを完成させることができなければ，自分は決して独りぼっちではないと安心していい。

意識して聞くという人間の能力の衰退，あるいは少なくともこの現象を認識したことが1つの懸念となり，カナダ人の音楽家であり，作曲家であり，情報伝達学の元教授でもあったR・マリー・シェーファーは，1960年代に音響生態学という学際的な分野を提案し展開させ始めることとなった。シェーファーは，視覚様式が過度にそして次第に強く社会を支配するようになっており，しばしば音への意識を損なうほどだと考えた。音環境を音楽作品として聞き，社会の構成員がこの作品の内容に責任を持つことを彼は提唱した。これは確かに深遠な考え方であり，そのような意識が広範囲なレベルで達成できる見込みはありそうもないのだが，シェーファーはそれにもかかわらず，世界中の音への意識を改善するために優れた貢献をした。

ここでは2つの段落で序論が構成されており，**losing our ability to listen, awareness of the sounds, deterioration, acoustic environment, composition**などのキーワードを使い，音への意識の低下と聞く能力の衰退への懸念，それに対する音響生態学の提唱という内容が説明されている。

ポイント2 段落内の構造を理解しよう

各段落の内部にも構造があり，一般的には次の要素から構成される。

a) **トピック・センテンス（topic sentence）**：書き手が読み手に伝えたい主題（トピック）を1文で表したもので，通常は段落の最初に置かれる。（例題①）

b) **支持文（supporting sentences）**：トピック・センテンスで示した主題を，具体例や理由を示して支える複数の文。「例示」・「理由」・「補足」・「対照」・「比較」・「分析」などさまざまな役割があり，for example，because, since，in contrastなどの表現によってその役割が明示される場合もあるが，必ずしも明示的な表現があるとは限らない。（例題②③「例示」 ④「補足」 ⑤「逆接」）

c) **まとめの文（concluding sentence）**：段落の要旨をまとめたり確認したりする文で，通常は段落の最後に近い位置に置かれる。また，in short, in conclusion, as a result, consequently などの表現を伴うこともある。（例題⑥）

先の例題の結論部分の段落を例に見てみよう。

例題

（前略） ①Acoustic ecology today is somewhat of an umbrella term that encompasses work being done by academics, city planners, sociologists, engineers, architects, and sound artists, among others. ②The implications of this relatively new area of study are far-reaching: noise pollution has been and remains to be a particular concern within the field, and appropriately so. ③Noise levels continue to rise due to increasing transportation volumes and the expanding use of audible machinery and technology. ④Meanwhile, sounds of the natural world continue to disappear. ⑤However, during this period of transition, the effect of sound on our behavior and health remains a largely neglected topic. ⑥Now more than ever, a deeper appreciation for sound and its role in our lives is needed.

訳 今日の音響生態学は，とりわけ学者，都市計画者，社会学者，エンジニア，建築家，サウンドアーティストなどが行っている仕事を網羅する，幾分包括的な用語である。この比較的新しい学問分野が及ぼす影響は広範囲にわたる。騒音公害はずっとこの分野の特別な関心事であったし，今もそうなのだが，これは当然なことである。交通量の増加と音を出す機械や技術の使用拡大により，騒音レベルは上がり続けている。その一方で，自然界の音は消滅の一途をたどっている。しかし，このような過渡期にあっても，私たちの行動や健康に対する音の影響は，ほとんど顧みられない話題のままである。今こそこれまで以上に，音と，私たちの生活で音が果たす役割をもっと深く理解することが必要である。

次のページからは練習問題。ここで学んだことを使って問題を解いてみよう！

neuroscientist 名 神経科学者　paleontologist 名 古生物学者　reductionism 名 還元主義

Read each passage and choose the best answer from among the four choices for each question.

Moral Hazards

Today, the overwhelming majority of developed countries have some form of universal healthcare, but there is one notable exception—the United States. One frequently cited explanation for its failure to provide free healthcare to its citizens is the concept of "moral hazard." This term became standardized in the early twentieth century within the insurance industry due to a growing concern that unscrupulous customers would be likely to commit fraud by, for example, carrying out arson in order to receive payouts. Such individuals became known as a moral hazard because their actions were unethical and resulted in increased premiums for honest customers. In response, insurance firms, attempting to demonstrate that they operated on the highest ethical standards, took on the position that they would refuse coverage to any individuals constituting a moral hazard.

The moral hazard concept, however, has evolved through the work of economists like Mark Pauly, who had the insight that in many cases in modern society, the behavior being described by the term actually had little to do with ethics. Writing about the concept of universal healthcare, he argued that when medical expenses were covered by insurance, it created incentives that would lead to widespread overutilization of healthcare facilities. The odds of someone seeking nonessential treatment for a minor ailment like an itchy rash, for example, would be far higher if the individual knew the fees would be covered by insurance. This theory is supported by an experiment in which families were randomly assigned to healthcare insurance plans where the copayment, or the percentage of the total that the family had to pay, ranged from anywhere from 0 to 95 percent. As expected, there was a negative correlation between how much families had to fork out and the amount of services they used.

While this appears to be a strong argument against universal healthcare, it is by no means the whole story. According to the researchers who conducted the experiment, health insurance users tended to cut back in equal degrees on healthcare that was deemed frivolous and that which was deemed essential. For instance, impoverished people in higher copayment groups who suffered from high blood pressure were much less successful in controlling it, resulting in a 10 percent increase in mortality. While universal healthcare may indeed result in nonessential healthcare visits, healthcare consumers lacking in medical training cannot be expected to know whether their visit is frivolous or not. Someone with a small but suspicious lump is much more likely to go for screening to determine whether it is malignant or not under a universal healthcare system, and if the

incarceration 名 投獄　senescence 名（細胞の）老化　catalyst 名 きっかけ　blight 名 破滅の原因

lump does turn out to be malignant, early detection has the potential to save tens of thousands of dollars, not to mention the individual's life. While dealing with moral hazards remains a major concern the insurance industry faces, measures like regulation and small copayments have proven effective in dealing with the problem in many countries around the world, and America might do well to look to them as a solution.

□□ **(1)** During the early twentieth century, insurance companies

1 attempted to reduce concerns about the dishonest actions by some customers that could result in higher overall prices.

2 helped to convince people to behave in a more moral way by warning them of the practical dangers of doing things that were wrong.

3 charged people different amounts of money depending on how honest they thought that the person was.

4 had standards of morality that would be unthinkable to most people working in the insurance business today.

□□ **(2)** How has the meaning of the term "moral hazard" changed?

1 It now follows a modern definition of the word "moral" that reflects current ideas about how insurance can be used appropriately.

2 It has come to refer to problems caused by insurance companies rather than by the customers who purchase insurance from them.

3 It now refers not specifically to a moral issue but to the way that insurance itself may motivate people to use their insurance for things that are not necessary.

4 It has evolved to describe how an ethical principle has become more extreme due to influences from the field of economics.

□□ **(3)** What can be inferred from the results of the experiment on healthcare plan copayments?

1 While poor families should have benefited much more from low copayments, they failed to make use of them effectively.

2 The effect of low copayments in improving people's health depended greatly on the type of disease that individuals suffered from.

3 Copayments should be lower for screening for things like heart disease and cancer than for other types of illnesses.

4 Although lower copayments led to more visits to healthcare providers, those increased visits likely reduced overall costs and saved lives.

debris 名（破壊されたものの）がれき　cavity 名 虫歯（の穴）　liaison 名 連絡係　defect 名 欠損

NOTES

□ payout （多額の）支払金

□ arson 放火

□ overutilization 過度の利用

□ itchy かゆい

□ rash 発疹

□ ailment （軽い）病気

□ nonessential 必須でない

□ frivolous くだらない

malignantは「（腫瘍や病気が）悪性の」という意味。反意語はbenign「良性の」。

モラルハザード

今日，先進諸国の圧倒的多数には何らかの形の国民皆保険があるが，1つ特筆すべき例外がある――アメリカである。アメリカが国民に医療を無料で提供できていない1つの説明としてしばしば引き合いに出されるのが，「モラルハザード（道徳的危険）」という概念である。この用語は20世紀初頭に保険業界内で標準化したもので，あくどい顧客は多額の支払金を受け取るために，例えば放火をして詐欺を働く可能性が高いだろうという懸念の高まりによるものだった。そうした人たちは行動が非倫理的で，正直な顧客の保険料が上がる結果を招いたので，モラルハザードとして知られるようになった。保険会社はそれに応えて，自分たちが最高の倫理基準で事業を行っていることを証明しようと，モラルハザードになる人への補償は一切拒否する立場を取るようになった。

しかし，モラルハザードという概念はマーク・ポーリーのような経済学者の仕事を通して発展しており，ポーリーは，現代社会の多くの事例では，この用語が説明する行動は実際には倫理観とほとんど無関係であることを見抜いた。彼は国民皆保険という概念について書いた文章で，医療費が保険で補償されると，医療機関が広く過度に利用されることになる誘因を作り出す，と論じた。例えば，人がかゆい発疹のような軽い病気で必須でない治療を受けようとする確率は，料金が保険で補償されるとその人が知っていれば，はるかに高くなるだろう。この理論は，ある実験で裏づけられている。実験では，自己負担金，つまり家族が支払わなければならない総額中の割合を0％から95％の幅のどこかに置いた医療保険プランに複数の家族を任意に割り当てた。予想どおり，家族が支払わなければならなかった金額と家族が使ったサービスの量には負の相関関係があった。

これは国民皆保険に反対する強力な論拠に思えるが，決してこれで話が終わったわけではない。その実験を行った研究者たちによると，健康保険の利用者は，どうでもいいと考えられる医療費も必須と思われる医療費も，同程度に切り詰める傾向があった。例えば，自己負担金がより高い集団にいて高血圧を患う貧困層は，うまく高血圧を抑えられないことがはるかに多く，死亡率が10％増える結果となった。国民皆保険は確かに必須でない医療機関の受診という結果を招くかもしれないが，自分の受診がどうでもいいのかどうか知っていることを，医学的訓練を受けていない医療消費者に期待するのは無理な話である。小さくても怪しい腫れ物のある人は，国民皆保険制度の下それが悪性なのかどうかを確定する検査を受けに行く可能性ははるかに高く，腫れ物が本当に悪性だとわかれば，早期発見によって，その人の命を救うことは言うまでもなく，何万ドルもの節約になる可能性がある。モラルハザードへの対処は保険業界が今でも直面する大きな懸念材料だが，規制や少額の自己負担金などの対策がこの問題の対処に有効なことは世界中の多くの国で証明されており，アメリカは解決策としてそれらに目を向けるのがいいのかもしれない。

screening 名（特定の病気の）検診　counterfeit 名 偽造通貨　validity 名 効力　equivalent 形 等しい

NOTES

15日目

筆記3

(1) 解答 **1**

20世紀初頭に保険会社は,
1 全体的な料金の上昇を招きかねない一部顧客の不正直な行動についての懸念を減らそうとした。
2 間違ったことをすることの実際的危険について警告することによって,人々を説得してもっと道徳的に振る舞うようにさせる助けとなった。
3 人々に対して,その人がどれだけ正直だと思われるかによって異なる金額を請求した。
4 今日の保険業で働くほとんどの人には考えられないような道徳性の基準を持っていた。

解説 第1段落第3文(This)以降の記述からわかるのは,「モラルハザード」である顧客は不正に保険の支払いを受けようとし,それが保険料の上昇を招いたこと,そして,保険会社はそうした顧客への支払いを拒否したことである。第4文(Such)のincreased premiumsをhigher overall pricesと言い換えてこの事情をまとめた**1**が正解。

(2) 解答 **3**

「モラルハザード」という用語の意味はどのように変化したか。
1 今では,保険をどのように適切に利用すればよいかという現在の考え方を反映した「道徳的」という語の現代的定義に従っている。
2 保険会社から保険を購入する顧客ではなく,保険会社が引き起こす問題を指すようになっている。
3 今では,特に道徳的問題を指すのではなく,保険それ自体が人々に必要のないことに保険を利用させるよう動機づけるかもしれないそのやり方を指している。
4 経済学分野からの影響を受けて,いかに倫理的原則がより極端になったかを説明するように発展した。

解説 第2段落最初の文によると,モラルハザードは「倫理観とほとんど無関係である」。第2文(Writing)以降では保険と医療について,保険で補償されれば人はささいな病気でもどんどん医療機関に行くという状況を,ある実験を紹介しながら述べている。つまり,**3**のように,道徳的問題ではなく保険自体の問題だということになる。

(3) 解答 **4**

医療プランの自己負担金に関する実験の結果から何が推論されるか。
1 貧しい家族は低い自己負担金からはるかに多く得をしたはずなのに,低い自己負担金を効果的に利用できなかった。
2 人々の健康改善における低い自己負担金の効果は,一人一人がかかっている病気の種類に大きく左右された。
3 心臓病やがんといったことの検査は,ほかの種類の病気の検査より自己負担金を安くするべきだ。
4 自己負担金を低くすると医療提供機関での受診が増えたが,それらの増えた受診はおそらく全体的コストを下げ,命を救った。

解説 第3段落第5文(Someone)で,国民皆保険を使って小さな腫れ物の検査を受ける人の例を挙げて,早期発見は命を救うだけでなく何万ドルも節約することができると述べている。つまり,**4**のように,自己負担金が低いと受診数は増えるが,結果的にコストを下げ人命も救えることになる。

mandatory 形 義務的な　conventional 形 従来の　constitutional 形 合憲の　accountable 形 (説明などの)責任がある

長文の内容一致選択問題を攻略！③

今日の目標

筆記3のやや学術的な論説文では，特定の分野に特徴的なキーワードが多く使われる。また，筆記3にはよく問われる質問のパターンがいくつかある。今日はそういった問題を解く上で役立つ知識を確認しよう。

ポイント1 分野ごとのキーワードを押さえよう

ここで言うキーワードとは，必ずしも専門用語というわけではないが，**その分野で特に頻繁に使われ，内容理解のために重要な役割を果たす語彙**のことである。筆記3で出題されるさまざまな分野の中でも，比較的専門性の高い「政治・経済」「自然・科学」「医学・テクノロジー」分野の文章中でそのような語彙が多く使われる傾向がある。この3分野で実際に使用されるキーワードの一部を紹介する。日ごろからニュースなどに触れ，こういったキーワードとなる語彙を増やしていこう。

「政治・経済」分野のキーワード

□**atrocities**	残虐行為	□**hearing**	聴聞会
□**condemnation**	激しい非難	□**lawmaker**	立法者，議員
□**containment**	封じ込め	□**legislative**	立法の
□**doctrine**	教義，基本政策	□**patronage**	後援，ひいき
□**embargo**	通商禁止，禁輸	□**proponent**	(主義主張などの)支持者
□**fraud**	詐欺	□**reign**	在職期間
□**garner**	(支持など)を獲得する	□**rollback**	巻き返し
□**grip**	支配	□**uproar**	騒動

「自然・科学」分野のキーワード

□**breeding**	繁殖	□**mammal**	哺乳類
□**conservation**	(動植物の)保護	□**mutation**	突然変異
□**demise**	終焉，死亡	□**organism**	有機体，生物
□**deterioration**	悪化	□**reproductive**	生殖の
□**diversity**	多様性	□**specimen**	標本
□**erosion**	浸食，腐食	□**starvation**	飢餓
□**evolve**	進化する	□**taxonomic**	分類学上の
□**extinction**	絶滅	□**variant**	変形，変種

「医学・テクノロジー」分野のキーワード

□**aerospace**	航空宇宙	□**fluctuation**	変動
□**ailment**	病気	□**gene**	遺伝子
□**anomaly**	異常	□**geostationary**	静止軌道上にある
□**compression**	圧縮	□**tension**	張力
□**counterweight**	平衡錘	□**theorize**	～という理論を立てる
□**diabetes**	糖尿病	□**velocity**	速度

administrative 形 行政上の　collective 形 共同の　congressional 形 議会の　explosive 形 一触即発の

ポイント2 質問のパターンを把握しよう

筆記3で尋ねられる質問にはいくつかの代表的なパターンがある。それらの例と，それに対する解答のテクニックを見てみよう。

1. 文の後半部分を選択肢から選んで本文の内容に合った文にするもの

According to the passage, Schafer was motivated to develop the field of acoustic ecology because he

訳 この文章によると，シェーファーが音響生態学という分野を発展させる気になったのは，彼が…

解答のテクニック

- この後に続く文の後半部分を選択肢から選ぶ際は，**本文で使われている表現が選択肢では別の言い方で言い換えられている**場合が多いので，表面的な違いに惑わされずに内容をしっかり把握して考える必要がある。

2. 疑問詞で始まる疑問文で，直接的に本文の内容を問うもの

According to the passage, what is the likely future of rehabilitation programs?

訳 この文章によると，リハビリプログラムの将来はどのようなものになりそうか。

解答のテクニック

- 使用される疑問詞は**what, why, howが多く**，when, whereはほとんど使用されない。
- このタイプの質問は基本的な事実関係を問うものなので，カギとなる表現（上の例の場合は「将来」）について記述している箇所を本文中で探し出し，その前後の文脈を注意深く読めば，正解にたどり着ける。

3. 筆者，あるいは本文中の人物の信念・主張を問うもの

Which of the following statements would Robert Lee most likely agree with?

訳 次の記述のうち，ロバート・リーが同意する可能性が最も高いのはどれか。

解答のテクニック

- 当該人物の信念・主張を述べている箇所を本文中で探し出すことはさほど難しくはないが，選択肢ではそれを**要約・一般化**している場合が多いので注意が必要である。

4. 文章の内容が暗に示すことを問うもの

What does the author of the passage imply about the evolutionary flow of globalization?

訳 この文章の筆者は，グローバリゼーションの進化の流れについて暗に何と言っているか。

解答のテクニック

- 本文の該当箇所を注意深く読み，**その趣旨を理解した上でそれに沿った内容の選択肢を選ぶ**必要がある。正解に確信が持てない場合は，消去法で考えるのも有効である。

次のページからは練習問題。ここで学んだことを使って問題を解いてみよう！

incomplete 形 不完全な　socioeconomic 形 社会経済的な　territorial 形 領土の　underwater 形 水中の

Read the passage and choose the best answer from among the four choices for each question.

Elections in Ghana

In December 2008, elections were held in Ghana for its parliament and presidency. The first round of voting was so close that although it was clear that the opposition party had defeated the governing party and would control the parliament, a second round of voting was necessary to determine the president. In the end, the opposition party's presidential candidate won by a very slim margin. In such a tense situation, there was enormous potential for fraud or political turbulence. However, neither of those things materialized, and the election marked the second peaceful transfer of power in Ghana since it returned to democracy in 1992. Two such peaceful handovers of power are sometimes said to be the hallmark of a mature democracy. In many democracies, such an election would hardly be newsworthy, but in Africa, where elections are all too often occasions for ethnic conflict, vote-rigging, and intimidation, it was greeted with international praise. Indeed, Ghana, with its democracy and high growth rates, has been lauded by many Western governments and international donors as, in the words of one US magazine, "the rising star of Africa."

In a sense, though, Ghana had been there before. As the first Black African colony to gain its independence, it was widely perceived in 1957 to be the forerunner of a new age for the continent. Its first leader, the charismatic Kwame Nkrumah, was an inspiration to young Africans all over Africa. Yet his economic policies, which attempted to convert the country into an industrial economy overnight, bankrupted the state and brought misery to many of its citizens. In 1966, he was ousted by the military and exiled. Decades of unstable governments and economic misery followed, leading many to leave the country in search of better fortunes elsewhere. The vicious circle was only brought to an end when a young air force pilot, Jerry Rawlings, took over the government and then held elections.

Ghana's achievements since it became independent have been remarkable. Yet, despite the elections, there are those who claim the country's successes have been exaggerated. Yao Graham, an activist and writer, says that the country only looks good because the situation elsewhere is so dire: "For this to be the yardstick of a continent is to set very low expectations for a billion people across Africa." The country does indeed have many problems. Despite the economic growth, wealth has mainly gone to those who were already rich. While poverty has declined somewhat, the income gap between the richest and poorest citizens has been growing. Moreover, many believe that the increasing wealth has also brought increasing corruption, leading government officials to line their own pockets

unrealistic 形 非現実的な　negligible 形 ごくわずかの　overwhelming 形 圧倒的な　unethical 形 非倫理的な

at the expense of the general public. Ghana has also had to deal with drug smuggling and increased use of illegal substances. Here, too, there have been suspicions that officials are involved in the trade. Although these issues are indeed serious, there is reason for optimism. Just as was the case in 2008, subsequent elections have proved that Ghana remains a politically stable nation with a solidly democratic political situation.

□□ **(1)** Why did Ghana's 2008 election receive international praise?

1 Power was democratically transferred from one political leader to another without any serious incidents.

2 Fraud and political turbulence were much better controlled than they had been during the previous election.

3 The voting process was more efficient than the way elections are run in many democracies around the world.

4 The results showed that most of the population was fully committed to economic growth.

□□ **(2)** What does the author of the passage imply by "Ghana had been there before"?

1 Its poorly thought out economic policies were the cause of many complicated problems in the past.

2 It had a history of close elections, as in the struggle between Kwame Nkrumah and Jerry Rawlings.

3 This is not the first time that the country has been seen as an inspiration for other parts of Africa.

4 The country did things that showed it was not interested in international opinion in the past.

□□ **(3)** According to the passage, what is Yao Graham's attitude to the recent election?

1 It is a case of many members of the international community being fooled by skillfully created propaganda.

2 It indicates that African countries have been shown to be capable of much more than most people expect.

3 It signifies that at last the Ghanaian people are beginning to wake up to their full potential.

4 It shows that, unfortunately, most people's expectations for countries in Africa are not very high.

adverse 形 不利な　disparate 形 本質的に異なる　profound 形 深い　hostile 形 敵の

NOTES

□ turbulence　動乱，激動

□ handover　移譲，譲渡

□ newsworthy
報道価値のある

vote-rigging の rig は「(選挙・試合など) を不正に操る」という意味の動詞。fix にも同じ意味がある。

□ laud　～を称賛する

□ vicious　残酷な，悪の

□ dire　悲惨な

□ yardstick　基準，尺度

line *one's* (own) pocket(s) で「私腹を肥やす」という意味。この line は「(ポケットなど) に詰め込む」という意味。

□ smuggling　密輸

as was the case の the case は「実情，事実」という意味。as is often the case with「～にはよくあることだが」も覚えておきたい用法である。

ガーナの選挙

2008年12月，ガーナで議会選挙と大統領選挙が行われた。投票の第1ラウンドは非常に接戦で，野党が与党を破り議会の支配権を握ることになるのは明らかだったものの，大統領を決定するために投票の第2ラウンドが必要だった。最終的に，野党の大統領候補がごく僅差で勝利を収めた。こうした緊迫した状況では，不正行為や政治的動乱の可能性が非常に大きかった。しかし，そうしたことはどちらも実際には起きず，選挙は，1992年に民主制に復帰して以来ガーナにおける2度目の平和的な政権移譲となった。そうした2度の平和的な政権移譲は，成熟した民主主義国の特徴だと言われることがある。多くの民主主義国ではそうした選挙はほとんど報道価値がないだろうが，選挙があまりに頻繁に民族間抗争や不正投票，脅迫の場となるアフリカでは，この選挙は国際的称賛で迎えられた。それどころか，民主制を持ち成長率の高いガーナは，多くの西洋諸国政府と国際的な援助者から，あるアメリカの雑誌の言葉を借りれば，「アフリカの新星」と称賛されている。

しかしある意味では，ガーナはかつて同じ場にいたことがあった。最初に独立を勝ち取ったブラックアフリカの植民地として，1957年には，アフリカ大陸の新時代の先駆けだと広く認められていたのである。最初の指導者であるカリスマ的なクワメ・エンクルマは，アフリカ全土の若いアフリカ人を奮い立たせる人物だった。しかし，国を一夜にして工業経済国に転換しようとした彼の経済政策は国家を破綻させ,国民の多くに窮乏をもたらした。1966年に彼は軍により地位を追われ，国外に追放された。数十年にわたる不安定な政権と経済的窮乏が続き，多くの者がほかの場所でのよりよい好機を求めて国を去った。この悪循環は，若き空軍パイロットであるジェリー・ローリングスが政権を引き継ぎ，選挙を行うに至ってようやく終結を迎えた。

独立以来ガーナが成し遂げてきた功績は目覚ましい。しかし，この選挙にもかかわらず，この国の成功は誇張されていると主張する者もいる。活動家で作家のヤオ・グラハムは，よその状況があまりにも悲惨だからこの国がよく見えるだけだと言う。「これを大陸の基準とすることは，アフリカ全土の10億の人々への極めて低い期待感を設定することだ。」この国は確かに多くの問題を抱えている。経済は成長しているものの，富の大部分はもとからの金持ちの手に渡っている。貧困が多少減った一方で，最も金持ちの国民と最も貧しい国民の収入格差は拡大し続けている。さらに，増大する富は腐敗の増大ももたらし，政府の役人が一般大衆を犠牲にして私腹を肥やすことにつながっていると考える者も多い。また，ガーナは麻薬の密輸と違法薬物の使用増加への対処も余儀なくされている。ここでもまた，役人が取引に関与している疑惑がある。これらの問題は実に深刻だが，楽観できる理由もある。2008年がそうだったように，それに続く選挙は，ガーナが強固に民主的な政治状況を持つ政治的に安定した国家であり続けていることを証明しているのである。

judicial 形 司法の　consistently 副 首尾一貫して　surely 副 (否定文で) まさか　subsequently 副 その後

NOTES

(1) 解答 1

なぜガーナの2008年の選挙は国際的な称賛を得たのか。

1 何の重大な事件も起きずに政権が1人の政治指導者から別の指導者に民主的に移譲された。
2 不正行為と政治的動乱が，前回の選挙のときよりもずっとうまく抑えられた。
3 投票プロセスが，世界中の多くの民主主義国における選挙の運営方法よりも効率的だった。
4 国民のほとんどが経済成長に全面的に取り組んでいることを結果が示した。

解説 第1段落第4文（In such）と第5文（However）に書かれているように，2008年の選挙は混乱もなく平和的に行われた。第7文（In many）にあるように，アフリカの選挙には抗争や不正がつきものなのだから，これは非常に珍しいことと考えられる。それが称賛された理由である。

(2) 解答 3

この文章の筆者は「ガーナはかつて同じ場にいたことがあった」で暗に何と言っているか。

1 いい加減に考案された経済政策が，過去の多くの複雑な問題の原因だった。
2 クワメ・エンクルマとジェリー・ローリングスの闘いのように，選挙が接戦になる歴史があった。
3 この国がアフリカのほかの地域を奮い立たせるものと見なされたのはこれが初めてではない。
4 この国は国際世論には関心がないと示すことを過去に行った。

解説 there「そこ」は場所ではなく，民主的に選挙を行い国際的な称賛を勝ち得た状況を意味している。第2段落によると，1957年にブラックアフリカ初の独立国となったガーナは新時代の先駆けだと広く認められていたが，その後混乱の時代を迎え，そして再び民主化した。つまり，数十年前の独立時も今と似た状況だったことになる。

(3) 解答 4

この文章によると，最近の選挙に対するヤオ・グラハムの考え方はどのようなものか。

1 国際社会の多くのメンバーが巧妙に作られたプロパガンダにだまされている事例である。
2 アフリカ諸国はほとんどの人が思うよりはるかに多くのことができると証明されたことを示している。
3 ついにガーナの人々が自らの全潜在能力に目覚め始めていることを意味している。
4 アフリカ諸国に対するほとんどの人の期待が残念ながらあまり高くないことを示している。

解説 第3段落第3文（Yao）によると，グラハムはガーナについて，ほかのアフリカ諸国よりはましだ，程度にしか考えていない。引用部分は，ガーナがアフリカの基準であるならほかのアフリカ諸国への期待はものすごく低い，という意味である。

substantially 副 かなり　divert 動 ～を迂回させる　uncover 動 ～を暴露する　unearth 動 ～を発掘する

長文の内容一致選択問題を攻略！④

今日の目標

限られた時間内で長文の内容を把握し質問に答えるためには，いくつかのテクニックが必要である。今日は素早く概要をとらえるスキミング（skimming）を中心に，それを確認しておこう。

ポイント1 問題を効率よく解く手順を確認しよう

筆記3の長文問題を効率よく解くためには，一般に以下の手順を踏むことが推奨される。

(1) タイトルを確認しておおよその内容を予測する。
(2) あらかじめ質問にざっと目を通し，何が問われているかを把握する。
(3) スキミングで素早く文章全体の概要をつかむ。(→ポイント2)
(4) もう一度質問を確認し，本文の該当箇所を探し出して答えを選ぶ。(→スキャニング：18日目参照)

意外におろそかにしがちなのは（1）だが，例えばHealth Insurance in the US「アメリカの健康保険」というタイトルを読み，アメリカの健康保険制度について少しでも背景知識・予備知識があれば，それを手がかりにある程度の内容を予測することが可能で，読解の大きな助けとなる。仮に何の知識もなかった場合でも，自分なりの仮説（例えば，アメリカの健康保険は「国民皆保険」と呼ばれる日本とは違うのだろう，など）を立て，その仮説が正しいかどうかを検証しながら読むことで，能動的，かつスムーズに読み進めることができる。

ポイント2 スキミングで概要をとらえよう

スキミング（skimming）の本来の意味は「上澄みをすくい取る」ことだが，ここでは文章の重要なポイントのみを拾いながら概要をつかむ，いわゆる「飛ばし読み」を指す。

15日目で見たように，論説文の各段落には，その段落で筆者が伝えたい主題を1文で表したトピック・センテンスが冒頭に置かれるのが普通である。スキミングにおいては，まずは各段落のトピック・センテンスを重点的に読むことが必要である。

トピック・センテンス以外の部分については差し当たりすべてを注意深く読む必要はなく，「内容語」だけを素早く拾って読んでいけば，文章の概要を把握するには十分である。「内容語」とは，名詞・一般動詞・形容詞・副詞など，大きな意味内容を伝える単語のことであり，これに対して冠詞・代名詞・be動詞・助動詞・接続詞・前置詞など，主に文法的な機能を果たす単語は「機能語」と呼ばれる。機能語は，飛ばして読んでも大まかな内容理解にはあまり差し支えがない。

collaborate 動 協力する　flourish 動 栄える　certify 動 ～を証明する　flee 動 （～から）逃げる

では，例題でスキミングを行うとどうなるか見てみよう。

例題

Heinrich Schliemann

Although most people may not know the name Heinrich Schliemann, many have heard of the ancient city of Troy, which he is credited with discovering. His story as a self-educated man from a poor family who went on to amass a large fortune in business before becoming the patriarch of modern archaeology is one that both inspires and mystifies. Schliemann claimed his interest in archaeology dated back to his early childhood, and he is alleged to have had at the age of twelve a premonitory vision of finding Troy. However, some historians suggest his ambitions to unveil what at that time in the early nineteenth century was considered a largely mythical city began with his study of Classical Greek later in his life. Reading Homer, the pinnacle of Greek literature, no doubt would have sparked his curiosity about whether or not the Trojan War actually occurred.（以下略）

訳

ハインリヒ・シュリーマン

ほとんどの人はハインリヒ・シュリーマンという名前を知らないかもしれないが，彼が発見したとされる古代都市トロイの名は多くの人が聞いたことがあるだろう。貧しい家庭に生まれた独学の人で，近代考古学の創始者となる前は実業界で巨大な富を築いた彼の物語は，人を奮い立たせると同時に不可解な気持ちにさせるものである。初めて考古学に興味を持ったのはごく幼いころだとシュリーマンは主張しており，12歳のときに彼はトロイの発見を予兆するビジョンを見たなどとも言われている。しかし，当時19世紀前半にはほとんど神話上の都市だと思われていたものの正体を明らかにするという彼の野心は，後年の古代ギリシャ語の学習に端を発するのではないかと言う歴史家もいる。ギリシャ文学の最高峰であるホメロスを読んだことが，トロイ戦争は本当にあったのかどうかについての彼の好奇心に火をつけたであろうことに疑いはない。

! 解答のテクニック

- まずタイトルを読んで，「ハインリヒ・シュリーマン」という人について少しでも予備知識を持っている人は，それだけでもかなりの内容を予測することができるだろう。
- もしこの話題についてほとんど予備知識がなかったとしても，第1段落第1文のトピック・センテンスを読めば，シュリーマンは古代都市トロイを発見した人だとわかる。
- 文章全体，またこの段落が何について書かれたものか理解できたところで，残りの部分を素早く飛ばし読みで読んで概要をつかむわけだが，内容語（下線を引いた単語）だけを頼りに読んでいっても，①貧しい家庭から独学で商売を始め富を築き，近代考古学の祖となった，②本人の主張では，考古学に興味を持ったのは幼いころで，12歳のときにトロイを発見する予兆を見たとされている，③神話上の都市を発掘するという野心を持ったきっかけは年を取ってから古代ギリシャ語を学んだことだ，と言う歴史家もいる，④ホメロスを読んで，トロイ戦争は本当にあったのかという好奇心に火がついたのだろう，といった重要なポイントを把握することは十分にできるはずである。

次のページからは練習問題。ここで学んだことを使って問題を解いてみよう！

grab 動 ～を（恥も外聞もなく）手に入れる　revolt 動 反乱を起こす　industrialize 動 産業化する

Read the passage and choose the best answer from among the four choices for each question.

Nonhuman Persons

For decades, Steven Wise, president of the Nonhuman Rights Project, has been fighting to provide a basic right to chimpanzees and other highly intelligent animals. During the 2010s, Wise filed a series of lawsuits seeking legal recognition of "legal personhood" for a chimpanzee named Tommy, who was said to have been kept in a small, dark shed in upstate New York by a wealthy animal collector. Tommy had lived among humans since birth. Although over a thousand chimps are kept in captivity in the US, Wise chose Tommy for his first test case since the shed and Tommy's solitary confinement would hopefully be perceived as unfit for a chimpanzee. Wise argued that Tommy was a "cognitively complex autonomous legal person with the fundamental legal right not to be imprisoned." On Tommy's behalf, he utilized habeas corpus, a legal principle that protects humans against unlawful imprisonment.

Several prominent legal experts see Wise's courtroom maneuvers to secure legal rights for animals as counterproductive. US Circuit Judge Richard Posner and New York University law professor Richard Epstein fear that a court ruling validating Wise's claims would lead to a flood of challenging legal dilemmas. They predict that once animals are granted human rights, courts would be inundated with costly, time-consuming lawsuits that would likely result in unpredictable and contradictory rulings. Wise disagrees. He argues that the courts should find Tommy a "legal person," but that this would not go so far as to provide chimpanzees and other intelligent creatures human civil liberties beyond habeas corpus and protection against harm.

The verdicts did not go Wise's way. He lost both the first case and a series of appeals to have Tommy declared a legal person. Eventually, the New York appeals court ruled in 2018 that Tommy could not be deemed a "person" entitled to the rights and protections afforded by habeas corpus. Nevertheless, the drive for animal rights is far from a lost cause. An Argentine court has ruled that an orangutan named Sandra, kept in a zoo in Buenos Aires, should be recognized as a "nonhuman person." Animal rights activists had filed a habeas corpus petition in November, 2014, on behalf of Sandra. It was a landmark ruling for animal activists. "This opens the way not only for other Great Apes, but also for other sentient beings which are unfairly and arbitrarily deprived of their liberty in zoos, circuses, water parks and scientific laboratories," animal rights lawyer Paul Buompadre declared. What "freedom" for Sandra would mean, however, is that she would be transferred from her zoo to an orangutan sanctuary, where she would be free to interact

rehabilitate 動（犯罪者など）を更生させる　repress 動 ～を抑圧する　forge 動（関係など）を築き上げる

with other orangutans. Adrian Sestelo, the zoo's head of biology, argued that the animal rights lawyer has it wrong. "When you don't know the biology of a species, to unjustifiably claim it suffers abuse, is stressed or depressed, is to make one of man's most common mistakes, which is to humanize animal behavior," Sestelo said. Sestelo points out that orangutans are by nature shy, solitary animals that only congregate with other orangutans to mate or care for their young. It is clear that, though the battle lines have been drawn, the war for animal rights has just begun.

□□ **(1)** Steven Wise chose Tommy for his first court case because he believed

1 Tommy's living conditions would be comparable to unlawful human imprisonment under the eyes of the court.

2 Tommy was intelligent and would provide evidence to the court that chimpanzees could have a high degree of mental sophistication.

3 Tommy's mental and physical health were declining due to the fact that he was deprived of an opportunity to socialize with his own kind.

4 the case for habeas corpus could be easily made because Tommy was forced to live with people and had become similar to a human being.

□□ **(2)** How does Wise defend himself against the criticism of legal experts?

1 He cites past cases in which lawyers have used a habeas corpus petition to free intelligent animal species from illegal confinement.

2 He claims legal experts are exaggerating the potential outcomes if Tommy is freed, for Tommy would still not gain the full range of human rights.

3 He argues that the range of issues Tommy's case gives rise to are both important and complex, and that they require close attention.

4 He says that chimpanzees deserve recognition as "legal persons" with all the same rights as humans.

□□ **(3)** What point about animal rights does Adrian Sestelo make?

1 The defense of the right of Sandra being transferred to a sanctuary is based on the false assumption that all individuals are the same.

2 Defending animal rights can be considered a waste of time, since animals do not think like humans and do not require special legal protection.

3 Decisions on what is best for a particular animal should only be considered after thoroughly understanding the characteristics of its species.

4 Animals lack the range of emotions that humans have, so it is an error to assume that they feel stress, depression, or other negative feelings.

mount 動 ～を取り付ける　wage 動（戦争など）を行う　prevail 動 圧倒する　verify 動 ～を検証する

NOTES

□ upstate　州北部の

habeas corpusは，違法に拘束されている可能性のある人を法廷に召喚する法令。拘束が合法か違法かが審理される。

□ maneuver　策略

□ counterproductive
逆効果を招く

□ be inundated with
～が殺到する

□ lost cause
失敗に終わった運動

□ sentient
知覚能力のある

□ unjustifiably
正当化しようがなく

□ humanize
～に人間性を与える

□ congregate　集まる

人間ではない人

非人間の権利プロジェクトの代表スティーブン・ワイズは数十年にわたり，チンパンジーやほかの高度な知能を持つ動物に基本的権利を与えるために闘い続けている。2010年代にワイズは，ニューヨーク州北部の狭く暗い小屋で裕福な動物コレクターに飼われていたと言われているトミーという名のチンパンジーに「法的人格」を法的に認めることを求めて，一連の訴訟を起こした。トミーは生まれたときから人間の中で生きてきた。アメリカでは千頭を超えるチンパンジーがおりで飼われているが，ワイズが最初のテストケースにトミーを選んだのは，その小屋とトミーが1頭だけで閉じ込められていることがチンパンジーには適さないと受け取られるだろう，と期待してのことだった。トミーは「監禁されない基本的な法的権利を有する認知的に複雑で自律的な法的人」だとワイズは主張した。彼はトミーに代わり，違法監禁から人を保護する法的原則である人身保護令を利用した。

数人の著名な法律専門家は，動物のために法的権利を獲得しようとするワイズの法廷戦略は逆効果だと考えている。米国巡回判事リチャード・ポズナーとニューヨーク大学法学教授リチャード・エプスタインは，ワイズの主張を正当と認める裁判所の判決が出れば，難しい法的ジレンマであふれかえることになるだろうと危惧する。ひとたび動物に人権が与えられれば，裁判所には費用も時間もかかる訴訟が殺到し，おそらく，予測不能な矛盾だらけの判決を生む結果になるだろうと彼らは予測する。ワイズの意見は違う。裁判所はトミーを「法的人」とする判決を下すべきだが，これは，人身保護令と危害からの保護を超えた人間の市民的自由を，チンパンジーやほかの知的生物に与えようとまでするものではない，と彼は主張する。

評決はワイズの思惑どおりにならなかった。トミーを法的人と宣言してもらうための第一審と続く控訴審の両方で彼は負けた。最終的に，ニューヨーク控訴裁判所は2018年に，人身保護令が与える権利と保護を受ける資格のある「人」とトミーを見なすことはできない，という判決を下した。それにもかかわらず，動物の権利を求める運動は，決して失敗に終わったわけではない。アルゼンチンの裁判所が，ブエノスアイレスの動物園で飼育されているサンドラという名のオランウータンが「人間ではない人」と認められるべきだ，という判決を下したのである。動物の権利活動家たちは，サンドラに代わって2014年11月に人身保護令請求を提出していた。この判決は動物の権利活動家にとって画期的なものだった。「これはほかの大型類人猿にとってだけでなく，動物園，サーカス，ウォーターパーク，科学実験室で不当かつ恣意(しい)的に自由を奪われているほかの知覚能力を持つ存在にとっても道を開くものだ」と動物の権利弁護士ポール・ブオムパードレは宣言した。しかし，サンドラにとって「自由」が意味するのは，動物園からオランウータン保護区に移され，そこでほかのオランウータンと自由に交流できるようになることである。その動物園の生態学主任エイドリアン・セステロは，この動物の権利弁護士は思い違いをしていると主張した。「種の生態を知らない人が，その種が虐待されているだの，ストレスや憂うつを感じているだのと不当に主張することは，人間が最も犯しやすい間違いの1つ，つまり動物の行動を人間にたとえるという間違いを犯すことだ」とセステロは語った。オランウータンは生来臆病で単独行動をする動物であり，交尾をするためか子供の世話をするためにしかほかのオランウータンと集まることはない，とセステロは指摘する。敵味方がはっきりしたとはいえ，動物の権利を求める闘いが始まったばかりなのは明らかである。

accelerate 動 加速する　disrupt 動 ～を中断させる　subordinate 動 ～を下位に置く　concussion 名 脳震とう

NOTES

(1) 解答 1

スティーブン・ワイズが最初の訴訟にトミーを選んだのは，次のように考えていたからである。

1 法廷の見解では，トミーの生活状態は人間の違法監禁に匹敵するだろう。
2 トミーは知能が高く，チンパンジーは高度の知的洗練を有することもあるという証拠を法廷に提示することになるだろう。
3 同類の仲間と社会生活を営む機会を奪われていることから，トミーの心身の健康は悪化している。
4 トミーは人と暮らすことを強制され，人間に近くなっているので，人身保護令の申し立てを容易にできる。

解説 劣悪な環境の小屋に1頭で閉じ込められていたことがトミーを選んだ理由だと第1段落第4文（Although）の後半に，また，トミーに代わり人を違法監禁から保護する人身保護令を利用したことが同段落最終文（On Tommy's）に書かれている。つまり，トミーの生活状態は人間の違法監禁に匹敵すると裁判に訴えたことになる。

(2) 解答 2

ワイズは法律専門家の批判に対しどのように自らを弁護しているか。

1 彼は，知的な動物種を違法な監禁から解放するために弁護士が人身保護令請求を用いた過去の事例を引用している。
2 トミーは解放されてもあらゆる人権を得るわけではないので，解放された場合に起こり得る結果を法律専門家は誇張している，と彼は主張している。
3 トミーの事例が引き起こす各種の問題は重要かつ複雑で，細心の注意を必要とする，と彼は主張している。
4 チンパンジーは人間とまったく同じ権利を持つ「法的人」と認められるに値する，と彼は言っている。

解説 第2段落の前半で，動物に人権が認められれば大きな混乱が生じるという2人の法律専門家の懸念を紹介し，同段落最後の2文（Wise disagrees.）でワイズからの反論を提示している。その中で，知能の高い動物を「法的人」と認めても人間と同等の市民的自由まで認めるものではない，と専門家の懸念の根拠を否定している。

(3) 解答 3

動物の権利についてエイドリアン・セステロは何を主張しているか。

1 保護区に移されるというサンドラの権利を擁護することは，個体はすべて同じだという誤った仮定に基づいている。
2 動物は人間のように考えることはなく，特別な法的保護は必要としないのだから，動物の権利を守ることは時間の無駄と考えられる。
3 特定の動物にとって何が最良かを決定することは，その動物種の特徴を完全に理解してからのみ検討されるべきだ。
4 動物には人間が持っている感情の幅が欠けているので，動物がストレスやうつなどの負の感情を抱くと仮定するのは誤りである。

解説 動物の権利擁護派に対するセステロの批判的考えは，第3段落第10文（Adrian Sestelo）から第12文（Sestelo points out）にかけて書かれている。動物種の生態学的知識の欠如が「動物の行動を人間にたとえる」という誤りを生むことや，オランウータンという種が基本的に孤独を好む種であることが書かれ，ほかのオランウータンと交流させるべきだという擁護派の考えに反論している。

tumor 名 腫瘍　irrigation 名 灌漑（かんがい）　bribery 名 贈収賄　auditorium 名 公会堂

長文の内容一致選択問題を攻略！⑤

長い英文から質問に対する答えやヒントを探すためには，的確な情報検索が必要になる。今日は，情報を取捨選択し必要な情報のみを選び出すスキャニング（scanning）を身につけよう。

ポイント1 質問と選択肢を見てキーワードを特定する

スキャニングを行うためには，まず質問と選択肢を確認し，その中から手がかりとなりそうなキーワードを探し出す必要がある。次の質問を見てみよう。

例題（質問）

(1) Why does the author of the passage suggest that "everything is not as it seems" in the results of some acupuncture studies?

1 Evidence has come out that the wrong type of treatment had been given in some of the earlier clinical trials.

2 It appears that dishonest doctors are knowingly using "sham acupuncture," particularly when they treat patients with headaches.

3 The earlier studies were treating less severe types of headaches than the ones that acupuncture is generally used for.

4 Experiments where researchers purposely give acupuncture treatments that should not work have been shown to improve people's health.

訳

(1) この文章の筆者は，なぜ一部の鍼(はり)治療研究の結果において「すべてが見た目どおりというわけではない」と示唆しているのか。

1 初期の治験の一部で誤った種類の治療が行われていた証拠が明るみに出た。
2 特に頭痛のある患者を治療するとき，不誠実な医師が故意に「偽鍼治療」を用いているようだ。
3 初期の研究は，鍼治療が一般的に用いられる頭痛より軽度の種類の頭痛を扱っていた。
4 効くはずのない鍼治療を研究者が意図的に行う実験が，人々の健康を改善するということが明らかになっている。

解答のテクニック

- 質問の中では **everything is not as it seems, acupuncture studies** が，選択肢の中では **wrong type, dishonest doctors, less severe, should not work** といったネガティブな表現が特に重要なキーワードだと考えられる。

ポイント2 キーワードから質問に関連のある情報を探し出す

次に本文に素早く目を通しながら，キーワード（あるいはそれに近い表現）が多く使用されている箇所，つまり質問に関連のある情報を見つけ出して重点的に読む。その際，関連のない部分は思い切って

niche 名 適した地位　drawback 名 欠点　combustion 名 燃焼　autism 名 自閉症

読み飛ばすことも必要である。先ほどの質問に対する本文を見てみよう。

例題（本文）

Acupuncture

Every year, millions of Americans turn to acupuncture, an ancient Chinese healing technique involving the insertion of needles into pressure points on the human body, for everything from pain relief to cancer treatments. Despite acupuncture's growing popularity, however, some Western scientists tend to see the evidence behind it as dubious.

Numerous clinical trials have, in fact, indicated that patients receiving acupuncture treatments experience positive health outcomes, particularly when it comes to things like treating pain, relief of nausea, and even treating depression. While their improvement is generally not in dispute, there is evidence suggesting that everything is not as it seems in these results. That is because there have also been trials in which, for example, patients suffering from severe headaches were administered what is known as "sham acupuncture" treatments. In these trials, the points of needles did not go through the skin as they normally would, or were intentionally inserted into body locations other than those purported to cure headaches. According to the researchers, when the results were analyzed, it made little difference whether a patient had received sham or authentic treatments, indicating that there may be factors at work beyond the physical effects of the needles themselves. （以下略）

訳

鍼治療

毎年数百万人のアメリカ人が，痛みの軽減からがんの治療に至るあらゆることを求めて，人体のつぼに針を挿入することを伴う中国古来の治癒術である鍼治療に頼っている。しかし，鍼療法の人気の高まりにもかかわらず，一部の西洋の科学者は，それを立証する証拠は疑わしいと考える傾向がある。

実際，特に痛みの治療や吐き気の軽減などに関して，またうつの治療に関してすら，鍼治療を受ける患者は健康面でプラスの成果を経験することを数多くの治験が示している。患者の健康改善は一般に争う余地がないのだが，こうした結果には，すべてが見た目どおりというわけではないことを示唆する証拠がある。なぜなら，例えば，ひどい頭痛に苦しむ患者が「偽鍼治療」として知られる治療を施された治験も行われてきたからである。これらの治験では，針先が通常そうであるように皮膚を貫通しなかったり，あるいは頭痛を治すと言われる場所以外の体の場所に故意に挿入されたりした。研究者によると，結果を分析すると，患者が受けたのが偽の治療か本物の治療かにほとんど違いはなく，針それ自体が身体に与える作用を超えた要因が働いているかもしれないことを示している。

解答：4

解答のテクニック

- 第1段落にはキーワードが出てこないので，鍼治療に頼るアメリカ人が多いことと，西洋の科学者には疑いを持つ人がいる，という現状さえ理解できればよく，一語一語丁寧に読む必要はない。
- 第2段落にキーワード（あるいはそれに関連する表現）が数多く使用されているので注意深く読んでいく。sham acupunctureのsham「偽の」というネガティブな意味を持つキーワードが出てきたところでさらに注意深く読み進めると，正しく針を挿入しなくても効き目にほとんど違いはなかったといったことが書かれている。それを，should not work「効くはずのない」治療で健康が改善した，と表した**4**が正解だとわかる。

次のページからは練習問題。ここで学んだことを使って問題を解いてみよう！

18日目 筆記3

acceptance 名 受け入れ　ammunition 名 弾薬　artillery 名 大砲　carbohydrate 名 炭水化物

Read the passage and choose the best answer from among the four choices for each question.

Sex on the Brain

Professor Larry Summers is known as a brilliant economist. As one of the youngest professors ever to be given a tenured position at Harvard University, he went on to have a distinguished career in government, working for Presidents Ronald Reagan and Bill Clinton, and then becoming chief economist at the World Bank. No one, therefore, was terribly surprised when he was appointed the 27th president of Harvard University in 2001.

For all his brain power, however, he proceeded to show what many would call a remarkable lack of common sense, or at the least political wisdom. Having already offended various powerful lobbies within his university, in 2005, he addressed a conference on promoting diversity in engineering and science. In his speech, he commented on the relative scarcity of women in top academic scientific posts. He suggested three possible reasons for this imbalance: first, women were often not prepared to make the sacrifices required to reach the top of the profession; second, men's brains may have more intrinsic aptitude for science; and third, women may simply be the victims of gender discrimination. In his view, he remarked, these were the three factors in order of importance explaining the relative lack of female success in the scientific field.

His remarks, which were leaked to the media, led to uproar. One female professor walked out of his speech. The faculty at Harvard passed a motion condemning him. Attention was brought to Harvard's own poor record of promoting diversity, with a falling number of female professors employed during his period of office. What caused outrage was not the first or the third of his putative causes. What infuriated many, although not Harvard's student body, which by and large supported him, was the suggestion that women's brains could be innately weaker at science than those of men. Eventually, despite making repeated apologies, pressure grew to the point where Summers resigned from his position.

However, was Summers wrong to suggest that men and women have different brains? The answer to this must be both "yes" and "no." Most scientists working in the field, whether they sympathize or not with Summers' claims, agree that there are intrinsic differences between male and female brains. Where the doubts arise is in the question of what these differences mean in practice.

In recent years, scientific understanding of the physical structure of the human brain has progressed dramatically. The chief reason for this is actually quite technical. For a long time, the only way to actually look at the brain was either by cutting one up after

chain 名（店などの）チェーン　chimney 名 煙突　coefficient 名 係数　conception 名 概念

someone had died or using X-rays, which could potentially harm those being examined. Then new methods of scanning that provided highly accurate pictures of the brain without any danger were developed, allowing intensive study of how the brain develops and also of the differences between male and female brains, a favorite topic of scientists since the 19th century.

The evidence produced is striking. For example, women tend to use more parts of their brains when they do something. Men, whether they are doing a math problem or reading a book, use fewer parts of the brain in a more focused way. Again, women have more connections between the part of the brain that processes emotions and that which is used for verbalization. Perhaps this helps explain why women talk more about their feelings than men.

Or perhaps it does not, and this is the problem. The gap between the evidence of brain scans and our daily experience of male and female behavior is still too large for any useful conclusions to be drawn. What is true is that the current divide between those who think that all gender differences are innate and have to be accepted, and those who think that they are all learned and should now be unlearned in the name of equality, is simply too simple.

For one thing, evidence shows that the brain itself responds and changes according to its environment and to how it is used. Different styles of education, for example, could help both men and women achieve more than they do at present. In particular, recent research shows that both the speed and the way in which boys' brains and girls' brains develop up to the age of 15 are quite different. This suggests that modern ideas of education, which depend on the idea that boys and girls of the same age should always be taught together and in the same way, is unfair to both groups. Finally, and perhaps most importantly, standard tests indicate that whether one is from a poor or a wealthy family plays a much larger role than gender in indicating how well one will do. Now, there is a problem where the opinion of an economist is likely to be useful.

congressman 名（男性の）国会議員　clergy 名 聖職者　cultivation 名 栽培　dictatorship 名 独裁国家

□□ **(1)** What did Larry Summers suggest is the most important factor explaining the relative lack of prominent female scientists?

1 Men show that they have a greater natural ability for creative scientific work.

2 Women in the past have found it difficult to gain recognition from male colleagues.

3 Men enjoy playing the game of academic politics more than women do.

4 Women in general are not willing to devote themselves entirely to their work.

□□ **(2)** What is one thing that the author of the passage suggests about Summers' remarks?

1 He should not have apologized to the public for saying what he believed to be true.

2 He was too quick to make a connection between men's brains and scientific aptitude.

3 He made his comments based on the latest research on gender.

4 He should not have mentioned the problem of discrimination at a conference.

□□ **(3)** What is one thing that the new brain-scanning techniques have shown?

1 The shape of women's brains is different because women tend to talk more than men do.

2 Men are better at concentrating than women because the different parts of their brains are less connected.

3 Women are able to do more different things at the same time than men because of the way their brains are organized.

4 Men and women use their brains in different ways even when they are doing the same activity.

□□ **(4)** What does the author of the passage imply about the issue of differences between men's and women's brains?

1 It is time that we accepted the evidence that men and women will never think in the same way.

2 The topic is so emotional that it is difficult for scientists to research the topic objectively.

3 There are other, more important differences than gender that need to be researched.

4 The idea that women are less scientific than men is likely to be accepted by everyone in the future.

diplomacy 名 外交　emergence 名 出現　episode 名（テレビの連続物などの）1回分　fraction 名 ほんの少し

脳の性別

ラリー・サマーズ教授は気鋭の経済専門家として知られている。これまでハーバード大学で終身在職権を与えられた最も若い教授の1人として，彼は政府内でも卓越した経歴を歩み，ロナルド・レーガンおよびビル・クリントン両大統領に仕え，それから世界銀行のチーフエコノミストになった。したがって，2001年に彼がハーバード大学の第27代学長に任命されたとき，誰もさして驚きはしなかった。

しかし，頭脳の素晴らしさにもかかわらず，彼は驚くべき常識の欠如と多くの者が呼ぶだろうもの，少なくとも政治的な知恵の欠如を示し始めてしまったのである。すでに学内のさまざまな有力圧力団体の感情を害していたが，2005年に彼は工学と科学の分野における多様性促進について会議で演説をした。その中で，彼は科学の分野における大学の上級職に女性が比較的少ないことについてコメントした。彼はこの不均衡に対する理由と思われるものを3つ示唆した。すなわち，第1に，女性は上級職に就くのに求められる，さまざまな犠牲を払う覚悟ができていない場合が多い。第2に，男性の脳の方が本質的に科学に対してより適性があるのかもしれない。そして，第3に，女性は単に性差別の犠牲になっているのかもしれない，というのである。自説では，これらが科学の分野において女性の成功が比較的少ないことを説明する重要度順に並ぶ3つの要因である，と彼は述べた。

彼の発言はメディアに漏れ，大騒ぎとなった。ある女性教授は彼の演説の途中で退席した。ハーバードの教授陣は彼を非難する動議を可決した。彼の在職中に採用された女性教授の数が減少したという，多様性促進に関するハーバード自体のお粗末な記録が注目された。怒りの原因となったのは，彼が推定する理由の1つ目でも3つ目でもなかった。ハーバードの学生は怒らず，全般的に彼を支持したが，多くの者を激怒させたのは，女性の脳は男性の脳に比べ生来科学に対して弱いのかもしれないという示唆であった。結局，繰り返し謝罪したにもかかわらず，圧力が高じ，サマーズは職を辞した。

しかしながら，男性と女性の脳は違うと示唆したことで，サマーズは間違っていたのだろうか。これに対する答えは「イエス」でもあり「ノー」でもあるに違いない。サマーズの主張に共感するにせよしないにせよ，この分野で働いている科学者のほとんどは，男性と女性の脳には本質的な違いがあることに賛成する。疑いが起こるのは，両者の違いが実際には何を意味するのかという問いである。

近年，人間の脳の身体的構造に関する科学的理解は劇的に進歩した。この主な理由は，実は極めて技術的なことである。長い間，脳を実際に見る唯一の方法は，誰かが死亡した後にその脳を切り開くか，エックス線を用いるかのどちらかであったが，後者は検査を受けている人に害を及ぼす可能性があった。それから，何の危険も伴わずに，極めて精巧な脳の画像を提供してくれるスキャニングの新しい方法が開発され，脳の発達の過程や，また19世紀以来科学者のお気に入りの話題である男性と女性の脳の違いに関する集中的な研究が可能になった。

この示すところは衝撃的である。例えば，女性はあることをする際に，より多くの脳の部位を用いる傾向にある。男性は，数学の問題を解くにせよ本を読むにせよ，脳の比較的少ない部位をより集中的に用いる。また，女性は感情を司る脳の部位と言葉で表現する際に用いる部位との間の連携が多い。もしかするとこれがなぜ女性が男性よりも自分の感情を口に出すことが多いのかを説明する助けとなるかもしれない。

あるいはもしかすると助けとならないかもしれない。そしてこれが問題なのである。脳スキャンが示すところと男性と女性の行動に関するわれわれの日常的経

NOTES

□ tenured　終身在職権のある

□ offend　～の気分を害する

□ intrinsic　本質的な

□ putative　推定される

□ by and large　全般的に

guilt 名 罪悪感　hatred 名 憎しみ　hierarchy 名 （社会の）階層制　indication 名 兆し

NOTES

験との間のギャップは，何らかの有益な結論を導き出すには依然として大きすぎるのである。確かなことは，すべての性差は生まれつきのもので受け入れられなければならないと考える人たちと，性差はすべて学習されたものであり今や平等という名の下に捨て去られなければならないと考える人たちとの間の現在の境界線が，要するに単純すぎるということである。

1つには，証拠の示すところでは，脳そのものが置かれた環境と使われ方に呼応して変化する。例えば，さまざまなスタイルの教育を施せば，男性も女性も現在よりも多くのことを達成できるかもしれない。特に，近年の調査では，少年の脳と少女の脳は15歳までは発達の速度と仕方の両面で極めて異なるという。教育に関する現代の理念は，同じ年齢の少年と少女は常に一緒に，また同じように教育を受けるべきだという理念に基づくのだが，その調査はこの理念が両者にとって不公平であることを示唆する。最後に，そしてもしかすると最も重要なことかもしれないが，標準学力テストの示すところでは，貧しい家庭の出身か裕福な家庭の出身かということは，試験の出来を示すことにおいて性別よりもはるかに大きな役割を果たす。これこそ経済専門家の意見が役に立ちそうな問題である。

(1) 解答 4

卓越した女性科学者が比較的少ないことを説明する最も重要な要因は何であるとラリー・サマーズは示唆したか。

1 男性は創造的な科学研究に対し生来より大きな能力を有することを示す。
2 女性は過去において男性の同僚から評価を得ることが難しいと感じていた。
3 男性は女性よりも学内政治という駆け引きをして楽しむ。
4 女性は一般的に仕事に専念したがらない。

解説 第2段落第4文（He suggested）で，サマーズは理由を重要度順に3つ挙げているが，その第1として「女性は上級職に就くのに求められる，さまざまな犠牲を払う覚悟ができていない場合が多い」と述べている。

(2) 解答 2

サマーズの発言に関してこの文章の筆者が示唆していることの1つは何か。

1 彼は自分が正しいと信じているものを言ったことで大衆に謝罪するべきではなかった。
2 彼は男性の脳と科学に対する適性を結び付けるのに性急すぎた。
3 彼は性別に関する最新の研究に基づいてコメントした。
4 彼は会議で差別の問題に言及すべきではなかった。

解説 筆者は第4段落の最後で，問題は男女の脳の違いが「実際には何を意味するのか」なのだと述べている。つまり，サマーズが脳の性差を科学者になる適性と短絡的に結び付けたことを批判しているわけである。

(3) 解答 4

新しい脳スキャン技術が明らかにしたことの1つは何か。

1 女性は男性よりも多く話す傾向にあるので，女性の脳の形は異なる。
2 脳のさまざまな部位の連結が少ないので，男性は女性よりも集中するのが上手である。
3 脳の体系化のされ方により，女性は男性よりも一度にさまざまなことができる。
4 男性と女性は同じ活動をしていても脳を違った方法で使っている。

解説 第6段落第2文（For example）と第3文（Men）で，何かをするときに脳をどのように用いるかの男女差を脳スキャン技術が明らかにしたことが説明されている。

insistence 名 主張　kitten 名 子猫　mileage 名 走行距離　militia 名 民兵

NOTES

(4) 解答 **3**

この文章の筆者は男性と女性の脳の違いという問題について暗に何と言っているか。

1 男性と女性は同じように考えることは決してないという証拠を今や受け入れるべきときである。
2 この話題はあまりに感情的なものなので，科学者が客観的に調べるのは難しい。
3 調査する必要のある，性別以上に重要な違いがほかにある。
4 女性は男性よりも科学的でないという考えは将来すべての人に受け入れられるだろう。

解説 最終段落最後から2文目（Finally）で「もしかすると最も重要なことかもしれない」こととして，標準学力テストの結果に見られる貧富の差を問題にしている。

It is (about / high) time that ... で「もう…の時間である」。that節内は仮定法過去になる。

missile 名 ミサイル　prediction 名 予測　radar 名 レーダー　rehabilitation 名 社会復帰

英文要約問題を攻略！②

今日の目標

英文要約問題では，正確に英文を理解する力に加えて，その内容を簡潔にまとめる力が求められる。内容を簡潔にまとめるには，情報を取捨選択することや，説明や具体例の要旨を把握することが必要だ。今日は要旨を把握してまとめるためのポイントを学習していこう。

ポイント1 具体例の要旨を見抜こう

段落のキーポイントを把握する上で，具体例が重要な役割を果たす場合がある。具体例は研究実験や問題の実例などさまざまである。段落のキーポイントが必ずしもはっきりと述べられているとは限らず，時には実験の**結果**や実例の**概要**から，**段落のキーポイントを推しはかる**ことも必要となる。4日目で見た例題の第1段落と対応する要約例を改めて見てみよう。

例題

Every year, billions of individuals worldwide undertake the difficult task of making lifestyle changes, such as quitting smoking or getting more exercise. In an attempt to assist smokers in breaking their habit, researchers at the University of Wisconsin invited people to take advantage of a free service that provided advice on giving up tobacco. Some of them were offered money if they used the service five times, and others got nothing. While the vast majority of all participants were unable to kick the smoking habit, the researchers found that 22 percent of individuals who were provided with financial incentives remained smoke-free six months after the study. This figure was only 14 percent for those who were not compensated. Another study of pregnant smokers at the same university also produced similar findings.（以下略）

要約例

Studies have demonstrated that although making lifestyle changes can be difficult, paying people has the potential to facilitate their efforts. Smokers who were trying to quit showed better results when they received financial remuneration than those who did not.

解答のテクニック

- 下線部は生活習慣を変えるという難しい課題への支援に対する実験例を提示している。「金銭的なインセンティブを受けた人の22%が研究の6か月後に禁煙を続けていた」と「報酬を受けていない人で禁煙を続けていたのはたった14%であった」という実験の結果から，「**金銭が生活習慣の改善を促す**」という要旨を推論する。実験結果から要旨を推論させるタイプの段落もあるため，具体例の内容にも注意を払おう。

culminate 動 頂点に達する　foresee 動 ～を予知する　lull 動 ～を落ち着かせ眠くさせる　misunderstand 動 ～を誤解する

ポイント2 新情報と既知情報を把握しよう

第2段落以降の各段落では，第1段落で提示されたテーマや問題がさらに掘り下げられたり，新しい切り口が展開されたりする。部分的に前の段落と重複する内容が述べられる場合があるが，**それに加えて何かしらの新情報が提示される**ため，各段落から新情報を見抜いて，要約に反映させる。ポイント1で見た例題の第2段落と，対応する要約例を見てみよう。

例題

（前略）An experiment by a researcher at the University of Pennsylvania on using payments to motivate people to exercise also produced intriguing results. One group of participants was paid $1.40 each time they worked out. A second was given $42 in advance, but $1.40 was deducted each time they failed to follow the program. This group was far more faithful in sticking to the routine. This indicates that taking advantage of human reluctance to sacrifice something one already possesses could be a promising method for prompting lifestyle changes.（以下略）

要約例

There is also evidence that it is more effective to give out a monetary reward and then threaten to remove it if people do not achieve success than it is to compensate them each time they are successful.

解答のテクニック

- ポイント1で見た第1段落と**似通っている部分や重複する旧情報は要約では省略**する。ここでは，下線部が第1段落と同様に，「生活習慣改善の動機づけと金銭的支援に関する研究」である点で共通しているので省略する。
- 第1段落が，「金銭的インセンティブを与えると生活習慣改善を促す」という実験結果を示す一方，第2段落は，第1段落の内容を掘り下げて，「金銭的インセンティブを**定期的に与える**のと，**事前にまとめて与える**のでは，後者のグループの方が，効果的であった」ことを述べている。

次のページからは練習問題。ここで学んだことを使って問題を解いてみよう！

perpetuate 動 ～を固定化する　wane 動 衰える　appraise 動 ～を鑑定する

練習問題

- Instructions: Read the article below and summarize it in your own words as far as possible in English.
- Suggested length: 90-110 words

Hollywood has long been synonymous with American movie and television production. These days, numerous states, including Alaska and Michigan, are offering large sums of money to companies that transfer their production there. For instance, Alaska pays 44 cents out of every dollar companies spend on production, and Michigan pays 42. Such efforts are undertaken based on the assumption that movie and television production will generate income tax revenue and encourage spending in ways that support local businesses. Various studies have revealed, though, that the claims of these incentives significantly helping the state tend to be overstated. A study on Massachusetts' film subsidy program indicated that each dollar spent by the state generated only 69 cents in income for local businesses.

When states make substantial investments in setting up subsidy programs to encourage production, there is an inherent assumption that the return on them will be long-term. However, film and TV production has become highly flexible and mobile. Just as shoppers tend to give their business to grocery stores that offer the best coupons, production companies' loyalty tends to disappear if they receive more attractive offers from other areas.

There has been a huge boom in movie and television production in recent years thanks to the incredible popularity of streaming video services. In order to cash in on it, a substantial majority of states are now offering subsidies. The opponents of these programs argue that something important is being overlooked. Devoting limited state resources to attracting film and television production is diverting crucial resources from essential programs, such as education, public safety, and welfare. While residents may delight in seeing local landmarks on their screens, there are strong arguments to be made that they would be better served if their states were spending the money more efficiently.

budge 動 譲歩する　incarcerate 動 ～を投獄する　overreact 動 過剰反応する

NOTES

□ synonymous 同義の

□ cash in on ～につけ込む

　ハリウッドは長い間，アメリカの映画やテレビ制作の代名詞だった。最近では，アラスカ州やミシガン州をはじめとする数多くの州が，制作をそれらの州へ移転する企業に多額の資金を提供している。例えば，アラスカ州は企業が制作に使う1ドルにつき44セント，ミシガン州は42セントを支払っている。このような取り組みは，映画やテレビ番組の制作が所得税を生み出し，地元企業を支援するような消費を促すという仮定に基づいて行われている。しかし，さまざまな調査によって，こうした優遇措置が州に大きく貢献しているという主張は誇張されている傾向があることがわかっている。マサチューセッツ州の映画助成プログラムに関する調査によると，州が支出した1ドルに対して，地元企業には69セントの収入しかもたらしていなかった。

　州が制作を奨励するために多額の投資をして補助金制度を設ける場合，州への利益は長期的なものになるという暗黙の前提がある。しかし，映画やテレビ番組の制作は，非常に柔軟で機動的なものとなっている。買い物客が，最もお得なクーポンを提供する食料品店で買い物をする傾向があるように，制作会社の忠誠心も，ほかの地域からより魅力的なオファーを受ければ，消えてしまう傾向がある。

　近年，動画配信サービスの驚異的な人気のおかげで，映画やテレビの制作に大きなブームが起きている。それに乗じようと，現在ではかなり多くの州が補助金を出している。こうした制度に反対する人々は，重要なことが見落とされていると主張する。限られた州の資源を映画やテレビ制作の誘致に費やすことは，教育，治安，福祉といった必要不可欠なプログラムから重要な資源を転用することになる。住民は，地元の名所が画面に映し出されるのを見て喜ぶかもしれないが，州がその資金をもっと効率的に使えば，より住民のためになるという強い主張がある。

解答例

　Recently, various U.S. states have been trying to encourage TV and movie companies to relocate their production there in order to stimulate their economies. They make significant investments in subsidy programs, which are usually designed for long periods. However, the money this brings in is frequently outweighed by the costs involved, and companies' commitment can be transient because they often leave if other states offer better deals. Although most states today offer production subsidies with the same aim, some people say that they should keep the focus on utilizing their resources on programs that provide a more direct benefit to their residents. (102語)

A outweighs *B*では「AがBを上回る」の意味で使われる。*A* is outweighed by *B*と受け身形になると，「BがAを上回る」の意味になる。

□ transient 一過性の

最近，アメリカの各州は，経済を活性化させるために，テレビや映画の制作会社に自分たちの州への制作の移転を促そうとしている。これらの州は，補助金制度に多額の投資を行っており，それらは通例，長期的に計画されている。しかし，この制度によってもたらされる資金は，それにかかるコストに見合わないことが多く，また，ほかの州がよりよい条件を提示すれば，企業はしばしば撤退するため，企業のコミットメントが一過性に終わることもある。現在，ほとんどの州が同じ目的で制作補助金を提供しているが，より直接的な利益を住民にもたらすプログ

overstate 動 ～を誇張する　penalize 動 ～を罰する　hurdle 名 困難　inspiration 名 創造的刺激となるもの

NOTES

ラムに資源を活用することに重点を置くべきだという声もある。

解説 第1段落から，「アメリカの映画・テレビ制作会社に対する州の補助金」がトピックであるとわかる。第2文に... numerous states, ... are offering large sums of money ...「数多くの州が，制作をそれらの州へ移転する企業に多額の資金を提供している」という現状が提示されており，第4文には，... will generate income tax revenue and encourage spending in ways that support local businesses と経済を活発化させるという目的が読み取れる。しかし後続する文で，補助金の効果に懐疑的な研究があることが切り出される。続く最終文にeach dollar spent by the state ... から「州が支出した1ドルに対して，地元企業には69セントの収入しかもたらされていない」という調査結果が挙げられており，この結果から「採算が取れていない」という問題を特定する。英文要約ではこのように実験や調査の結果を通し，問題が間接的に提示されることがある。また，要約の際には，州の名前や数値をはじめとする具体的な情報は排除するのが基本。列挙された州の名前は必要に応じてvarious U.S. statesといった抽象的な語句を用いてまとめることができる。また，上で見た現状とその目的はin order toを用いて，1文にまとめる。

第2段落は，第1段落で提示された問題に対する原因が述べられている。第2段落第1文で補助金の利益は長期的なものを見越していると述べているのに対して，第2文と第3文で，制作会社がほかの地域からの魅力的なオファーを受けて移ってしまうという，問題の原因が述べられている。要約例では，第1段落で挙げられた問題と，第2段落で述べられたその原因を1文にまとめている。要約の際には，基本的に段落ごとに文をまとめていけばよいが，問題と原因，結果と理由などの因果関係が保たれれば，必ずしも段落ごとに文を分けることにこだわらなくてもよいだろう。また，本文第3文のJust asのような例えは，主節の内容をわかりやすくするために述べられているものであるから，文章を理解するには有用であるが，要約をする上では余分な情報なので排除する。

第3段落では，最終文の... they would be better served if their states were spending the money more efficiently「州がその資金をもっと効率的に使えば，より住民のためになる」から，筆者が他者の意見を紹介することで間接的に自分の主張を述べていると考えられる。第4文の ... essential programs, such as education, public safety, and welfareはいずれも，住民の生活に直結するものと考え，要約例では，direct benefitと抽象化して言い換えて，上で見た主張をまとめている。なお，最終文ではif their states were ... と仮定法が用いられ，現在の事実と反するが，そうすべきだという住民の意見が示唆されており，これを要約例ではshouldを用いて直説法に書き換えている。文や語句だけでなく，文法についても，本文の書き写しとならないよう留意する。

instability 名 不安定　insulation 名 断熱　intern 名 インターン　lineup 名（容疑者の）面通し

loyalist 名 忠誠派の人　murderer 名 殺人犯　nobility 名 貴族　occurrence 名 出来事

英文要約問題を攻略！③

今日の目標

言い換え（パラフレーズ）は，表現の繰り返しを避ける傾向の強い英語のライティングでは非常に重要なスキルである。語句を置き換える場合もあれば，複数の文をまとめる場合などさまざまである。今日は，語句や文の言い換えや，文のまとめ方について学習していこう。

ポイント1 積極的に語句の言い換えをしよう

語句の言い換えを行うことで本文の意味が理解できていることもアピールできる。元の語句の意味が失われないように，同じ意味を保つことを意識しながら積極的に活用しよう。

例題

Ever since the modern insurance industry was established in the seventeenth century, its business model has been based on the concept of pooling financial resources so that customers could be compensated financially in the event of tragedy or catastrophe. This model functions effectively in the case of random, isolated cases, such as hospitalizations or house fires. However, in the twenty-first century, the industry has been profoundly ②impacted by the climate crisis. In recent decades, we have seen widespread and simultaneous effects of climate change-induced events, such as ①hurricanes, floods, and wildfires. These have had an unprecedented effect on the business.（以下略）

訳

17世紀に近代的な保険産業が確立されて以来，そのビジネスモデルは，悲劇や災難が発生した場合に顧客が金銭的補償を受けられるよう，財源をプールするという考え方が基盤となっている。このモデルは，入院や住宅火災のような不規則で単発的なケースの場合には効果的に機能する。しかし，21世紀になって，この業界は気候危機によって大変な影響を受けている。ここ数十年の間に，ハリケーン，洪水，山火事など，気候変動に起因する事象の広範かつ同時に起こる影響を目にしている。これらはビジネスにかつてないほどの影響を及ぼしている。

要約例

Recently, climate change has led to increasing numbers of ❶natural disasters that are ❷undermining the financial basis of the insurance industry.

訳

近年，気候変動によって自然災害の発生件数が増加しており，保険業界の財政基盤が損なわれている。

解答のテクニック

- ①hurricanes, floods, and wildfiresは，要約例では，❶natural disastersという語を用いて1つにまとめられている。類似の表現が並列されている際には，それらを総合する語で置き換えるとより少な

practitioner 名（医師・弁護士などの）開業者　predecessor 名 前任者　pregnancy 名 妊娠

い語数で簡潔に言い換えができる（例：りんご，バナナ，ぶどう→果物）。また，複数の語句が段落の中で離れて記述されている場合もあるため，キーポイントを拾う際には，類似のカテゴリーでまとめられそうな内容を見落とさないようにしたい。

- 例題では，②impactedを❷underminingに言い換えている。語句の言い換えによって本文の語数から減らなくても，**適切に本文を理解できていることを示す**ために，積極的に言い換えを行うとよい。特に，文の中心的な要素である名詞や動詞には多くの類義表現がある。例えば②はdamageやcompromise，threatenなどで置き換えることもできる。

ポイント2 複数の文を1つにまとめて簡潔に述べよう

単に語句を言い換えるだけでは，本文の内容を簡潔にすることはできないので，**複数の文を1つにまとめる**技術が大切だ。ディスコースマーカーを用いることで，論理展開を示し，語数を抑えながら，複数の文を1つにまとめることができる。同じ例題の第2段落と対応する要約を見てみよう。

例題

（前略） Furthermore, numerous communities are being established in picturesque areas in close proximity to nature, such as on beachfronts or in the vicinity of vast wildernesses. ①However, people who relocate to such areas disregard the potential dangers associated with rising sea levels, forest fires, or other climate-related threats. ②Therefore, the insurance industry must grapple with the possibility of huge claims in areas that are becoming more vulnerable due to the changing climate. The long-term viability of insuring such high-risk properties is uncertain as the frequency and severity of climate-related events continue to escalate.（以下略）

訳

さらに，海辺や広大な原野の周辺など，自然にすぐ近い絵に描いたような地域に地域社会が数多く誕生している。しかし，そのような地域に移住する人々は，海面上昇や森林火災，そのほかの気候に関連する脅威に伴う潜在的な危険性を軽視している。したがって，保険業界は，気候の変化によって脆弱性が増している地域で巨額の保険金が請求される可能性に取り組まなければならない。気候関連事象の頻度や深刻度が上昇し続ける中，このようなリスクの高い不動産の保険を引き受けることの長期的な実行可能性は不透明である。

要約例

Making the problem worse, ❶many people ignore the threat of disasters when choosing where to live, ❷so insurers may have to pay out even more money in the future.

訳

さらに問題を深刻にしているのは，多くの人々が住む場所を選ぶ際に災害の脅威を無視しているため，保険会社は将来さらに多額の保険金を支払わなければならなくなる可能性があることだ。

❗ 解答のテクニック

- ①と②が理由と結果の論理関係を構築していることがそれぞれの文の内容とThereforeというディスコースマーカーから読み取れる。要約例では，①を❶，②を❷のように言い換えた上で，**接続詞soを用いて，理由と結果の論理展開を保持しながら，1つの文に簡潔にまとめている。**

次のページからは練習問題。ここで学んだことを使って問題を解いてみよう！

privatization 名 民営化　progression 名 進行　reactor 名 原子炉　reflection 名 反映

練習問題

- Instructions: Read the article below and summarize it in your own words as far as possible in English.
- Suggested length: 90-110 words

The construction of more than 60,000 kilometers of interstate highways beginning in the 1950s was a significant milestone in the development of the United States' transportation infrastructure. One notable feature of the new interstates was that while highways constructed in the past tended to be routed around urban centers, the new interstates were often designed to cut directly through them. Such direct routes did result in time savings for drivers. However, many interstates were deliberately laid out so that they would pass through areas like Overtown, a vibrant Black community in Miami. The plan was implemented even though an alternative route through a nearby abandoned railway area would have been less disruptive. The same thing also happened to numerous other Black urban neighborhoods throughout the nation.

As a result of the interstates that passed through their communities, hundreds of thousands of Black families were displaced. Furthermore, crucial community resources, including green spaces and social gathering places, such as churches, were paved over. Another result was that the interstates cut off the communities from downtown centers and employment opportunities. This tended to significantly lower property values and led to the closure of local businesses.

Efforts to address such historical injustices face severe challenges. The impact of highway construction has run deep into the fabric of affected communities. There are, however, potential solutions. A group called the New York Civil Liberties Union (NYCLU) proposes initiatives like transferring developable land to a community trust that will be run by local residents, or even things as simple as consulting local residents about the location of a park before construction begins. Moreover, according to the NYCLU, government policies such as financial compensation, affordable housing initiatives, and economic development programs can contribute to redressing the historical wrongs inflicted by highway construction.

NOTES

1950年代に始まった6万キロを超える州間高速道路の建設は，米国の交通インフラ整備における重要な出来事であった。新しい州間高速道路の特筆すべき特徴の1つは，過去に建設された高速道路が都心部を迂回する傾向にあったのに対し，新しい州間高速道路はその多くが都心部を直接横切るように設計されたことである。このような直線的な道は，確かにドライバーの時間の節約につながった。しかし，多くの州間高速道路は，マイアミの活気ある黒人コミュニティであったオーバータウンのような地域を通過するように意図的に敷設された。近くの廃線になった鉄道地帯を通る代替ルートを通せば，混乱が少なかったにもかかわらず，この計画は実施された。同じことが，全米のほかの数多くの黒人が居住する都市部でも起こった。

地域社会を通過する州間高速道路の結果，何十万もの黒人家族が強制的に退去させられた。さらに，緑地や教会などの社交場を含む重要な地域資源が舗装されてしまった。もう1つの結果は，州間高速道路によって，地域社会が繁華街や雇用の場から切り離されたことである。これが，資産価値を著しく低下させ，地元企業の閉鎖につながることが多かった。

このような歴史的不公正に対処する努力は，厳しい課題に直面している。高速道路建設の影響は，影響を受けた地域社会の構造に深く浸透している。しかし，解決の可能性はある。ニューヨーク自由人権協会（NYCLU）という団体は，開発可能な土地を地域住民によって運営されるコミュニティ信託に譲渡するというような取り組みや，建設が始まる前に公園の場所について地域住民に相談するといった単純な取り組みも提案している。さらにNYCLUによれば，金銭的補償，手ごろな価格の住宅構想，経済発展プログラムなどの政策は，高速道路建設によってもたらされた歴史的過ちを是正することに貢献できるという。

□ fabric　構造，組織

□ redress　～を是正する

解答例

Although the United States' interstate highway system was instrumental in developing its transportation system starting in the 1950s, many of the routes were intentionally designed to pass through Black communities in cities. Not only did these highways dislocate numerous Black residents and affect resources in their communities negatively, but the highways also separated them from the downtown area and reduced their access to jobs. While addressing the issues for reconciliation is difficult because its roots have not been eliminated, possible solutions for mitigating the situation include turning over land to the communities, with locals managing its development, or having the government provide various forms of economic assistance. (107語)

Not only *A* but also *B* のような否定辞を文頭で用いる場合，通常倒置が起きる。ここではdidが前に出る倒置となっている。

□ mitigate　（苦痛など）を和らげる

アメリカの州間高速道路網は，1950年代に始まった交通網の発展に貢献したが，そのルートの多くは，意図的に都市部の黒人コミュニティを通過するように設計されていた。これらの高速道路は，多数の黒人住民を立ち退かせ，地域社会の資源に悪影響を与えただけでなく，彼らを繁華街から引き離し，仕事の機会を減らしもした。和解に向けて問題に対処することは，その根が絶たれていないために困難ではあるが，状況を緩和する可能性のある解決策には，土地をコミュニ

20日目　筆記4

segment 名 部分　spokesperson 名 広報官　standpoint 名 観点　suite 名 スイートルーム

NOTES

ティに譲渡し地元の人々にその開発を管理してもらうことや，政府がさまざまな形で経済援助を提供することが挙げられる。

解説 第1段落最初の文から,「アメリカの州間高速道路」がトピックであるとわかる。第2文で「道路が都心部を横切るよう設計された」ことが述べられており，その結果，第3文にあるように「ドライバーの時間の節約」につながったというポジティブな面が述べられている。第4文では，逆接を表すHoweverが用いられていることから，ここからネガティブな面が述べられて問題が提示されることが予想できる。第4文以降から「多くの黒人が居住する地域を通過するように道路が建設された」という問題点が読み取れる。要約例では，Althoughを用いて，上で見たポジティブな面とネガティブな面を1文にまとめている。「ドライバーの時間の節約につながった」はより大きな視点でとらえて,「交通網の発展に貢献した」と抽象化して言い換えている。複数の文をまとめるには，接続詞を用いることや，文を句で置き換えること，または，文の内容を抽象化してひとまとめにする方法が挙げられる。

第2段落は，第1段落で挙げられた問題がどのような結果を招いたのかが述べられている。第2段落第1文では「黒人家族が強制的に退去させられた」こと，第2文では「重要な地域資源が舗装されてしまった」こと，さらには，第3文では「繁華街や雇用の場と切り離された」ことが挙げられている。要約例ではこれらの要素を，類義語で置き換えながら，Not only *A* but also *B*の形で要約している。例えば，第1文のdisplacedはdislocateへ言い換え，第2文のcrucial community resources ... were paved overを「地域社会の資源に悪影響を与えた」と再解釈し，affect resources in their communities negativelyと表現している。このように類義語が思い浮かばないときには，再解釈によって，文の見方を変えると自分の言葉に置き換えやすくなる。

第3段落では，第2段落で挙げられた問題の結果への取り組みが述べられている。第3段落第1文と第2文から,「高速道路建設の影響は根深く，解決は困難」であるという結果が読み取れるが，第3文では，howeverを伴って，解決の可能性について言及があることから，完全な解決は難しいものの，影響を緩和する方策はあるということが読み取れる。具体的な方策は第4文と，Moreoverを挟んで最終文とで2つ述べられている。要約例では，本文で用いられているhoweverの代わりにWhileを用いて，howeverの前の内容とhoweverの後の内容をまとめている。第1文，第2文を,「問題に対処することは，その根が絶たれていないために困難」と再解釈し，reconciliationやits roots have not been eliminatedのように書き換え，第3文以降から読み取った内容はmitigatingなど本文では用いられていない語句で置き換えている。同様に，第4文のtransferringは類義語のturning overで置き換え，最終文はfinancial compensation, affordable housing initiatives, economic development programsという3つの要素をvarious forms of economic assistanceと抽象化して言い換えている。

superiority 名 優越　suppression 名 抑圧　tolerance 名 寛容　trench 名 塹壕(ざんごう)

ulcer 名 潰瘍（かいよう）　unity 名 一致　upside 名 長所　verb 名 動詞

英作文問題を攻略！②

今日の目標

200～240語というある程度の長さの論理的な文章を書くためには，それなりの時間をかけて手順を追う必要がある。今日は英作文問題の時間配分と手順を確認していこう。

ポイント1 英作文問題の時間配分を考えよう

筆記5英作文問題にどれくらいの時間をかけるかは個人差があるだろうが，筆記問題全体の解答時間100分のうち，**25分程度**が妥当なところだろう。英作文が苦手な場合にはもう少し時間をかけてもよいが，**長くても30分以内**には収めたい。

手順は，**①論理構成を考える**，**②実際に書く**，**③全体を見直す**，の3つの段階に大きく分けられる。全体を25分で終わらせる場合には，**①に約5分**，**②に約18分**，**③に約2分**が1つの目安となる。

ポイント2 論理構成を考える（目安：約5分）

一貫性のあるエッセイを書くには，しっかりした論理構成が必要である。それには次のようなステップで進めるのがよいだろう。

(1) トピックに対して**自分の立場（賛成か反対か）を決める**。

(2) 自分の立場を支持するための**3つの理由を考える**。

(3) 序論・本論・結論の**アウトラインを練る**。

アウトラインを練る際には，**概要をメモするか，簡単なフローチャートを作成する**とよいだろう。例題に沿って考えてみよう。

例題

TOPIC ***Should governments emphasize international cooperation rather than national interest in foreign policy?***

ここではトピック「諸政府は外交政策において国益よりむしろ国際協力を重視すべきか」に対して**賛成の立場**に立ち，その理由となるメリットとして**「戦争の危険を減らす」**，**「貧困をなくす」**，**「環境を守る」**を挙げて論を展開することにする。メモやフローチャートは日本語・英語どちらで作成しても構わないが，ここではわかりやすく日本語で概要をメモしてみよう。

reptile 名 爬虫類（動物）　spectrum 名（変動）範囲　textile 名 織物　transformation 名（生物の）変態

序論

現代では，1つの国の出来事は必ず他国に影響を及ぼす。「戦争」,「貧困」,「環境」の観点から，外交政策においては国益より国際協力を優先することが必須である。

本論

①大量破壊兵器の開発で自国が安全になると考えるのは誤りで，かえって戦争の危険が増すだけである。国際協力によって防衛費を減らせば，戦争の危険を減らすことができる。

②富裕国が貧困国を支援して貧困をなくすことにより，各国間の関係がより緊密になり，貿易・観光・安全保障などの面で各国の利益にかなうことになる。

③世界は環境問題に直面しているのに，例えば他国の汚染を制限しようとする一方で自国の汚染は許容するような身勝手なことをしていては不信感を生むだけで，環境を守ることはできない。

結論

小さくなる世界では人類を1つの家族と考え，「平和」,「貧困の撲滅」,「環境保護」のために，私利私欲を脇に置いて国際協力を進めるべきだ。

ポイント3　実際に書く（目安：約18分）

論理構成ができ上がれば，それに基づいて書き始める。その際に，各段落の要旨を簡潔に述べるトピック・センテンスをひとまず先に書き，その後に論拠や具体例などでそれを支える支持文を書いて肉づけしていけば，全体の構成が大きく崩れることなく書き進めることができる。

段落の構成は，序論：1段落，本論：3段落，結論：1段落の5段落構成が最も標準的だが，その場合の時間配分は1段落約3分が目安となる。また，各段落を書きながら段落ごとの語数をチェックしていけば，全体として約200〜240語という語数制限から大きく外れることはない。

また，ライティングは「内容」,「構成」,「語彙」,「文法」の観点別に採点されるため，これらの観点に注意しながら書く必要がある。

解答がTOPICに示された問いの答えになっていない場合や，TOPICからずれていると判断された場合は，すべての観点で0点と採点される場合があるので特に注意が必要である。

次のページからは練習問題。ここで学んだことを使って問題を解いてみよう！

transparency 名（事柄の）透明性　turbine 名 タービン　urbanization 名 都市化　ward 名 病棟

練習問題

目標時間 25分

- Write an essay on the given TOPIC.
- Give THREE reasons to support your answer.
- Structure: introduction, main body, and conclusion
- Suggested length: 200-240 words

TOPIC

Are Japan's universities doing a good job of preparing young people for the working world?

gentrification 名（スラム街の）高級住宅地化　populace 名 大衆　pronoun 名 代名詞　heritage 名 遺産

NOTES

□ internationalize ～を国際化する

解答例 **Positive**

Japan is famous for its education system, and in my opinion, its universities are an important reason for the success of Japanese businesses. This is because they have excellent academic programs, they have become highly internationalized, and they have many connections with the business world.

Firstly, Japan is known for its world-class education system. Universities throughout the nation produce capable graduates with a wide variety of skills that are essential in the business world. In particular, Japanese schools are known for science and technology programs that produce excellent researchers and engineers.

Secondly, Japanese education is highly internationalized. Most universities have student exchange programs with foreign institutions, and there are foreign staff who are instrumental in improving the foreign-language skills of the students. Thanks to this, students will be ready to work internationally or to help domestic companies adapt to the globalized business world after their graduation.

Finally, university education helps students obtain practical skills for the working world. The teachers often have backgrounds in business or research, which means they can give specific kinds of training or offer useful advice to students. On top of this, there are many opportunities for students to get internships in order to gain practical skills and experience.

In conclusion, it is clear that Japanese businesses owe a lot to the nation's universities because of their academic excellence, their emphasis on internationalization, and the practical skills they help students to develop. (236語)

賛成
トピック　日本の大学は若者に実社会への準備を十分にさせているか

日本はその教育制度で有名であり，私の意見では，日本の大学は日本企業の成功の重要な理由となっている。それは，日本の大学には優れた教育プログラムがあり，高度に国際化されており，ビジネス界と多くのつながりを持っているからである。

第1に，日本は世界第一級の教育制度で知られる。全国の大学は，ビジネス界で必須のさまざまなスキルを備えた有能な卒業生を送り出している。特に，日本の学校は優秀な研究者とエンジニアを生む理工系のプログラムで知られている。

第2に，日本の教育は高度に国際化されている。ほとんどの大学には海外の教育機関との交換留学生プログラムがあり，学生の外国語スキル向上を助ける外国人スタッフがいる。このおかげで，卒業後の学生は，国際的に仕事をしたり，国

hygiene 名 衛生管理　famine 名 飢饉　conscience 名 良心　specimen 名 標本

NOTES

内企業がグローバル化したビジネス界に適応するのを助けたりする準備ができているだろう。

最後に，大学教育は学生が実社会での実践的スキルを得るのに役立つ。教師はビジネスや研究の経歴があることが多く，つまり，特定の種類のトレーニングや有用なアドバイスを学生に与えることができる。それに加え，実践的スキルと経験を得るために，学生がインターンシップをする機会が数多くある。

結論として，大学の学問の優秀さ，国際化の重視，そして大学の助けで学生が培う実践的スキルゆえに，日本企業が国の大学に多くを負っていることは明らかだ。

解説 第1段落では，「日本の大学は日本企業の成功の重要な理由となっている」と，少し視点を変えてトピックに答えることで肯定の立場を示す工夫をしている。また，3つの理由を語句ではなく文で挙げていることにも注目したい。ただし，この解答例のように簡潔にまとめることが必要である。

本論では，1つ目の理由「優れた教育プログラム」には理工系のプログラム，2つ目の理由「高度な国際化」には交換留学生プログラムと外国人スタッフ，そして3つ目の理由「ビジネス界とのつながり」にはビジネスや研究の経歴のある教師とインターンシップ，といったように，それぞれ一般性が高い例を挙げている。それらが実社会で果たす役割についても，説得力のある論を展開している。

結論の段落では，3つの理由を今度は名詞句でまとめているが，their emphasis on internationalizationのように，表現を変える工夫が見られる。

解答例 **Negative**

Although Japanese companies have been highly successful in the past, that is no longer the case because many universities are not doing enough to prepare students for the business world these days. This is due to problems with English language education, their reluctance to encourage students, and a lack of practical skill building.

One of the biggest concerns is that universities are not producing people with the necessary skills for working. English education in universities is still too focused on reading and listening rather than everyday communication skills, and this is a serious handicap when graduates enter the business world. Nearly every company today has connections with foreign firms, which makes English skills essential.

Secondly, although Japanese universities offer a tremendous opportunity to develop a good work ethic and critical thinking skills with professors with business backgrounds, they do not encourage students to take the opportunity seriously. They should tighten their graduation requirements to encourage the students.

Finally, not enough practical skill building is done. Most classes involve lectures and rote memorization rather than hands-on learning. There should be more focus on presentations, internships,

□ work ethic 労働倫理

□ rote memorization 丸暗記，機械的暗記

□ hands-on 実践的な

 preservation 名 保存　venue 名 会場　unprecedented 形 前例のない　innate 形 生来の

and other activities that will develop skills for the working world.

If Japanese workers are to continue to be competitive in the workplace, which is becoming increasingly globalized, universities need to improve English education, graduation criteria, and practical skill learning. Otherwise, more graduates will find it difficult to get a job even domestically, let alone internationally. (240語)

反対
トピック　日本の大学は若者に実社会への準備を十分にさせているか

日本企業は過去にはとても成功していたこともあるが，もはやそうではない。なぜなら，近ごろ多くの大学は学生にビジネス界への準備を十分にさせていないからだ。これは，英語教育の問題，大学が学生に励みを与えようとしないこと，そして実践的スキル育成の欠如によるものである。

最大の懸念の1つは，仕事に必要なスキルを持つ人を大学が送り出していないことだ。今でも大学の英語教育は，日常のコミュニケーションスキルより読むことと聞くことが中心になりすぎており，卒業生がビジネス界に入ると，これは重大なハンディキャップになる。今ではほとんどすべての企業が海外の企業とつながりを持っていて，そのため英語のスキルは必須になっている。

第2に，日本の大学は，ビジネスの経歴を持つ教授の下で優れた労働倫理と批判的思考のスキルを養うたくさんの機会を提供しているのに，その機会を真剣に受け止めるよう学生に奨励していない。大学は学生に励みを与えるために，卒業の要件を厳しくすべきだ。

最後に，実践的スキル育成が十分に行われていない。ほとんどの授業の内容は，実践的学習というより，講義と丸暗記である。プレゼンテーションやインターンシップ，実社会へのスキルを養えるそのほかの活動をもっと重視すべきだ。

ますますグローバル化が進んでいる職場で日本の労働者が競争力を持ち続けようとするなら，大学は，英語教育，卒業の基準，そして実践的スキルの学習を改善する必要がある。さもなければ，もっと多くの卒業生にとって，海外は言うまでもなく国内においてすら，就職が難しくなるだろう。

解説 第1段落は，「日本企業は過去にはとても成功していたが，もはやそうではない」という分析で始まっている。トピックに対する自分の立場を述べるだけでなく，こうした客観的な記述を加えることによって，エッセイ全体の説得力が増す。

1つ目の理由「英語教育の問題」については，読む・聞くが中心の今の英語教育では不十分であるとしている。2つ目の理由「大学が学生に励みを与えようとしないこと」は，この理由だけを見ると曖昧だが，本論を読むと，大学が学生に学びを奨励していないという批判だとわかる。卒業の要件を厳しくすべきだという提案も，大学が学びの場として機能していないという批判である。3つ目の理由「実践的スキル育成の欠如」も1つ目の理由同様，実社会で役立つスキルを十分に教えていないという現状を指摘している。

最後の段落でも，「ますますグローバル化が進んでいる職場」，「国内においてすら，就職が難しくなるだろう」と危機感を感じさせる表現を用いて，大学教育の改善を訴えている。現状に対する問題意識がよく表れたエッセイである。

NOTES

staunch 形 強固な　agrarian 形 農地の　juvenile 形 青少年の　cautious 形 用心深い

英作文問題を攻略！③

今日の目標

英作文問題では，全体の構成を踏まえ，序論・本論・結論それぞれについて英語らしい論理展開に基づいて書いていく必要がある。今日は具体例を見ながらそれを学んでいこう。

ポイント1 序論の展開の仕方

序論の長さは全体の15～20%とするのが標準である。ここでは，21日目で論理構成を考えた例題に対する解答例を見てみよう。トピックはShould governments emphasize international cooperation rather than national interest in foreign policy?「諸政府は外交政策において国益よりむしろ国際協力を重視すべきか」である。

解答例（序論）

In today's world, what happens in one nation influences what happens in another. For reasons such as war, poverty, and the environment, it is imperative that we put international cooperation ahead of our own national interests in foreign policy.

解答のテクニック

- トピックを踏まえ，肯定的な立場に立つことを念頭に「今日の世界では，1つの国で起きることが別の国で起きることに影響を与える」と一般的に受け入れ可能な現状認識を第1文で示している。
- 次の文では，まず，「戦争」，「貧困」，「環境」の3つを理由として挙げている。
- 続けて，トピックの内容をやや表現を変えながら繰り返し，肯定的な立場を明確にしている。

ポイント2 本論の展開の仕方

本論の長さは全体の60～70%とするのが標準である。3段落構成とし，1段落につき1つの理由を取り上げて論じるのが最も書きやすいだろう。

解答例（本論）

First, war has become potentially even more dangerous due to the race to build weapons of mass destruction. While nations may think they are making themselves safer by trying to become stronger than others, this only heightens aggression and the risk of conflict. Countries therefore need to reduce their defense expenditures through international cooperation to prevent this outcome.

Second, it is in the best interest of governments to try to eliminate poverty from the world. Many rich countries donate food or medical supplies as a form of soft power, in order to establish ties with poorer countries. In the end, stronger relationships make all the important

charitable 形 慈善の　evident 形 明白な　hazardous 形 危険な　progressive 形 進歩的な

issues such as trade, tourism, and security better all over the world.

Finally, the world is facing environmental issues such as pollution. Many countries only care about limiting the pollution output of other countries while allowing their own country to exceed international limits. This sort of competition breeds distrust, and in the end, most countries go over their limits.

解答のテクニック

- 各段落の最初のトピック・センテンスで，序論で言及したトピックに肯定的な立場を取る3つの理由を改めて提示し，論点をはっきりさせている。
- 最初の段落ではまず第1文で，大量破壊兵器の増強競争のせいで戦争の潜在的危険性がますます高くなっている，と最初の理由を提示している。続く第2文では，他国より強くなろうとすることで自国がより安全になっていると諸国は思うかもしれない，と国益優先の考え方について批判的に述べ，さらにそれと対比する形で，これは攻撃的態度と紛争のリスクを高めるだけだと主張している。最後の第3文では，そうならないためには各国が国際協力によって防衛費を減らす必要があるとしている。
- 2番目の段落ではまず，世界から貧困を撲滅しようと努めることが諸政府にとって最大の利益となる，と第2の理由を提示している。第2文では，多くの富裕国が食料や医薬品をソフトパワー（軍事力などの強制力ではなく協調的に他国を動かす力）として用いることで貧困国とのつながりを樹立しようとしている，と貧困をなくすための取り組みについて説明している。最後の第3文では，関係を強化することで貿易・観光・安全保障などのあらゆる重要な問題が改善される，とまとめている。
- 3番目の段落ではまず，世界は汚染などの環境問題に直面している，と第3の理由を提示している。続く第2文では，多くの国は他国の汚染排出を規制することばかり気にして自国は国際的な制限を守ろうとしない，と国益優先の姿勢を批判している。最後の第3文では，こうした競争は不信感を生み，しまいにはほとんどの国が制限を超えることになる，という悲観的な結論を述べている。つまり，そうならないためには国際協力が必要だと逆説的に主張していることになる。

ポイント3 結論の展開の仕方

結論の長さは序論と同じく全体の15～20%とするのが標準である。また，結論は序論との整合性を保ちつつ，本論での議論の展開を踏まえて全体を締めくくるのが役目である。

解答例（結論）

The world is becoming smaller today, which means we have to view humanity as one family, putting aside our selfish interests and cooperating for peace, the elimination of poverty, and environmental conservation.

解答のテクニック

- まず，序論で述べた「今日の世界では，1つの国で起きることが別の国で起きることに影響を与える」という考えを「世界は今日次第に小さくなっている」とまったく異なる表現で言い換え，続けて，「人類を1つの家族と見なさなければならない」という視点を導入している。そしてトピックに沿う形で，私利私欲は脇に置いて「平和」，「貧困の撲滅」，「環境保護」のために協力しなければならないと結んでいる。序論では3つの理由を「戦争」，「貧困」，「環境」と解決すべき課題の形で表したが，本論を受けて結論では，国際協力によって目指すべき目標として書き改められていることも注目される。

次のページからは練習問題。ここで学んだことを使って問題を解いてみよう！

revolutionary 形 革命的な　complimentary 形 無料の　convincing 形 説得力のある　depressed 形 ふさぎ込んだ

22日目 練習問題

- Write an essay on the given TOPIC.
- Give THREE reasons to support your answer.
- Structure: introduction, main body, and conclusion
- Suggested length: 200-240 words

TOPIC

Agree or disagree: The problem of economic inequality in society can be solved

Paleolithic 形 旧石器時代の　Protestant 形 プロテスタントの　real-life 形 現実の　comprehensive 形 総合的な

解答例 **Positive**

I believe that society can eliminate the extreme gap between the rich and the poor through better access to education, wealth distribution, and reducing discrimination.

Education is one of the major factors in determining the success of individuals. Governments around the world need to pool together resources to ensure that children receive a good education in core subjects such as language, math and science. If all children can receive a quality education, there will be much more equality in the world.

Another essential reform is redistributing wealth through taxation. In many countries, due to unfair tax rules, there are a lot of wealthy individuals and corporations who can avoid paying taxes, which puts a huge burden on the middle and lower classes. If countries can make a fair tax system, the majority of people will eventually become part of the middle class.

Finally, society is likely to become more equal if the government can help eliminate discrimination. Today, many people are held back from finding good opportunities due to factors like sex, race, or appearance. The government needs to enforce fairer admissions to universities and fairer hiring and evaluation practices at companies. In time, more and more people will gradually realize that all people deserve equal opportunities in life.

Economic inequality is one of the most serious problems facing society today, but it can be greatly reduced through better access to education, redistribution of wealth, and the elimination of discrimination. (240語)

NOTES

□ pool （資金など）を出し合う

□ redistribute ～を再配分する

賛成
トピック　賛成か反対か：社会における経済的不平等の問題は解決可能である

教育へのアクセスを向上させること，富の分配，そして差別を減らすことによって，社会は貧富の極端な格差をなくすことができると私は考える。

教育は，個人の成功を決定づける主要な要素の1つである。世界各国の政府は，言語，数学，理科などの最も重要な科目で子供たちがよい教育を確実に受けられるよう，資金をともに出し合う必要がある。すべての子供が質の高い教育を受けられれば，世界ははるかに平等になる。

もう1つ不可欠な改革は，課税によって富を再配分することだ。多くの国では不公平な税規則のため，納税しなくても済む裕福な個人と企業が多く，それが中流階級と下層階級に非常に大きな負担をかけている。各国が公平な税制を作ることができれば，最終的に大多数の人が中流階級の一部となる。

最後に，政府が差別をなくす助けをできれば，社会はおそらくもっと平等になる。今日，多くの人は，性別，人種，外見などの要因により，よい機会を見つけ

anonymous 形 作者不詳の　indispensable 形 必要不可欠な　transparent 形 透明な　diverse 形 多様な

NOTES

ることを妨げられている。政府は，より公平な入学選考を大学に守らせ，より公平な雇用と評価の実践を企業に守らせる必要がある。やがて，次第に多くの人が，すべての人は人生で同等の機会を持つに値すると徐々に認識することになる。

経済的格差は今日の社会が直面する最も重大な問題の1つだが，教育へのアクセスの向上，富の再配分，そして差別の撤廃によって大きく減らすことができる。

解説 第1段落では，トピックのeconomic inequalityをthe extreme gap between the rich and the poorと大胆に言い換えている点が注目される。また，through「～によって」という前置詞を用いて，自分の立場と3つの理由を1つの文ですっきりまとめている。

本論では，3つの段落いずれも，冒頭のトピック・センテンスでEducation, redistributing wealth，eliminate discriminationと序論で述べた理由を挙げて，論点を明確にしている。そして，それぞれがどのように経済的平等につながっていくかが明快に論じられている。不公平な税制や差別の現状についての指摘も，短いながら適切である。

序論では用いなかったEconomic inequalityという表現を，結論の段落で用いていることにも注目したい。最初に大きな言い換えで表現の幅を示しておいて，最後にトピックの表現に戻る，という工夫の跡が見える。

解答例 **Negative**

Economic inequality is a problem that has troubled society for nearly as long as humans have existed, and I am not at all optimistic that it can be solved. This is because of individual differences, the need for competition, and the power of society's elites.

One obvious reason for inequality is that some people will always be smarter or more motivated than others. In particular, such individuals tend to have a phenomenal aptitude for business alongside an incredible work ethic, allowing them to rise above others. This means economic inequality is inevitable.

□ phenomenal 驚異的な，並外れた

Another important reason is that our society depends on competition. Without the motivation of gaining wealth and the threat of being poor, people would work much less hard. Although economic equality sounds good in theory, the failure of communism in the twentieth century shows that it is not realistic.

Finally, even if efforts were made to increase equality, the elites of society would never permit it to happen. Much of politics and the economy is controlled by wealthy elites and powerful corporations. They have so much influence in every aspect of society that it seems impossible to make real changes.

Although economic equality in society is a wonderful dream, it is just that. Individual differences, capitalist competition, and the power of politicians and corporations mean that it will never become a reality. (224語)

 overly 副 過度に　internationally 副 国際的に　mistakenly 副 誤って　resent 動 ～に憤る

NOTES

反対
トピック　賛成か反対か：社会における経済的不平等の問題は解決可能である

経済的不平等は，人間が存在するようになってからほとんどずっと社会を悩ませてきた問題であり，私は，解決できるとはまったく楽観視していない。それは，個人差，競争の必要性，そして社会のエリートの権力によるものである。

不平等の1つの明白な理由は，ほかの人より頭がよかったり，モチベーションの高い人が必ずいることだ。特に，そうした人たちは信じ難いほどの労働倫理に加え，ビジネスにおいて並外れた才能を持つ傾向があり，そのおかげで他者から抜きん出ることができる。これは，経済的不平等が不可避だということを意味している。

別の重要な理由は，私たちの社会が競争に依存していることだ。富を手にするというモチベーションと貧乏になるという恐れがなければ，人は今よりずっと努力しなくなるだろう。経済的平等は理屈の上ではよいことに思えても，20世紀の共産主義の失敗が，それが現実的ではないことを証明している。

最後に，平等を増やす取り組みが行われたとしても，社会のエリートがそうなることを決して許さないだろう。政治と経済の多くは，富裕なエリートと強大な企業が握っている。彼らは社会のあらゆる面に非常に大きな影響力を持っているので，本当の変化を起こすのは不可能に思える。

社会の経済的平等は素晴らしい夢だが，しょせん夢である。個人差，資本主義的競争，そして政治家と企業の力から考えて，決して実現することはない。

解説 第1段落は，「経済的不平等は，人間が存在するようになってからほとんどずっと社会を悩ませてきた問題」という一般的に受け入れ可能と思われる現状認識で始め，トピックに反対する立場を強化している。

1つ目の理由「個人差」については，人は知能やモチベーションに大きな差があるのだから，それがビジネスや労働に向けられれば，経済的不平等が生じるのは避けられないとしている。2つ目の理由「競争の必要性」も同様で，富を求め貧乏を恐れる気持ちが努力につながるとして，競争原理を肯定している。3つ目の理由「社会のエリートの権力」については，エリートと企業という強大な勢力が動かしている社会で変化を起こすのは不可能だと結論づけている。

最後の段落では，経済的平等は「夢」だと言い切っている。このエッセイのように，現状を追認するのであれば徹底的に追認することが重要である。「経済的平等という夢を実現するために努力することが必要だ」などと中途半端に態度がぶれるのは好ましくない。最初に決めた立場を最後まで貫き通すのが，よいエッセイである。

devastate 動 ～を破壊する　provoke 動 ～を挑発する　hedge 動 ～を生け垣で囲む　enlighten 動 ～に教える

英作文問題を攻略！④

今日の目標

今日は英作文問題で高得点を目指すために重要な，自分の立場・主張を説得力のある形で読み手（採点者）に伝える方法，語彙や文体に関する注意点を確認しよう。

ポイント1 論拠・具体例は一般性・客観性の高いものにしよう

本論の各段落では，トピックを肯定／否定する理由を1つずつ挙げて論じることになるが，その際に，できるだけ一般性・客観性の高い論拠や具体例を挙げることが説得力の決め手となる。次の例は，5日目の例題のトピック Agree or disagree: Governments should make more effort to stop climate change「賛成か反対か：諸政府は気候変動を止めるためにもっと努力すべきである」に対して，肯定的な立場で書かれた解答例の本論1つ目と2つ目の段落である。

解答例

Firstly, according to some scientists, the average global temperature could rise by as much as 4°C by the end of the century if swift action is not taken.（中略）

Secondly, rising temperatures are clearly intensifying natural disasters. Severe typhoons and hurricanes are causing massive amounts of damage to property and infrastructure. While measures to reduce global warming may seem expensive, in the long run, they will be cheaper for governments than dealing with worsening natural disasters.

解答のテクニック

- 最初の段落では，トピックに肯定的な立場を取る理由の1つとして序論(p.40参照)で挙げたTerrifying temperature predictions「恐ろしい気温予測」について，ここでは「世界の平均気温が今世紀末までに摂氏4度も上昇するかもしれない」と科学的な裏づけのある具体的な数値を挙げることで説得力を増している。客観性の高い論拠の典型と言える。
- 2つ目の段落では，トピック・センテンスで「自然災害」という理由に言及した後，第2文でその例として「猛烈な台風とハリケーン」，さらに，それらが大きな被害を及ぼす例として「土地建物とインフラ」への影響を挙げている。これらはどれも日常的になじみのあるものであり，極めて一般性の高い例と言えよう。
- 限られた時間の中で参照する資料もなく，手持ちの知識の中から論拠・具体例を探して書かなければならないので，常に正確な客観的事実などを引用できるとは限らないが，できるだけ一般性・客観性の高い論拠・具体例を示すことを心がけることは必要で，特に個人的な経験などを書くことは避けなければならない。

emulate 動 ～を見習う　denounce 動 ～を公然と非難する　disperse 動 分散する　alienate 動 ～を遠ざける

ポイント2 反対の立場に対しても理解を示そう

ディベートなどでもそうだが，相手を説得し最終的にこちらの主張を受け入れさせるためには，一方的に自分の主張ばかりを述べ立てるのはかえって逆効果であり，反対の立場にも一定の理解を示しつつ，その上でこちらの立場に正当性があることを十分な論拠を示しながら主張することが有効な方略である。その際には，but, however, nevertheless, although などの逆接を表す接続詞や副詞，Of course ..., Many people say that ..., It is often said that ..., Opponents claim that ... などの譲歩を示す表現などを効果的に使うことができる。

次に示すのは，21日目，22日目で使用した例題のトピック Should governments emphasize international cooperation rather than national interest in foreign policy?「諸政府は外交政策において国益よりむしろ国際協力を重視すべきか」に対し「戦争」を理由に肯定的な立場で論じた段落である。

解答例

First, war has become potentially even more dangerous due to the race to build weapons of mass destruction. While nations may think they are making themselves safer by trying to become stronger than others, this only heightens aggression and the risk of conflict. Countries therefore need to reduce their defense expenditures through international cooperation to prevent this outcome.

解答のテクニック

- トピック・センテンスに続き，譲歩を示す接続詞Whileと助動詞mayを用いて，「他国より強くなろうとすることで自国がより安全になっていると諸国は思うかもしれないが」と，トピックに対して否定的な立場からの考えを導入している。そしてそれと対比する形で，これは攻撃的態度と紛争のリスクを高めるだけだ，と反論している。最後の文ではそれを論拠として，therefore「したがって」各国が国際協力によって防衛費を減らす必要がある，という結論を導き出している。

次は，同じトピックに対して否定的な立場を取った解答例の結論部分である。

解答例

As important as international cooperation appears to be during times of crisis, the reality is, a country will only become stronger if it puts its own interests and those of its citizens ahead of international cooperation.

解答のテクニック

- まず，As ... as という譲歩を示す表現で「国際協力は危機の時代には重要に思えるけれども」と，トピックを肯定する立場に対しある程度の理解を示している。しかしすぐにthe reality is ...「現実は…である」と述べて，そうした理念は現実とは違うと退けている。そして，国が強くなるのは国際協力より国益と国民の利益を優先する場合だけだ，とトピックに対して否定的な立場を再確認している。

ポイント3 適切なレベルの語彙や表現を使えるようになろう

自信の持てない難解な語彙や表現を無理に使う必要はないが，１級の英作文問題で書くことを期待されている短いながらもフォーマルなスタイルのエッセイには，おのずとそれにふさわしいレベルの語彙や表現がある。文章の大部分を日常会話レベルの語彙だけで書いたのではフォーマルなスタイルの文章

squander 動 ～を浪費する　discard 動 ～を捨てる　hamper 動 ～を妨げる　waive 動（権利など）を放棄する

にはならず，稚拙な印象を与えてしまうので，ややアカデミックな語彙や表現を適宜使用したい。例として，前と同じ解答例の第１段落と第２段落を見てみよう。

解答例

It is natural for countries to prioritize their own interests over international cooperation. There are many factors, including competition, patriotism, and domestic issues.

First, competition is an important part of human survival. Countries learn how to adapt and survive by competing with other nations, not by compromising their integrity through weak foreign policies. Only in this way can civilizations find the strength to advance into the future.

解答のテクニック

- 下線を引いた語が，日常レベルを超えるややアカデミックな語彙である。これらの多くはもっと易しい語彙や表現で置き換えることも可能ではある。例えば，**patriotism「愛国心」**はlove of one's countryなどの平易な表現で言い換えることも可能だが，フォーマルなスタイルにふさわしい表現とは言い難い。表現面では，最後の文の波線の部分で用いている**倒置法**がフォーマルな印象を与える。
- どうしてもアカデミックな語彙や表現が思い浮かばない場合には，平易な表現を用いることもやむを得ないが，**要所では文脈にふさわしい，やや難易度の高い語彙や表現を用いると引き締まった文章になる**。そのためには，長文問題で出題されるような論説文を読み，その中で使われているアカデミックな語彙や表現をチェックし，綴りも正確に書けるよう練習しておくのがよいだろう。

ポイント4　同一表現の繰り返しはできるだけ避けよう

自分の主張を強調して述べるためには，当然，トピックに関連する語句を何度も繰り返し使用する必要がある。しかし，**同一の，あるいは似たような語句ばかりを繰り返したのでは，単調な印象を与えるばかりでなく，語彙力や表現力の乏しさを露呈する**ことにもなりかねない。

そこでぜひ活用したいのが**言い換え表現（パラフレーズ）**である。特に英語では，日本語以上に言い換え表現が好まれる傾向がある。次の例は，前と同じ解答例の第３段落と第４段落である。

解答例

Second, patriotism is what holds a country's citizens together. People need to have an identity that is unique and in contrast to the identity of people from other nations. Too much patriotism can be dangerous, but having a strong, self-interested foreign policy is important as it will make citizens feel proud and loyal to the country.

Third, the handling of domestic problems such as healthcare or unemployment must always be achieved before dealing with international issues. A country cannot have a strong reputation overseas if it cannot handle its own domestic issues effectively. Without the respect of other nations, it would be impractical for the country to think that it can have any real influence on the rest of the world.

解答のテクニック

- 第３段落では**patriotism**「愛国心」という語を２回使っているが，段落の最後では**feel proud and loyal to the country**「国に誇りと忠誠心を感じる」というpatriotismの**定義に相当する表現**で言い換えている。さらに第４段落でも，**domestic problems→domestic issues**や**a ... reputation overseas→the respect of other nations**というように，**同一の内容を表すのにできるだけ異な**

patent 名 特許（権）　fraud 名 詐欺　massacre 名 大虐殺　credibility 名 信頼

る表現を使い，単調な文章になることを避けている。

ポイント5 単文の羅列は避けよう

わかりやすいエッセイを書く必要があることは言うまでもないが，わかりやすさを追求するあまり単文の羅列になると，稚拙な文章になってしまう。

模範的な例として，次の解答例を見てみよう。前の解答例と同じトピックShould governments emphasize international cooperation rather than national interest in foreign policy?「諸政府は外交政策において国益よりむしろ国際協力を重視すべきか」に対して「戦争」,「貧困」,「環境」を理由に肯定的な立場で述べたエッセイの結論部分である。

解答例

The world is becoming smaller today, which means we have to view humanity as one family, putting aside our selfish interests and cooperating for peace, the elimination of poverty, and environmental conservation.

解答のテクニック

- この文では，**関係代名詞（which）と分詞構文（putting ... と cooperating ...）**を用いて，かなり複雑な内容を1つの複文にまとめている。これを，The world is becoming smaller today. We have to view humanity as one family. We should put aside our selfish interests and cooperate for peace, the elimination of poverty, and environmental conservation. などと単文に分けて書いてしまうと，稚拙な印象を与えるばかりでなく，かえって論理的つながりがわかりにくくなってしまう。
- 複数の単文をまとめて複文を作る際には，because，althoughなどの**接続詞**もよく使われる。接続詞は**論理関係**を明示的に示すのにも便利なので，積極的に使うようにしたい。

次のページからは練習問題。ここで学んだことを使って問題を解いてみよう！

demise 名 死去　clout 名 権力　resurgence 名 回復　cortex 名（大脳）皮質

練習問題

目標時間 25分

- Write an essay on the given TOPIC.
- Give THREE reasons to support your answer.
- Structure: introduction, main body, and conclusion
- Suggested length: 200-240 words

TOPIC

Agree or disagree: Human colonization of Mars is a realistic goal

cognition 名 認識　accountability 名 説明責任　acquisition 名 習得　acre 名 エーカー

NOTES

解答例 Positive

I would be amazed if humans are not living on Mars by the end of this century. My reasons include reductions in the costs of space travel, technological progress, and human motivation for space exploration.

Skeptics often point to the tremendous expenses involved in colonizing Mars, but the rise of private companies has been a game-changer for space exploration. Innovations like reusable rockets have reduced costs so much that humans are likely to be on Mars within two decades. The efficiencies of private businesses will also ensure that starting a colony is feasible.

Another factor is advancements in technology. Larger, more powerful rockets are being constructed that will make the journey to Mars easier. Furthermore, great progress is being made in finding ways to shield astronauts from radiation during the trip and on the surface of Mars.

Finally, awareness of threats to mankind's future is providing an increased motivation for colonization. Climate change is now referred to as a "climate crisis," and awareness of how a pandemic or asteroid strike could wipe out our species has shown that humans must become a two-planet species. This shift in thinking has motivated some of the brightest minds on the planet to make colonization of Mars a reality.

The future of humanity is in space, and thanks to cost reductions, technological advances, and human motivation, it is only a matter of time before humans are living on Mars. (235語)

skeptics「懐疑派」のほかに，opponents「反対派」，critics「批判派」も覚えておくと便利。「賛成派」「推進派」は supporters, advocates, proponentsなど。

□ game-changer ゲームチェンジャー，状況を一変させる人［出来事など］

□ feasible 実行可能な

□ pandemic （病気が）世界に広がる

賛成
トピック　賛成か反対か：人間の火星の植民地化は現実的な目標である

今世紀末までに人間が火星に住んでいなければ驚きだろう。私が考える理由の中には，宇宙旅行の費用の減少，科学技術の進歩，そして宇宙探査への人間のモチベーションがある。

懐疑的な人たちは，火星の植民地化にかかわる膨大な費用をしばしば指摘するが，民間企業の台頭が宇宙探査のゲームチェンジャーになっている。再利用可能ロケットのような技術革新がコストを大きく下げており，人間は20年以内に火星にいる可能性が高い。民間企業の効率性も，植民地の立ち上げが実行可能であることを確実にするだろう。

別の要素は，科学技術の進歩である。火星への旅をより簡単にする，より大型でより高性能のロケットが建造されている。さらに，旅の間と火星の地表で宇宙飛行士を放射線から保護する方法を見つける上で，大きな進歩が見られている。

最後に，人類の未来への脅威についての意識が，植民地化へのモチベーションを高めている。気候変動は今では「気候危機」と呼ばれ，パンデミックや小惑星

aggression 名 侵略　assertion 名 主張　authenticity 名 本物であること　booth 名 ブース

NOTES

の衝突が私たちの種を消滅させるかもしれないという意識が，人間は2つの惑星に住む種にならなければならないことを示している。考え方のこの転換は，火星の植民地化を現実のものとするよう，地球上の最も優れた頭脳の一部にモチベーションを与えている。

人類の未来は宇宙にあり，コストの減少と科学技術の進歩，そして人間のモチベーションのおかげで，人間が火星に住むのはもはや時間の問題にすぎない。

解説 第1段落の冒頭でI would be amazed if ...「…だったら驚きだろう」という反語的表現を用いて，今世紀中に人間は火星に住むという見通しを強調している。

1つ目の理由「宇宙旅行の費用の減少」については，すでにアメリカで民間企業が有人宇宙飛行を成功させていることを前提に，かなり具体的に踏み込んだ記述になっている。2つ目の理由「科学技術の進歩」でも，より大型でより高性能のロケット，宇宙飛行士を放射線から保護する方法と具体的な例を示している。また，progressだけでなくadvancementsという同じ意味の語を用いていることにも注目したい。最後の理由「宇宙探査への人間のモチベーション」は，気候変動，パンデミック，小惑星の衝突による人類絶滅への危機感が火星植民地化へのモチベーションになっていると論じており，説得力がある。

結論の段落では3つの理由をそれぞれ2語ずつで短くまとめ，火星に住むのは時間の問題でしかないという意見を繰り返している。

解答例 Negative

Although many people are optimistic about humans colonizing Mars, the idea seems highly impractical to me. To support my arguments, I'd like to mention risks, technology, and public opinion.

Firstly, sending humans to a place millions of kilometers away is too dangerous. The colonists would be all alone in space for months, far from help and exposed to deadly radiation. Even if they managed to survive the trip, there is still the fact that Mars' environment is incredibly harsh. Low gravity, radiation, lack of food and water, and freezing temperatures would make life extremely inhospitable.

> 火星への旅は想像でしか語れないので，仮定法の助動詞 would を用いて「～だろう」と表現している。willを用いると断定的になる。

☐ inhospitable 快適でない

Secondly, living permanently on a planet with no suitable atmosphere for humans is not practical due to technological limitations. Various kinds of research projects have focused on creating an atmosphere with breathable air, but there do not appear to be any suitable technologies that could accomplish the goal. Warming up an entire planet and then filling it with oxygen is too big an undertaking to be considered realistic.

> a big undertakingにtooを加えると，too big an undertaking と〈too＋形容詞＋冠詞＋名詞〉の語順になることに注意。

Finally, the idea of migration to Mars is not publicly recognized as one of humanity's goals. Since space exploration requires decades of development and huge budgets, without strong and continued public support, it is unlikely that politicians would be willing to commit to such an undertaking.

Although there has been a lot of talk about colonizing other

broadcaster 名 放送局　bud 名 芽状突起　canopy 名 （森林を覆う）林冠　carriage 名 （4輪の）馬車

planets recently, due to the risks, lack of technology, and public opinion, it seems unlikely to become a reality. (239語)

反対
トピック　賛成か反対か：人間の火星の植民地化は現実的な目標である

多くの人は人間が火星を植民地化することについて楽観的だが，この考えは私には非常に非現実的に思える。私の主張の裏づけとして，リスク，科学技術，世論について述べたい。

第1に，数百万キロメートルも離れた場所に人間を送るのは危険すぎる。植民者は何か月も宇宙空間で彼らだけになり，助けは決して得られず，命にかかわる放射線にさらされることになるだろう。その旅を何とか生き延びたとしても，やはり火星の環境が途方もなく厳しいという事実がある。低重力，放射線，食料と水の不足，そして凍えるような気温によって，生活は極めて暮らしにくいものになるだろう。

第2に，人間に適した大気を持たない惑星に永続的に住むことは，科学技術の限界により実際的ではない。さまざまな種類の研究プロジェクトが呼吸可能な空気のある大気を作り出すことに注力しているが，この目標を達成できるかもしれない適した科学技術があるようにはまったく見えない。惑星全体を暖め，次に酸素で満たすというのは，現実的と見なすにはあまりに壮大な企てである。

最後に，火星への移民という考えは，人類の目標の1つとして公に認められていない。宇宙探査は数十年の開発と巨額の予算を要するのだから，強く継続的な大衆の支持がなければ，政治家がそうした企てに取り組んでもよいと思うだろう可能性は低い。

ほかの惑星を植民地化するという話が最近は多く聞かれるが，リスク，科学技術の欠如，そして世論により，現実になる可能性は低いと思える。

解説 第1段落冒頭の「多くの人は人間が火星を植民地化することについて楽観的だが」は，自分とは反対の立場に一定の理解を示す典型的な書き出しである。続いて，それは非現実的に思えると自分の立場を明確にし，3つの理由を簡潔に挙げている。

本論の3つの段落はFirstly, Secondly, Finally, で始めており，非常に明快な構成になっている。1つ目の理由「リスク」については，火星への飛行と火星での生活という2つの観点から，いかに危険かを具体的に指摘している。2つ目の理由「科学技術」については，火星には人間が呼吸できる大気がないという問題に絞り，科学技術ではこの問題を解決できないとしている。3つ目の理由「世論」では視点を変え，大衆の支持がなければ，時間も費用もかかる火星への移民に政治家が取り組むこともない，と否定的な見解を示している。

結論の段落でも，「ほかの惑星を植民地化するという話が最近は多く聞かれるが」と賛成派の立場に触れた上で，3つの理由と反対の立場を繰り返し述べている。

NOTES

clash 名 衝突　complexity 名 複雑さ　consciousness 名 社会意識　deception 名 欺瞞（ぎまん）

会話の内容一致選択問題を攻略！②

今日の目標

Part 1の会話問題では，登場人物の人間関係，会話が行われている場面や状況，話されるトピックなどを予測できるかどうかが成否のカギとなる。今日は予測のテクニックを重点的に確認しよう。

ポイント1 選択肢から予測しよう

Part 1では問題用紙に4つの選択肢が印刷されているので，あらかじめこれらに目を通し，その中の人名・代名詞から登場人物を，そのほかのキーワードから場面や状況，トピックなどをある程度予測することが可能である。次の選択肢の例を見てみよう。

例題

（問題用紙に印刷されている選択肢）

1 George may not get along with Professor Evans.
2 Social relationships are difficult to write about.
3 It is embarrassing to share personal stories.
4 The setting of George's story is unclear.

解答のテクニック

- まず，**George**と**Professor Evans**から，ジョージという男性とエバンズという教授が会話の当事者として，もしくは会話の中で話題に上る人物として登場することが予測される。
- さらに，**write, stories, setting, George's story**といったキーワードから，トピックはおそらくジョージが書いた話に関係すると予測できる。

ポイント2 会話を聞きながらも予測しよう

選択肢から登場人物，場面や状況，トピックをある程度予測できたら，会話を聞きながらその予測が正しかったのかどうかを検証し，必要なら修正しつつさらに次の展開を予測しながら聞くことが大切である。上記の例題の実際に放送される英文を見てみよう。

例題

17

（放送される英文と質問。男性のせりふは★，女性のせりふは☆）

☆：George, I've gone over your draft for your creative writing paper.
★：Thanks, Professor Hendy. Was it OK?
☆：Absolutely. Probing how students often find it difficult to maintain their social relationships on campus is an intriguing perspective.
★：Well, you know what they say: "Write what you know." But, did I make it too personal?

defendant 名 被告　diplomat 名 外交官　fluctuation 名 変動　governor 名 知事

☆：As long as you're not embarrassed yourself, it's fine. My only issue is that the backdrop for your narrative seems a little too ambiguous. Hmm, why don't you ask Professor Evans to take a look at this?

★：OK, I'll do that. The last time I approached him with my work, he gave me a really harsh critique, but in the end, my writing improved.

Question: What is the woman concerned about?

解答：4

解答のテクニック

- 会話の最初のやりとりから，登場人物の人間関係，場面や状況，トピックなどがほぼはっきりすることが多い。ここでは，会話している男女は，**男性はジョージという学生で女性はヘンディ教授，トピックはジョージが書いたクリエイティブライティングのレポート**であることがわかる。クリエイティブライティングは「文芸創作」のこと。
- 女性の最初の発言から，女性がジョージのレポートの下書きを読んだこと，男性の最初の発言から，教授の評価を尋ねていることがわかる。**教授がレポートをどう評価するかを予測しながら聞く**。
- 問題はないかと質問する男性に対し，女性は2つ目の発言で，問題はまったくないし，キャンパスでの学生の人間関係の難しさの考察は興味深いと肯定的に評価している。しかし，内容が個人的すぎるかという男性の質問に対し，自分が恥ずかしくないのなら問題ないと3つ目の発言で答えた後，唯一の問題は物語の背景が少し曖昧すぎるように思えることだと述べ，エバンズ教授に見てもらうことを勧めている。「女性は何を懸念しているか」が質問なので，この部分が正解になると考えられる。会話のbackdropをsettingと，narrativeをstoryと，ambiguousをunclearとそれぞれ言い換え，**「ジョージの話の設定は不明瞭だ」**とした**4**が正解となる。

ポイント3 質問のパターンも予測しておこう

Part 1で問われる**質問にはいくつかのパターンがある**ので，どのようなことを聞かれるか，あらかじめ予測しておけばさらに答えやすくなる。最近出題された典型的な質問をパターンごとに分類して挙げておく。

会話の内容を問う質問

What do we learn from this conversation? / What do we learn about ...? /
What is the man's main concern?

人物の考えや真意を問う質問

What does the man imply? / What is the woman's opinion of ...? /
What does the woman think about ...?

人物の行動や感情の理由を問う質問

Why is the woman worried?

人物の行動を予測させる質問

What do these people decide to do? / What will the woman probably do?

次のページからは練習問題。ここで学んだことを使って問題を解いてみよう！

guerrilla 名 ゲリラ　honesty 名 誠実　inheritance 名 遺伝　injustice 名 不正

練習問題

🔊 18～21 目標時間 4分

Listen to each dialogue and choose the best answer from among the four choices.
The dialogue and the question will be given only once.

□□ **No. 1**
1 Building furniture is troublesome without an English guide.
2 He wants to improve the layout of their furniture.
3 They need to buy more furniture pieces for their home.
4 The setting of the new furniture is finally complete.

□□ **No. 2**
1 She does not know how to use the program.
2 The program does not work properly.
3 Fred wants to use her instruction manual.
4 Fred keeps interrupting her work.

□□ **No. 3**
1 To stand up for herself more at work.
2 To work more quickly and efficiently.
3 To ask her boss for a pay increase.
4 To be more honest with her coworkers.

□□ **No. 4**
1 Redecorate their own house and then sell it.
2 Find out if the owner will reduce the price of the property.
3 Talk to the owner about the property directly.
4 Look for a house in a more convenient location.

lag 名（時間などの）ずれ　linguistics 名 言語学　margin 名（勝敗を決する）差　optimism 名 楽観主義

NOTES

No. 1 解答 2

☆：Surprise, Ron! I've set up our new furniture while you were at work.
★：That's great! But, did you have any trouble with anything?
☆：Well, I built the table by following the manual in French, because English instructions weren't included.
★：Ooh, I think the table turned out just fine! But, as for the bookshelf, should we reposition it? Before we strain ourselves trying to move it, how about using that smartphone application that virtually shows good places to put furniture?
☆：Sure, let's!
★：Great. Then I can do all the pushing.
Question: What does the man imply about the new furniture?

☆：びっくりしないでね，ロン！　あなたが仕事に行っている間に新しい家具を設置したよ。
★：それはすごい！　だけど，何か困ったことはなかった？
☆：うーん，テーブルに英語の説明書が入っていなかったから，フランス語のマニュアルを見ながら組み立てたけど。
★：おー，テーブルはすごくいい感じになったと思うよ！　ところで本棚なんだけど，場所を変えた方がよくない？　動かそうと無理をする前に，家具を置くのにいい場所をバーチャルで教えてくれる例のスマホアプリを使ったらどうだろう。
☆：そうね，そうしましょう！
★：いいね。その後，押すのは全部僕がやるよ。
質問：男性は新しい家具について暗に何と言っているか。
1 家具の組み立ては英語のガイドがないと手間がかかる。
2 彼は家具の配置をもっとよくしたい。
3 彼らは家に置く家具をもっと買う必要がある。
4 新しい家具の設置がようやく完了した。

解説 新しい家具を1人で設置した女性と，それに驚く男性の会話。男性は，テーブルはすごくいいと言っているが，本棚についてはshould we reposition it? と，置き場所の変更を提案している。それをimprove the layoutと表した**2**が正解。

□ reposition　～の場所を変える

No. 2 解答 4

★：June, I just can't work out how to use this new program.
☆：What is it this time, Fred?
★：How do you get it to add up the figures for each month and then to show the total?
☆：Have you read the instruction manual?
★：No, it's too complicated for me. It's easier if you just show me.
☆：It may be easier for you, but it takes up my time. I can't just drop everything each time you need help.
★：I know I'm a nuisance, but I do really appreciate it.
Question: What is the woman's problem?

★：ジューン，この新しいプログラムの使い方がどうしてもわからないんだ。
☆：今度は何，フレッド？
★：毎月の数字を足していって合計を表示させるにはどうしたらいいんだい？
☆：説明書は読んだ？
★：いや，僕には複雑すぎるんだ。君が教えてくれた方が簡単なんだよ。
☆：あなたにとっては簡単かもしれないけど，私の時間を使うでしょう。あなた

□ work out　～を理解する

take upは「(時間) を取る」という意味。時間だけでなく「(場所) を占める」の意味でも使える。

□ drop　(行動など) をやめる

□ nuisance　迷惑な人

24日目 リスニング1

NOTES

が助けを必要とするたびにすべて中断することはできないわ。
★：迷惑なのはわかっているけど，助けてもらえると本当にありがたいんだよ。
質問：女性の問題は何か。
1 彼女はそのプログラムの使い方がわからない。
2 プログラムがうまく動かない。
3 フレッドが彼女の説明書を使いたがっている。
4 フレッドが彼女の仕事を邪魔し続けている。

解説 女性の最後の発言に，問題が集約されて示されていることに注目。

No. 3 解答 **1**

★：That was a real telling-off the boss gave you.
☆：Well, I deserved it. I didn't get the report finished in time.
★：Yes, but it wasn't your responsibility—it was his.
☆：I suppose so. But I shouldn't have agreed to do it.
★：You should have defended yourself more. You can't let him walk all over you like that.
☆：I know, but I never know what to say when he talks to me like that.
★：For a start, how about taking a deep breath before you say anything?
Question: What advice is the man giving the woman?

□ telling-off しかること

walk (all) overで「～をこき使う」という表現。

★：上司にこっぴどくしかられていたね。
☆：まあ，しかられて当然だったのよ。報告書を間に合わせられなかったの。
★：そうだけど，君の責任ではないよ。彼の責任だ。
☆：私もそう思うわ。でも引き受けるべきではなかったのよ。
★：君はもっと自分を弁護するべきだったよ。あんなふうにこき使われっぱなしになっていてはいけないよ。
☆：そうね，でも上司があんなふうに私に話すときに何と言えばいいのかわからないのよ。
★：まず初めに，何か言う前に深呼吸してみたらどうかな？
質問：男性は女性にどのようなアドバイスをしているか。
1 職場で自分をもっと守ること。
2 もっと素早く能率的に仕事をすること。
3 上司に昇給を願い出ること。
4 彼女の同僚に対してもっと正直であること。

解説 男性は女性ではなく上司が悪いと考えている。男性が彼の3つ目の発言で言ったYou should have defended yourself more. を言い換えた**1**が正解。

No. 4 解答 **2**

★1：Well, Mr. and Mrs. Smith, what did you think of the property?
★2：My wife liked it.
☆　：Yes. The garden is lovely and so big.
★1：What about you, Mr. Smith?
★2：Well, to be honest, I wasn't so enthusiastic. It seems to me rather expensive for the condition it's in, and the location is quite inconvenient.
★1：Well, I expect the owner might lower the price a little, but to be frank, the house is a bargain at the price.
☆　：I liked the house, but I felt that the decor is not in very good condition. It would need to be completely redecorated.

redecorate「～を改装する」は，壁紙を替えたりペンキを塗ったりして見た目を新しくすること。補修や一部の改築をして作り替える「～をリフォームする」には refurbish, remodel, renovateを使う。日本語では「リフォーム」と「リノベーション」を分けて考えることもあるが，英語にその区別はない。

relocation 名 移転　plausible 形 もっともらしい　irrelevant 形 不適切な　ongoing 形 継続中の

★2：Yes. As my wife is very keen, I'm prepared to go along with her, but only if the owner knocks some more off the price.

★1：Well, I'll talk to him. Perhaps in the meantime you would like to look at some other properties.

★2：No, thanks. We'll just wait and see.

Question: What do Mr. and Mrs. Smith decide to do?

★1：さてスミスさん，物件をどう思われましたか。
★2：妻は気に入りました。
☆　：ええ。庭がすてきでとても広いわ。
★1：ご主人はいかがでしたか。
★2：まあ，正直に言いますと，私はそれほど気が進みませんでした。私には，現在の状態にしてはやや高く，場所もかなり不便に思えます。
★1：そうですね，オーナーは少しなら値下げしてくれると思いますが，率直に言いまして，この家はこの価格なら掘り出し物ですよ。
☆　：家は気に入りましたが，内装はあまり状態がよくないと感じました。完全に改装する必要があるでしょうね。
★2：そうなんです。妻がとても乗り気なので，私は妻に従うつもりです。オーナーがもう少し価格を下げてくれればですが。
★1：ではオーナーと話してみます。その間に，ほかの物件を少しご覧になってはいかがですか。
★2：いいえ，結構です。お返事を待っています。

質問： スミス夫妻はどうすることに決めているか。

1 自宅を改装してから売る。
2 オーナーがその物件の価格を下げてくれるか確かめる。
3 物件についてオーナーと直接話す。
4 もっと便利な場所にある家を探す。

解説 妻は最初からその家を気に入っている。後半の，不動産屋の男性と夫のやりとりから**2**が正解。

NOTES

□ knock *A* off *B*
Bから Aを値引きする

24日目 リスニング1

potent 形 強力な　intact 形 損なわれていない　identical 形 一卵性の　paramount 形 最高（位）の

文の内容一致選択問題を攻略！②

今日の目標

Part 2は説明文の聞き取り問題だが，Part 1と同様に，さまざまな手がかりから内容を予測しながら聞くテクニックが有効である。今日はそうした予測のテクニックを確認しておこう。

ポイント1 選択肢中のキーワードから内容・質問を予測する

7日目で見たように，Part 2では1題の説明文につき質問が2つあり，1つ目の質問が前半の内容，2つ目の質問が後半の内容に関するものとなっている。したがって，問題用紙に印刷されているそれぞれの質問に対する選択肢中のキーワードやキーフレーズから，前半と後半の内容や，問われる質問をある程度予測することが可能である。次の例題を見てみよう。

例題

（問題用紙に印刷されている選択肢）

No. 1

1 It remains unsupported by scientific research.
2 It has spread from Scotland to other parts of the UK.
3 It is only effective in beautiful surroundings.
4 It is almost as popular as prescribing medicine.

No. 2

1 Such activities are only available on some islands.
2 Doctors are not available in all national parks.
3 Some physically disabled people are unable to follow them.
4 Only rich patients can afford such activities.

解答のテクニック

- No. 1の選択肢に **prescribing medicine**，No. 2の選択肢に **Doctors** と **physically disabled people, patients** があることから，全体として医療に関連するトピックだと予測できる。また，No. 1の **beautiful surroundings** と No. 2の **activities, national parks** から，自然の中で行う何らかの活動について言及されるとも予測できる。
- No. 1の選択肢はすべてItで始まり，続く動詞が現在形または現在完了形なので，特定の物事（It）について，それが現在どうであるかが問われると予測できる。
- No. 2の選択肢の **only available, not available, unable to follow, can afford** から，何かがどの程度可能か，あるいは不可能かが問われると予測できる。

detrimental 形 有害な　gullible 形 だまされやすい　integral 形 不可欠の　outright 形 完全な

ポイント2 最初のタイトルを聞き逃さない

本文の前にタイトルが読まれるが，タイトルは本文の内容を予告する重要なヒントなので，絶対に聞き逃さないこと。筆記の長文問題には時にひねりを利かせたタイトルがついていることもあるが，Part 2のタイトルは極めてシンプルで，本文の内容を端的に表すものばかりである。つまり，タイトルを聞けば，これから何の話をするのかを誤解の余地なく理解できることになる。例えば，この例題のタイトルは**Unconventional Prescriptions「風変わりな処方箋」**なのだが，それが意味するのは，普通の処方箋とは違う一風変わった処方箋を話題にするということである。選択肢から予測したように，医療に関するトピックということになる。

ポイント3 冒頭でトピックをとらえる

Part 2は，**文章の前半でトピックの経緯・現状・課題などを述べ，後半では別の側面・新たな展開・批判・課題解決の取り組みなどを紹介する**のが典型的なパターンである。また，説明文なので，**トピックを具体的に説明し全体の方向性を決める主題となる内容が冒頭で述べられる**のが基本である。タイトルを聞き取り，そして冒頭の内容をしっかり理解することで，どのような話が続くのかをある程度イメージすることができる。

では，実際に例題で見てみよう。

例題

22

（放送される英文の前半）

Unconventional Prescriptions

In 2018, patients visiting doctors in Scotland began receiving prescriptions that differed from the usual “take two tablets, twice a day” variety. Instead, patients could be instructed to go birdwatching or walk on the beach. The program was first trialed in Shetland,（以下略）

解答のテクニック

- Part 2では余計な前置きはなく，**単刀直入にトピック・センテンスから始まる**のが普通である。例題のタイトルは「風変わりな処方箋」だから，処方箋がどういった点で風変わりなのかが冒頭で述べられると考えられる。スコットランドの患者が「1日2回2錠ずつ服用」といった通常の処方箋とは違う処方箋をもらうようになったという第1文，バードウォッチングに行ったりビーチを散歩したりするよう指示されることがあるという第2文は，処方箋がいかに風変わりかを過不足なく説明している。「バードウォッチングに行くように」と書かれている処方箋など，なかなか見ないはずだからである。
- そこまで理解できれば，**続く内容をある程度予測しながら聞くことができる**。なぜそのような処方箋を出すようになったのか，風変わりな処方箋を受け取った患者の反応はどのようなものか，この新しい処方箋は一般に問題なく受け入れられているのか，逆に混乱を招いているのではないかなど，話の展開をさまざまに予測することができる。そうした予測を頭の片隅に置いて聞くことが重要である。

次のページからは練習問題。ここで学んだことを使って問題を解いてみよう！

feasible 形 実行可能な　vicious 形 残酷な　lethal 形 致命的な　neural 形 神経の

練習問題

Listen to each passage and choose the best answer from among the four choices.
The passage and the questions will be given only once.

(A)

□□ **No. 1**
1 Mammoths no longer existed.
2 Elephants and mammoths were related.
3 Mammoths were larger than elephants.
4 Elephant and mammoth bones were similar.

□□ **No. 2**
1 How often extinctions happened.
2 How fossil layers were formed.
3 The way that natural catastrophes were caused.
4 The way that elephants evolved.

(B)

□□ **No. 3**
1 It was used to spread Chinese influence around the world.
2 It was internationally exchanged for knowledge about clothing production.
3 It was made into things for royal family members.
4 It was given as a prize to successful traders.

□□ **No. 4**
1 Trade routes were restricted to land.
2 Cultural exchanges began to flourish.
3 People believed more in popular science.
4 Cultural and religious conflicts ceased to exist.

(C)

□□ **No. 5**
1 Lines at theme parks tend to be the least annoying.
2 Many people can quickly judge if the line is moving.
3 Uncertainty frustrates people waiting in line.
4 Supermarket queues make people the angriest.

□□ **No. 6**
1 It outlines the top reasons that queues form.
2 It provides the ideal queue time to keep people happy.
3 It shows how to keep lines moving smoothly.
4 It provides principles to reduce queue frustration.

mundane 形 ありきたりの　climatic 形 気候の　facial 形 顔の　humanitarian 形 人道主義の

NOTES

□ naturalist 博物学者

□ dissect ～を解剖する

□ geologist 地質学者

(A)

Georges Cuvier

French naturalist Georges Cuvier's 1796 lecture on "the species of elephants, both living and fossil" brought about a revolution in biology. Previously, African and Indian elephants had been assumed to be a single species, and fossils of ancient elephant relatives, such as mammoths, were believed to come from existing elephant species as well. Cuvier, however, dissected both African and Indian elephants, and compared the bones and teeth with those of mammoth fossils. His analysis revealed that all three creatures belonged to different species. Even more significantly, his research established that mammoths were a species that had vanished from the earth. This was the first time the concept of extinction had been scientifically demonstrated.

Curvier proposed a theory called catastrophism. In his examination of fossils, he had noticed that in some rock layers, evidence of life would disappear, only to return in others. He believed this was evidence of rare mass extinction events caused by natural disasters. His ideas, however, were contradicted by uniformitarianism, a theory popularized by Scottish geologist Charles Lyell, which held that extinctions occurred frequently and gradually. Today, it is known that extinctions can occur either on a small scale in a local area, or in a global event such as the one that wiped out the dinosaurs.

Questions:

No. 1 What did Georges Cuvier's research show?

No. 2 In what way did Charles Lyell's position differ from Georges Cuvier's?

ジョルジュ・キュビエ

フランスの博物学者ジョルジュ・キュビエが「現存および化石のゾウ種」について行った1796年の講義は，生物学に革命をもたらした。それ以前は，アフリカゾウとインドゾウは単一の種だと推定されており，マンモスなどゾウの古代の親類の化石は現存のゾウ種に由来するとも考えられていた。しかし，キュビエはアフリカゾウとインドゾウの両方を解剖し，その骨と歯をマンモスの化石のものと比較した。彼の分析は，3つの生物はすべて異なる種に属することを明らかにした。さらにもっと重要なことに，彼の研究は，マンモスが地球から消滅した種であることを立証した。絶滅という概念が科学的に証明されたのはこれが初めてだった。

キュビエは天変地異説という理論を提唱した。彼は化石を調査した際，一部の岩石の層では生命の形跡がなくなり，そしてまたほかの層に再び現れることに気づいていた。これは自然災害が引き起こすまれな大量絶滅の事象の証拠だと彼は考えた。しかし彼の考えは，スコットランドの地質学者チャールズ・ライエルが一般に広めた理論である斉一(せいいつ)説によって否定された。斉一説は，絶滅は頻繁に，徐々に起きるものだと考えた。今日では，絶滅は局地的に小規模に起きることもあれば，恐竜を絶滅させたもののように地球規模の事象として起きることもあるとわかっている。

incompetent 形 無能な　insane 形 ばかげた　microscopic 形 顕微鏡でしか見えない　missionary 形 伝道の

NOTES

No. 1 解答 1

質問：ジョルジュ・キュビエの研究は何を明らかにしたか。

1 マンモスはもう存在しない。
2 ゾウとマンモスは同類である。
3 マンモスはゾウより大きい。
4 ゾウとマンモスの骨は似ている。

解説 第1段落によると，キュビエ以前は，アフリカゾウもインドゾウもマンモスも同じ種だと考えられていた。しかしキュビエはそれらが別々の種だと証明し，さらに第5文（Even）によると，mammoths were a species that had vanished from the earthであることも証明した。これをno longer existedと短くまとめた**1**が正解。

No. 2 解答 1

質問：チャールズ・ライエルの立場はジョルジュ・キュビエの立場とどんな点で違っていたか。

1 絶滅が起きた頻度。
2 化石層がどのように形成されたか。
3 自然災害はどのように引き起こされたか。
4 ゾウはどのように進化したか。

解説 第2段落がチャールズ・ライエルとジョルジュ・キュビエの理論を対比している。キュビエは，岩石の層に生命の痕跡があったりなかったりすることから，自然災害がrare mass extinction events「まれな大量絶滅の事象」を引き起こすと考えた。一方ライエルは，絶滅はfrequently and gradually「頻繁に，徐々に」起きると唱えた。つまり，**1**のように，絶滅の頻度についての考え方が違ったことになる。

(B)

The Silk Road

The Silk Road was originally a loosely connected collection of trade routes spanning Europe, Asia, and Africa. It got its name from the exotic Chinese silk that was highly prized by traders. This silk was originally reserved for the exclusive use of Chinese royalty, for clothing and other items. Its production was kept secret within China for some 3,000 years, and anyone who revealed how it was made to a foreigner could be sentenced to death. Despite this, silk was widely traded and eventually knowledge of its production spread around the world.

Although the trade routes became collectively known as the Silk Road, many other commodities were traded, including tea, spices, and porcelain. The trade routes were not restricted to land, as there were also many shipping routes, which became known as spice routes. The routes expanded, and much more than trade took place. As populations moved and mixed, so did their knowledge, ideas, cultures, and beliefs. These exchanges had a huge impact on Eurasian civilizations. Some routes developed into hubs of culture and learning, where science, arts, literature, crafts, technologies, languages, and religions could be shared and developed.

Questions:

No. 3 How was silk first used in China?

No. 4 What happened as the Silk Road expanded?

monetary 形 金銭の　physiological 形 生理学の　privileged 形 特権のある　aggressively 副 積極的に

NOTES

シルクロード

シルクロードはもともと，ヨーロッパとアジアとアフリカにまたがる緩やかに結ばれた交易路の集まりだった。その名は，交易業者に珍重されたエキゾチックな中国産の絹から取られている。この絹はもともと，衣服やそのほかの品目用に，もっぱら中国の王族だけが使用するために取っておかれた。生産は3千年ほどの間，中国内部で秘密にされ，作り方を外国人に漏らした者は誰であれ死刑宣告を受ける可能性があった。それにもかかわらず，絹は広く交易され，最終的にその生産に関する知識は世界中に広まった。

交易路はまとめてシルクロードとして知られるようになったが，ほかにも，茶，香辛料，磁器を含む多くの商品が交易された。スパイスロードとして知られるようになった多くの航路もあったように，交易路は陸地に限られなかった。経路は拡大し，交易をはるかに超えることが起こった。人々が移動し混ざり合うにしたがい，彼らの知識と理念と文化と信仰も混ざり合った。これらの交流はユーラシアの諸文明に多大な影響を与えた。一部の経路は文化と学びの中心地へと発展し，そこでは科学，芸術，文学，工芸，科学技術，言語，宗教が分かち合われ発展することができた。

No. 3 解答 3

質問：絹は最初中国でどのように用いられたか。

1 中国の影響を世界中に広めるために用いられた。
2 衣服の生産に関する知識と国際的に交換された。
3 王家の人々のための物に加工された。
4 成功した交易業者にほうびとして与えられた。

解説 第1段落第3文（This）によると，絹は王族専用で，衣服などを作るために使われていた。clothing and other itemsをthingsと短くまとめた**3**が正解。

No. 4 解答 2

質問：シルクロードの拡大とともに何が起きたか。

1 交易路が陸地に限られた。
2 文化的交流が栄え始めた。
3 人々が通俗科学の方をより信じた。
4 文化的争いと宗教的争いが存在しなくなった。

解説 第2段落第3文（The routes）によると，経路の拡大とともに「交易をはるかに超えることが起こった」。それは，以降で述べられているように，知識や理念などが混ざり合い，科学や芸術などが発展したことである。**2**がそれをCultural exchanges「文化的交流」という表現を使ってまとめている。

considerably 副 かなり　supposedly 副 一般に考えられているところでは　readily 副 難なく　spark 動 ～を引き起こす

NOTES

「行列」はアメリカではline，イギリスではqueueと言う。「行列を作る」は（米）form a line,（英）form a queue,「行列に並ぶ」は（米）stand in line,（英）stand in a queueとなる。in lineが無冠詞になることに注意。

□ pacify　～をなだめる

(C)

The Psychology of Queuing

Standing in line for something is rarely a pleasant experience, whether it's waiting for an attraction at a theme park, or queueing at a supermarket checkout, and it often brings out negative qualities in people. For instance, research from the UK found that 81% of people waiting in line judge those around them. Since then, psychologists have begun to look more seriously into queuing, with their findings suggesting that uncertainty, rather than a long waiting time, is at the core of the unpleasantness associated with waiting in line. For example, not knowing how long the wait might be or whether there is any order to the queue.

David Maister, a former professor at Harvard Business School, has taken such research even further, with implications which may serve businesses well. Through his work, he has found that when it comes to the perception of time when waiting in line, people's feeling of uncertainty can be pacified by providing a menu or TV entertainment, or by telling them they will be served shortly. Once again, the core principle is to keep people informed as they wait, and to ensure people know exactly why they are waiting.

Questions:

No. 5　What do psychologists' findings suggest about queueing?

No. 6　How could David Maister's research help businesses?

行列の心理学

テーマパークでアトラクションを待っているときであれ，スーパーマーケットのレジで並んでいるときであれ，何かのために行列に並ぶことは，楽しい経験であることはめったになく，しばしば人の悪い性質を表に出す。例えば，イギリスで行われた研究で，並んで待つ人の81％は周りの人を品定めすることがわかった。それ以来，心理学者は行列をつくることについてより真剣に調べ始めており，行列で待つことから連想される不快感の核にあるのは長い待ち時間ではなく不確実さだということを，彼らの研究結果は示唆している。例えば，待ち時間がどれくらいになりそうなのか，あるいは，列に何らかの秩序があるのかわからないことである。

ハーバードビジネススクールの元教授デイビッド・メイスターはそうした研究をさらに前進させており，それが持つ意味は企業にとても有用かもしれない。彼が研究で突き止めたのは，並んで待つときの時間の感じ方に関しては，メニューを渡したりテレビで気晴らしをしてもらったり，あるいは間もなく順番が来ますと告げたりすることによって，人々の不確実な気持ちをなだめることができるということである。もう一度繰り返すが，基本原則は，待っている人に情報を与え続けること，そして，自分が一体なぜ待っているのかを確実にわかってもらうことである。

escalate 動（戦闘・暴力などが）エスカレートする　obsess 動（be obsessed で）取りつかれる　reel 動 動揺する

NOTES

No. 5 解答 **3**

質問：行列をつくることについて心理学者の研究結果は何を示唆しているか。

1 テーマパークの行列が最も腹立たしくない傾向がある。
2 多くの人は行列が動いているかどうかを素早く判断できる。
3 不確実さが行列で待っている人をいらいらさせる。
4 スーパーマーケットの行列が人を最も怒らせる。

解説 第1段落第3文（Since）で，心理学者の研究結果として，uncertainty ... is at the core of the unpleasantness associated with waiting in line と言っている。**3** が unpleasantness を frustrates という動詞を使って言い換えている。uncertainty は，行列がいつまで続くのかといった情報がなく，状況がはっきりしないことを意味する。

No. 6 解答 **4**

質問：デイビッド・メイスターの研究はどのように企業の役に立つかもしれないか。

1 行列ができる上位の理由を概説している。
2 人を満足させておく理想的な行列時間を示している。
3 行列をスムーズに動かし続けるやり方を教えている。
4 行列のいらいらを減らす原則を示している。

解説 メイスターの研究の眼目は，第2段落第2文（Through）で言っているように，people's feeling of uncertainty can be pacified「人々の不確実な気持ちをなだめることができる」ことで，**4** がそれを reduce queue frustration と言い換えている。彼はそのために，メニューを渡したりテレビを見せたり行列の進み具合を教えたりといった具体策を提示しており，こういった対策は企業に有用だと考えられる。

文の内容一致選択問題を攻略！③

今日の目標

選択肢から予測した内容，タイトルと冒頭部分からとらえた説明文のトピックを踏まえて，今日はPart 2の説明文の内容をしっかりと聞き取り理解するポイントを確認しよう。

ポイント1 予測を検証しながら聞く

選択肢，およびタイトルと冒頭からおおよその内容を予測したら，その予測が正しいかどうかを検証しながら本文を聞くことが，前半・後半それぞれのポイントをしっかり聞き取ることにつながる。25日目で見た英文と質問をもう一度見てみよう。

例題

26

（問題用紙に印刷されている最初の質問の選択肢）

No. 1
1 It remains unsupported by scientific research.
2 It has spread from Scotland to other parts of the UK.
3 It is only effective in beautiful surroundings.
4 It is almost as popular as prescribing medicine.

（放送される英文の前半と最初の質問）

Unconventional Prescriptions

In 2018, patients visiting doctors in Scotland began receiving prescriptions that differed from the usual "take two tablets, twice a day" variety. Instead, patients could be instructed to go birdwatching or walk on the beach. The program was first trialed in Shetland, a group of rugged, picturesque islands lying north of mainland Scotland, before gaining acceptance elsewhere in the United Kingdom. Now, doctors can literally prescribe nature alongside more traditional forms of medicine. Such schemes result from a growing body of research that shows that exercising outdoors can help patients manage conditions ranging from diabetes to cancer.（以下略）

Question:

No. 1 What does the speaker say about prescribing nature?

解答：2

解答のテクニック

- 選択肢から予測したとおり医療に関するトピックだと，タイトルのPrescriptionsで裏づけられる。
- 25日目で見たように，バードウォッチングに行ったりビーチを散歩したりするよう指示された風変わりな処方箋がスコットランドで出されるようになったことが冒頭部分からわかる。つまり，最初の2文で，「医療に関連するトピックである」「自然の中で行う何らかの活動について言及される」という最初に選択肢から予測した2つのことが出そろったことになる。ここからは，話がどう展開するかを自分のイメージと照合しながら聞いていく。

thrive 動 成功する　contaminate 動 ～を汚染する　displace 動 ～を強制退去させる　precede 動 ～に先んじる

• 選択肢のItは質問のprescribing natureを指すので，「自然を処方することについて話者はどう言っているか」を考えると，第3文の，スコットランドからイギリスのほかの地域に広がったという内容が**2**と合致すると判断できる。

ポイント2 ディスコースマーカーに注意しよう

Part 2は説明文なので，論旨の展開を示すディスコースマーカーが筆記問題と同じように使用されている。特に〈逆接・譲歩〉，〈結果・結論〉を表すディスコースマーカーの後には重要なポイントが述べられることが多いので，注意して聞きたい。

例題

27

（問題用紙に印刷されている2つ目の質問の選択肢）

No. 2 **1** Such activities are only available on some islands.
2 Doctors are not available in all national parks.
3 Some physically disabled people are unable to follow them.
4 Only rich patients can afford such activities.

（放送される英文の後半と2つ目の質問）

（前略）However, these kinds of unconventional prescriptions have a deeper history than the program in Scotland. In 2007, the American College of Sports Medicine and the American Medical Association co-launched a global initiative called Exercise is Medicine, which promotes the prescription of physical activity to treat patients alongside medicine. Some doctors have begun prescribing activities such as outdoor running and visits to national parks. While the idea is good in principle and backed by science, there are some limits. Patients with mobility issues, for example, may find exercise painful or impossible. Others may not be able to access natural surroundings due to financial or transportation issues.

Question:

No. 2 What is one limitation to physical activity prescriptions? **解答：3**

解答のテクニック

• 逆接の副詞Howeverで始まっているので，自然を処方するという風変わりな処方箋がスコットランドで始まっているという前半の内容から，ここで話の流れが変わり新たな展開を見せることがわかる。
• 第2文から第3文で，アメリカでの身体的活動の処方を促進する活動が説明されている。
• 第4文の前半が「その考え（＝身体的活動を処方すること）は原則的にはよいもので科学の裏づけがあるが」と譲歩の接続詞Whileで始まっていることから，その後には逆の内容，つまりその考えのよくない面が続くことになる。最後の2文で，体が不自由で運動が無理な例と，金銭的理由や交通機関の理由で自然にアクセスできない例の2つが紹介されている。
• 質問は「身体的活動の処方箋の限界の1つは何か」なので，「どの程度可能か，あるいは不可能か」という質問だろう，という予測が的中したことになる。質問の「限界」は，While以下で述べられているよくない面に対応すると考えられる。説明文のPatients with mobility issuesをphysically disabled peopleと言い換えた**3**が正解で，2つの例の前者に該当する。

次のページからは練習問題。ここで学んだことを使って問題を解いてみよう！

replicate 動 ～を複製する　subsidize 動 ～に補助金を与える　amend 動（法律など）を改正する

練習問題

Listen to each passage and choose the best answer from among the four choices.
The passage and the questions will be given only once.

(A)

□□ **No. 1**
1 Declines in average life spans.
2 Difficulties in buying necessities.
3 Reductions in company pensions.
4 Hardships in claiming social security.

□□ **No. 2**
1 Debating possible solutions to the health crisis.
2 Increasing their pension payments.
3 Seeking employment after retirement.
4 Retiring from their positions at later ages.

(B)

□□ **No. 3**
1 They may harm the health of the heaviest smokers.
2 They may not actually raise government revenue.
3 They may force companies to change their products.
4 They may lead to more alcohol consumption.

□□ **No. 4**
1 They negatively affect people who live in poor communities.
2 They greatly help with weight loss.
3 They increase the consumption of sugary drinks.
4 They lead to the development of healthier sugary drinks.

(C)

□□ **No. 5**
1 The myths contained in romantic movies.
2 The problems affecting young couples.
3 The idea that people should have one partner.
4 The ability of lovers to communicate.

□□ **No. 6**
1 Young people have false ideals.
2 Love is not important for everyone.
3 Reality is different from fiction.
4 Viewers are influenced by movies.

prescribe 動 ～を規定する　deteriorate 動 悪化する　hinder 動 ～を妨げる　excel 動 優れている

NOTES

(A)

Seniors' Concerns

Americans are living longer than ever. However, American senior citizens also face many problems that previous generations of seniors did not have to deal with. Although numerous surveys reveal that healthcare is the top issue among older Americans, financial problems are also rated a serious concern among them. Many older Americans rely on fixed incomes such as pensions or social security. Yet, because of rising prices, these incomes are often insufficient to meet their basic needs. Operating on such tight budgets, many older Americans therefore regularly feel they have to choose among paying for food, rent, or medicine.

financialは「(国の) 財政の」から「(個人の) お金の」まで幅広く用いられる。要するに「お金に関する」ということ。

While the government has debated increasing social security payments, many senior citizens are coming out of retirement to find even part-time work in order to earn enough to survive. This can place a heavy burden on their physical well-being, as many of the jobs they take on require prolonged physical activity such as sitting or standing. Fortunately, for some senior citizens, there are non-profit organizations which offer support ranging from meals or transportation to housing. However, these services are typically located in larger cities and may be limited in resources. Society needs to create a comprehensive and accessible plan that meets the needs of all senior citizens.

Questions:

No. 1 What is one major problem American senior citizens face?

No. 2 What does the speaker say some senior citizens are doing?

高齢者の懸念

アメリカ人はかつてないほど長生きするようになった。しかし，アメリカの高齢者は，以前の高齢者世代が対処する必要のなかった多くの問題にも直面している。医療がアメリカの高齢者の間で一番の問題であることが多数の調査によりわかっているものの，お金の問題もまた彼らの間で深刻な懸念と見なされている。多くのアメリカの高齢者は年金や社会保障といった固定収入に頼っている。そうは言っても，物価上昇により，これらの収入は彼らの基本的ニーズを満たすには十分でないことが多い。このような苦しい家計でやりくりする多くのアメリカの高齢者は，したがって，食料と家賃と薬のどれにお金を払うかを選ばなければいけないと常に感じている。

政府は社会保障費の増額について議論しているが，多くの高齢者は，何とか生きていくのに十分なお金を稼ぐために，パートタイムでもいいから仕事を見つけようと，退職後の生活から社会復帰している。高齢者が就く仕事の多くは座ったり立ったりといった長時間の身体活動を要するから，社会復帰は彼らの身体の健康に重い負担をかけることがある。幸いなことに，一部の高齢者には，食事や送り迎えから住宅供給にわたる支援を提供する非営利団体がある。しかし，これらのサービス事業は概して比較的大きな都市に所在しており，資源は限られているかもしれない。社会は，すべての高齢者のニーズを満たす包括的で利用しやすい計画を立てる必要がある。

exert 動 ～を行使する　concede 動 ～を(仕方なく正しいと)認める　spur 動 ～を刺激する

NOTES

No. 1 解答 2

質問：アメリカの高齢者が直面している主要な問題の1つは何か。

1 平均寿命の低下。
2 必需品を買うことの困難。
3 企業年金の縮小。
4 社会保障を請求することの困難。

解説 全体を通して高齢者の家計の苦しさが述べられている。第1段落第5文（Yet）から収入だけでは基本的ニーズを満たせないこと，次の文（Operating）から食料と家賃と薬に支払うお金さえままならないことがわかる。つまり**2**のように，高齢者は日常の必需品を買うことにも困難を感じていることになる。

No. 2 解答 3

質問：高齢者の中には何をしている人がいると話者は言っているか。

1 健康の危機に対する可能な解決策を論じること。
2 年金支給額を増やすこと。
3 退職後に職探しをすること。
4 より高齢になってから仕事を退職すること。

解説 第2段落の最初の文で，生活費を稼ぐためにmany senior citizens are coming out of retirement to find even part-time workと言っている。つまり，第1段落で説明されているような生活苦のため，一度退職した高齢者が再び仕事を探していることになる。この部分を簡潔にまとめた**3**が正解である。

飲酒や喫煙はsin「罪」ではないが，個人にとっては悪癖，社会にとっては害悪であるという観点から，酒やタバコに課される税金をsin taxと言う。

(B)

Sin Taxes

Governments often use so-called sin taxes to discourage the consumption of certain products, such as alcohol or cigarettes. Advocates say that not only do sin taxes raise government revenue, but they benefit society because reduced consumption of harmful substances reduces one's risk of disease. On the other hand, though, critics argue that while sin taxes may decrease moderate users' consumption of harmful products, people who are heavily addicted are unlikely to reduce their use. In one study, it was found that after these taxes were imposed, some smokers began substituting less expensive brands that contained higher levels of harmful substances, such as tar.

Some countries have also imposed sin taxes on sugary drinks. One of the goals that is often stated by politicians is that they support health and weight reduction by discouraging people from purchasing sweetened beverages. Unfortunately, there is growing evidence that these taxes are not effective in reducing consumption, as people's habits do not greatly change even with the higher costs. In the end, this penalizes low-income communities in particular due to their people's higher rates of consumption. However, there are many proponents of sin taxes who believe the solution is to spend the funds on supporting poorer neighborhoods, by building or improving public facilities such as community centers or libraries.

□ penalize ～を不利な立場に置く，～を困らせる

Questions:

No. 3 What is one thing that we learn about taxes on cigarettes?
No. 4 What is one outcome of sin taxes on sugary drinks?

exacerbate 動 ～を悪化させる　invoke 動（神の加護など）を祈願する　encompass 動 ～を取り囲む

NOTES

悪行税

酒やタバコなど特定の商品の消費を思いとどまらせるため，しばしば各国の政府はいわゆる悪行税を用いる。これを支持する者は，悪行税は政府の歳入を増やすだけでなく，有害物質の消費が減れば病気になるリスクが減るのだから，社会にも有益だと言う。だが一方で批判的な人たちは，悪行税はほどほどの利用者が消費する有害な製品の量を減らすかもしれないが，重度に依存する人たちが利用を減らす可能性は低いと主張する。ある研究で，この税金が課された後，一部の喫煙者はタールなどの有害物質をより多量に含むもっと安い銘柄を代わりに吸い始めたことがわかった。

砂糖入り飲料にも悪行税を課している国もある。政治家がしばしば述べる目標の1つは，甘味を加えた飲料の購入を人々にやめさせようとすることによって，健康と減量を支援することである。残念ながら，価格を上げても人々の習慣が大きく変わることはないので，消費を減らす上でこれらの税金は効果的ではないという証拠が増えている。結局のところ，低所得の地域社会の人々の方が消費率が高いため，そこに住む人々が特に割を食うことになる。しかし，コミュニティーセンターや図書館などの公共施設を建てたり改善したりして，資金をより貧しい地区の支援に費やすことが解決策になる，と考える悪行税支持者は多い。

No. 3 解答 **1**

質問：タバコへの税金についてわかることの1つは何か。

1 最も重度の喫煙者の健康を損なうかもしれない。
2 実際は政府の歳入を増やさないかもしれない。
3 企業に製品の変更を余儀なくさせるかもしれない。
4 酒の消費の増加につながるかもしれない。

解説 第1段落最後の2文の内容からタバコに重度に依存する人は利用を減らす可能性が低く，課税によって有害物質の多い安いタバコに切り替えると考えられるので，**1**のように，ヘビースモーカーほど健康被害を受けやすいことになる。

No. 4 解答 **1**

質問：砂糖入り飲料にかかる悪行税の結果の1つは何か。

1 貧しい地域社会に住む人々に悪影響を与える。
2 減量に大いに役立つ。
3 砂糖入り飲料の消費を増やす。
4 より健康によい砂糖入り飲料の開発につながる。

解説 第2段落第2文（One）によると，砂糖入り飲料に悪行税をかける目的の1つは，消費を減らして健康と減量を促すこと。しかし，続く第3文（Unfortunately）と第4文（In the end）から，価格が上がっても消費は減らず，より多く消費する低所得層の税負担が大きくなることがわかる。したがって**1**が正解。

evaporate 動 消滅する　override 動 ～を覆す　renovation 名 改修　repression 名 抑圧

NOTES

□ depict　～を描写する

□ inevitable　避けられない

□ escapism　現実逃避

(C)

The Dangers of Love

Romantic movies, depicting the difficulties of young lovers as they move toward an inevitable happy ending, are an ever-popular genre — but could they be bad for relationships? Researchers at Heriot-Watt University in Scotland analyzed 40 Hollywood romantic comedies and found that they rely on many of the myths that marriage counselors find lead to problems between couples. These include the idea that there is just one right partner waiting for you, and the idea that true lovers understand each other's feelings without the use of words.

However, do these movies really influence people or are they simply pleasant escapism, with little to do with real life? To test this, the researchers divided students into two groups. One group watched a romantic comedy and the other a realistic drama. When questioned, more members of the group that watched the romantic movie said they believed in such things as fate or destiny in love than the other group. However, as with other kinds of movies, it could be argued that what is important for people to learn is to distinguish between what they see up on the screen and what is happening in real life around them.

Questions:

No. 5　What did researchers in Scotland investigate?

No. 6　What did the experiment with students show?

愛の危険性

必ずやって来る幸せな結末に向かって若い恋人たちが進んでいく際に出会う困難を描く恋愛映画は，常に人気のジャンルであるが，こういった映画が恋愛関係にとっては悪いということはあるのだろうか。スコットランドのヘリオット・ワット大学の研究者たちはハリウッドの恋愛コメディー映画40本を分析し，結婚カウンセラーがカップルの間で問題につながると見ている神話の多くにこれらの映画が頼っていることを発見した。これらの神話の中には，あなたを待っているたった1人のふさわしいパートナーがいるという考えや，本当の恋人同士は言葉を使わずにお互いの気持ちを理解するという考えなどが含まれる。

しかし，これらの映画は本当に人々に影響を与えているのだろうか。あるいは，心地よい現実逃避にすぎず，現実の生活とはほとんど関係がないのだろうか。このことを検証するために，研究者たちは学生を2つのグループに分けた。1つのグループは恋愛コメディーを，もう1つのグループは現実的なドラマを見た。質問をされると，恋愛映画を見たグループの方が，もう1つのグループよりも愛における運命や宿命といったものを信じていると答えた学生が多かった。しかしながら，ほかの種類の映画の場合と同様に，重要なことは人々が自分たちがスクリーン上で見るものと自分たちの周囲の現実の生活の中で起きているものとを区別できるようになることだと言えるだろう。

revision 名 変更　scarcity 名 欠乏　scenario 名 予想事態　scope 名 範囲

NOTES

No. 5 解答 1

質問：スコットランドの研究者たちは何を調べたか。

1 恋愛映画に含まれる神話。
2 若いカップルに影響を与えている問題。
3 人は1人のパートナーを持つべきだという考え。
4 恋人たちがコミュニケーションをとる能力。

解説 第1段落第2文（Researchers）から，研究者たちが調べたのは映画の中に出てくるmyths「神話（的迷信）」だということがわかる。

No. 6 解答 4

質問：学生に対する実験は何を示したか。

1 若者は間違った理想を持つ。
2 愛は誰にとっても重要というわけではない。
3 現実は作り話とは違う。
4 観客は映画に影響される。

解説 第2段落の特に第4文（When）で，恋愛映画を見たグループの方が運命を信じると答えた学生が多かったとあるので，映画の影響があったことがわかる。

sponsorship 名 スポンサーであること　subsidy 名 補助金　tank 名 タンク　taxpayer 名 納税者

Real-Life形式の内容一致選択問題を攻略！②

今日の目標

Part 3では，あらかじめ印刷されたSituationとQuestion，そして選択肢からしっかり内容を予測することが1つのカギとなる。今日は予測のテクニックを中心に攻略法を確認しよう。

ポイント1 Situationから内容を予測する

Part 3のReal-Lifeの問題では，問題用紙に印刷された**Situation**（状況）と**Question**（質問）を読む時間が**10秒間与えられる**のがほかの問題と大きく異なる点である。

Situationでは日常生活で遭遇するような現実味のある状況が簡潔に説明されており，内容的には**①自分がどんな状況や立場にいるのか，②自分は何をしようとしているのか，③どんな条件が課されているのか**，といった情報が書かれている。これらの情報から**場面・状況を具体的に想像し，どのような内容の放送が聞こえてくるかをある程度予測することができる**。

例題

（問題用紙に印刷されているSituation）

Situation: You are a factory manager. Your current tasks are fulfilling orders of 4,000 T-shirts for Costa Fashions and 1,500 undershirts for Carbera Inc. You hear the following voice mail from the company's vice-president.

解答のテクニック

- 「自分は工場長である」，「Costa FashionsにTシャツ4,000枚，Carbera Inc.に肌着1,500枚の注文を履行するのが今の任務である」，「副社長からボイスメールが届いている」，といった情報を読み取る。各注文の数字や品目についての内容だと予測できる。

ポイント2 Questionと選択肢から内容を予測する

さらに，Questionと選択肢からもある程度内容を予測することが可能である。

例題

（問題用紙に印刷されているQuestion・選択肢）

Question: What should you do first?

1 Look for a new Egyptian cotton supplier.

2 Start manufacturing Costa Fashions' order.

3 Send Ethan Cade some information.

4 Send an e-mail to Carbera Inc.

解答のテクニック

- 質問は「**最初に**何をするべきか」というものだが，文末の**first**に注意したい。これは，最終的な目的を達成するためには**いくつかの手順を踏まなければならない**ことを示唆している。

terror 名 テロ（行為）　transition 名 移行　acidification 名 酸化　clone 名 クローン

• 選択肢はいずれも注文を履行するための手順と思われるが，実際にこれらの行動を促す指示などが聞こえてくることが予想され，その中から，課されている条件を満たすために最初にしなければならないことを正解として選べばよいことになる。

ポイント3 予測を検証しながら放送を聞く

実際に放送が始まったら，自分が立てた予測が正しかったかどうか検証しながら聞き，次々と流れてくる情報に応じて必要なら修正を加えつつ，ポイントとなる箇所を聞き取るようにする。

例題

31

（放送される英文）

This is Ethan Cade. As you may have heard, our latest shipment of cotton has been delayed due to an error by our supplier in Egypt. Eventually, you'll need to find an additional Egyptian supplier. In the meantime, though, we're going to make do with our remaining stock. For now, orders will be prioritized based on volume, as we have to keep our most-profitable customers satisfied. Please begin manufacturing any order of more than 5,000 pieces immediately. However, for orders below that amount, you'll need to get my approval. Please send me a report detailing the due date, price per item, and amount of fabric required for each order. For orders below 2,000, send an e-mail informing the customers that there will be a delay. However, this can wait until you've sent me the report I need to make decisions about prioritizing the larger orders.

解答：3

解答のテクニック

• 初めに，エジプトの仕入れ先の手違いで綿の発送が遅れているという現状が説明され，エジプトの仕入れ先をもう1つ見つけるように指示される。これは選択肢**1**に対応しているが，Eventually「最終的に」と言っていることから，最初にするべきことではないとわかるので，**1**は除外できる。
• 続けて，とりあえずは手持ちの綿で何とかすることにし，数量の多い顧客を優先するという方針が示される。5,000枚以上の注文があればすぐに製造するよう言っているが，自分が履行する2つの注文のうち多い方でもCosta Fashionsの4,000枚なので，この指示は該当しない。ただし，続く指示次第ではこれを最初にする可能性もあるので，念のため**2**は保留にしておく。
• 次のfor orders below that amount「その量未満の注文については」は5,000枚未満の注文ということなので，自分が履行する2つの注文に当てはまる。履行するには副社長の承認が必要で，納期や単価などの詳細を記した報告書を副社長に送るよう求められている。冒頭から副社長の名はEthan Cadeだとわかっているので，納期などの詳細をsome informationと短くまとめた**3**が正解の候補として残る。すぐに製造を始めることはないので，この時点で**2**は除外できる。
• 次の2,000枚未満の注文はCarbera Inc. に該当し，遅れると顧客にメールで知らせるよう指示されている。これは**4**に対応するが，続けて「しかし，これは報告書を送った後でよい」と述べられているので，**3**の報告書送付が優先されることになる。したがって，**3**が正解となる。this can wait「これは後回しでよい」という表現をすぐに理解できるかどうかも重要である。
• below that amountのthat amountは直前で言われている5,000 piecesを，this can waitのthisは直前の「遅れると顧客にメールで知らせること」を意味している。このように，指示形容詞・指示代名詞が何を指すかを丁寧に聞き取ることも，正解を導く上で大きなポイントになる。

次のページからは練習問題。ここで学んだことを使って問題を解いてみよう！

geneticist 名 遺伝学者　logistics 名 事業の詳細な計画・遂行　nanotechnology 名 ナノテクノロジー　orphan 名 孤児

Read the situation and question. Listen to the passage and choose the best answer from among the four choices. The passage will be given only once.

(A)

□□ **No. 1**

Situation: Your department wants to hire a sales representative with good communication skills and at least three years of experience. A subordinate is describing the job candidates at the interviews on Friday because you were absent then.

Question: Who should you add to your list of possible candidates for the job?

1 Larissa Bayliss.

2 Nadia Hafez.

3 Brayden Olmstead.

4 Seth Kabani.

photosynthesis 名 光合成　proclamation 名 宣言　reimbursement 名 払い戻し　subtitle 名（外国映画などの）字幕

NOTES

(A) No. 1 解答 1

First, there was a young woman named Larissa Bayliss. She's been in the industry for almost a decade, and she was extremely articulate. Also, she seemed quite adaptable and motivated. The next interview was with Nadia Hafez. She had the minimum level of experience we require. My impression of her was that she was a bit withdrawn. She seemed to have fantastic database skills, though. Next was Brayden Olmstead. He was extremely well-spoken and it seemed like he has a talent for sales. However, though his résumé said four years of experience, he admitted it was a typo, so he actually didn't meet our requirement there. Finally, there was Seth Kabani. He was quite pleasant and has five years of experience. Excellent communicator too. This morning, though, he called to let us know he's accepted a position at another firm.

まず，ラリッサ・ベイリスという名前の若い女性がいました。10年近くこの業界にいて，話も非常に明快でした。また，彼女はとても適応力があってモチベーションも高そうでした。次に面接したのはナディア・ハフェズでした。私たちが求める最低限レベルの経験は持っていました。ちょっと引っ込み思案だなという印象を私は持ちました。ですが，素晴らしいデータベースのスキルがあるようでした。次はブレイデン・オルムステッドでした。彼は非常に話が上手で，営業の才能があるように思えました。しかし，履歴書には4年経験があると書いてあったのに，それは入力ミスだと彼は認めましたから，その点では実は私たちの条件を満たしていませんでした。最後はセス・カバニでした。とても快活な人で，5年の経験があります。コミュニケーション能力もとても優れています。ですが今朝電話があって，別の会社で働くことにしたと伝えてきました。

状況：あなたの部署は優れたコミュニケーションスキルと最低3年の経験がある販売員を雇いたい。あなたはその場にいなかったので，部下が金曜日に面接した求職者について説明している。

質問：あなたはその仕事の有力候補リストに誰を加えたらよいか。

1 ラリッサ・ベイリス。
2 ナディア・ハフェズ。
3 ブレイデン・オルムステッド。
4 セス・カバニ。

解説 ラリッサ・ベイリスについて言っているarticulateはコミュニケーションスキルが高いことを表す。10年近くの経験もあることから，彼女は候補に残る。ナディア・ハフェズは引っ込み思案なので外れる。ブレイデン・オルムステッドは経験年数の条件を満たしていない。セス・カバニは経験もコミュニケーションスキルもあるが，他社での就職が決まった。そうすると，ラリッサ・ベイリスだけが残る。

□ articulate （考え・感情など）をはっきり表現する
□ adaptable 適応できる
□ typo 誤植，入力ミス
□ subordinate 部下，従属する人

surcharge 名 サーチャージ　trade-off 名 トレードオフ　vocalization 名 発音された音　x-ray 名 エックス線写真

(B)

□□ **No. 2**

Situation: You are writing a thesis about local elections, and you want to interview the winner of an election. You hear the results of the election on the radio.

Question: Which candidate should you contact?

1 John Richards.

2 Bill Butterworth.

3 Maggie Jones.

4 Mary Wilson.

 contradiction 名 矛盾 recession 名 不況 immunity 名 免疫 array 名 勢ぞろい

NOTES

□ incumbent 現職者

□ dent ～に（逆の）影響を及ぼす

□ trail のろのろ進む

(B) No. 2 解答 3

Good morning. There was an upset result for yesterday's mayoral election. The incumbent, Mayor John Richards, made a surprisingly poor showing, proving that last year's scandals concerning building contracts did after all dent his popularity. The unexpected winner beat her rival by only three percent. Bill Butterworth, who promised to cut local taxes, began strongly and ended with 33 percent. But it was Maggie Jones who in the end came through with 36 percent of the vote. The fourth candidate, veteran Mary Wilson, trailed home with only 14 percent of votes.

おはようございます。昨日の市長選は番狂わせの結果となりました。現職の市長であるジョン・リチャーズは驚くべき惨敗を喫し，昨年の建築請負契約に関するスキャンダルが最終的に彼の人気に傷をつけたことを証明しました。予想外の当選者は，ライバルにわずか3パーセントの差で勝利しました。地方税削減を公約したビル・バターワースは出だしから勢いよく票を集め，33パーセントの票を獲得しました。しかし最終的に投票総数の36パーセントを獲得し当選したのはマギー・ジョーンズでした。4人目の候補者で，ベテランのメアリー・ウィルソンは投票総数の14パーセントのみの得票で敗れ去りました。

状況：あなたは地方選挙についての論文を書いており，選挙の当選者に話を聞きたいと思っている。あなたはラジオで選挙の結果を聞く。

質問：あなたはどの候補者と連絡を取るべきか。

1 ジョン・リチャーズ。
2 ビル・バターワース。
3 マギー・ジョーンズ。
4 メアリー・ウィルソン。

解説 当選者は誰かが聞き取りのポイントだが，複数の候補者名，政策，得票率など多くの情報が含まれることが予測できるので，必要な情報のみを押さえていこう。現職のジョン・リチャーズはスキャンダルが響いて惨敗したとあるのですぐ除外できる。中ほどのThe unexpected winner以下で当選者について触れられるが，続けて述べられているビル・バターワースではなく，その後のマギー・ジョーンズが当選者であることを得票率も確認しながら確実に聞き取ることが大切。

latitude 名 緯度　gravity 名 重力　prestige 名 名声　coincidence 名 偶然

(C)

□□ **No. 3**

Situation: Your town's library will have a book sale next month, and you have three large boxes of books to donate. You can only use your car on Saturday to bring them. You call the library and hear the following recorded announcement.

Question: What should you do?

1 Take the books to a local branch.

2 Drop off the books at the Central Library.

3 Visit the library's website.

4 Stay on the line to talk to someone.

intake 名 入学者数 surplus 名 黒字 bibliography 名 参考文献 ballot 名 投票

NOTES

(C) No. 3 解答 **3**

We are now collecting donations for our annual book sale, which will be held on October 26. If you have just a few individual items, feel free to drop them off at any local library branch any day but Sunday between 9 a.m. and 6 p.m. The Central Library will be accepting donations of any number of books. Its hours are 9 a.m. to 8 p.m., and it is open from Sunday to Friday. For people with more than one good-sized carton of books to donate, a pickup service is available at your convenience. Please apply through the library website for this. If you would like more specific information about the types of books we accept, please stay on the line to be connected to one of our staff members.

当館では現在，年１回の本の販売会用の寄付を集めています。販売会は10月26日に開催されます。個別の本が数点あるだけでしたら，お住まいの地域のどの分館にでも，日曜日以外の日ならいつでも午前9時から午後6時の間にご自由にお届けください。中央図書館は本の冊数を問わず寄付を受け付けます。時間は午前9時から午後8時まで，日曜日から金曜日まで開館しています。それなりに大きい本の箱を１つより多く寄付される方は，ご都合のよいときに集荷サービスをご利用いただけます。これについては，図書館のウェブサイトを通してお申し込みください。受け付けている本の種類についてもっと具体的な情報をお知りになりたければ，当館スタッフの１人につながるまで切らずにお待ちください。

状況：来月あなたの町の図書館で本の販売会があり，あなたは寄付する本が入った大きな箱を３つ持っている。それらを運ぶのに土曜日しか車を使えない。図書館に電話して，次の録音されたアナウンスを聞く。

質問：あなたはどうしたらよいか。

1 地元の分館に本を持って行く。
2 中央図書館に本を届ける。
3 図書館のウェブサイトを見る。
4 人と話すために電話を切らずに待つ。

解説「本が入った大きな箱を３つ」と「土曜日しか車を使えない」が条件になる。最初に話しているjust a few individual itemsはあなたに関係ない。中央図書館はany number of booksを受け付けているが，開館日が日曜日から金曜日なので，土曜日は休館ということになる。中ほどの For people ... で，箱を２つ以上寄付する人は a pickup service is available at your convenienceと言っているのが条件に合う。その場合はウェブサイトで申し込むよう言っているので，**3**が正解となる。

outrage 名 激怒　juror 名 陪審員　restoration 名 復旧　conversion 名 改宗

Real-Life形式の内容一致選択問題を攻略！③

今日の目標

Situation や Question の内容がかなり具体的な場合，それを手がかりに，聞こえてくる英文の中からピンポイントで必要な情報を選び出すことができる。今日はその攻略法を学ぼう。

ポイント1 必要な情報を把握する

18日目で長文の内容一致選択問題の攻略法の1つとして，長文の中から必要な情報のみをピンポイントで素早く検索する手法であるスキャニングを学んだが，同様のテクニックはリスニングにも応用できる。

Part 3ではSituationとQuestionがあらかじめ問題用紙に印刷されているので，そのどちらか，あるいは両方からある程度具体的な情報を読み取れれば，それを聞き取りの際の手がかりとすることができる。次の例題を見てみよう。

例題

（問題用紙に印刷されているSituation・Question・選択肢）

Situation: Your dog had leg surgery two days ago. Large bruises have appeared on his leg, but he does not seem to have any pain or any other problems. The vet has left a voice mail with some follow-up advice.

Question: What should you do today?

1 Take Scooter for a short walk.
2 Change the bag over Scooter's leg.
3 Call Scooter's vet immediately.
4 Stop giving Scooter his medicine.

解答のテクニック

- 脚の手術を受けた犬について獣医師から経過観察のアドバイスをするボイスメールが送られてきたという状況で，手術は「2日前」，犬の今の状態は「脚に大きなあざができているが，痛みやほかの問題があるようには見えない」と具体的に書かれている。
- Questionは「今日するべきことは何か」，それに対する選択肢が「スクーターを短い散歩に連れて行く」「スクーターの脚にかぶせた袋を取り換える」「直ちにスクーターの獣医師に電話する」「スクーターに薬を与えるのをやめる」であることから，いくつかの具体的な指示があり，その中には今日するべきこととそうではないことがあると予測される。

ポイント2 必要な情報に集中してピンポイントで聞き取る

放送では経過観察のさまざまなアドバイスが聞こえてくることが予想されるが，必要なのは「2日前」に関する情報と「脚に大きなあざができているが，痛みやほかの問題があるようには見えない」ことへの対処法なので，その部分に集中して聞き取ればよい。もちろん，その部分だけでなく全体を理解できれば消去法なども用いて正解の精度は高まるわけだが，最初から最後まで同じ集中力を維持しながら聞き続けることはなかなか難しいので，ある程度はポイントを絞り込んで聞く方が効率がよい。

autonomy 名 自治（権）　onset 名（特に好ましくないことの）始まり　disparity 名 相違　devastation 名 破壊

例題

35

（放送される英文）

This is Dr. Brown calling with some additional information about your dog, Scooter. Hope he's recovering well. First, I'd like to remind you that activity restriction is essential, as running or jumping could injure his leg again. And don't forget to wait until it's 72 hours after the surgery to start taking him on walks again, and use a leash and put a plastic bag over his leg to protect it. The stitches will likely have become a normal or slightly reddish-pink color. Also, bruises should become evident on his leg around now, and they should be quite noticeable since Scooter's coat is so light, but they're not a cause for concern. If there's been any blood outside the wound since after the first day, however, contact my office immediately. And if there are no signs of discomfort, you can discontinue his sedative medicine today.

解答：4

解答のテクニック

- まず，第1文で医師からの犬に関する追加情報を伝える電話であることが述べられている。Scooterが犬の名前であることは選択肢を見て推測できるが，ここで明確になる。
- 第3文では，またけがをするかもしれないので行動制限が必須だと念を押し，第4文では，手術後72時間（＝3日）たつまで散歩をさせないこと，散歩の際はリードを使い，脚に保護用のビニール袋をかぶせること，という指示を与えている。手術は2日前なのだから，**1**のように散歩に連れて行くことはまだできず，**2**のビニール袋については散歩にまつわる指示なので当面は関係ないことになる。
- 第6文以降で，ポイントとなるあざについての対処法の話に移る。第6文では，あざがくっきりしているはずだが，それは毛色が薄いから目立つのであり，心配する必要はないとアドバイスしている。第7文では，傷から出血していればすぐに連絡するよう言っているが，犬は「問題があるようには見えない」のだから，**3**も外れることになる。
- 最後の文では，不快の兆候がなければ今日鎮静剤をやめてよい，と言っている。これがスクーターに該当すると判断できるので，**4**が正解となる。
- このように手術後の注意点について説明しているのだが，すべてを聞き取らなくとも，72 hours after the surgery, bruises, there are no signs of discomfortといったキーワードを手がかりに解答に関係のありそうな箇所に集中して聞くことで，正解を選ぶのに必要な情報を得ることができる。

ポイント3 言い換えに注意しよう

放送される英文中の表現が選択肢では異なる表現で言い換えられており，それが正解となることも多いので，注意しなければならない。本文の最終文にあるdiscontinue his sedative medicine「鎮静剤をやめる」という表現は，正解の選択肢**4**ではStop giving Scooter his medicine.「スクーターに薬を与えるのをやめる。」となっている。

また，SituationやQuestionで用いられている表現が放送では言い換えられていることもある。例えば例題のSituationにあるhe does not seem to have any pain or any other problems「痛みやほかの問題があるようには見えない」は，本文中ではthere are no signs of discomfort「不快の兆候がない」と言い換えられており，正解を導き出す上で大きなヒントになっている。表現の形にとらわれているとヒントを聞き逃してしまうこともあるので注意が必要である。

次のページからは練習問題。ここで学んだことを使って問題を解いてみよう！

havoc 名 大混乱　spectacular 形 素晴らしい　unintended 形 予定外の　antiwar 形 反戦の

練習問題

Read the situation and question. Listen to the passage and choose the best answer from among the four choices. The passage will be given only once.

(A)

□□ **No. 1**

Situation: You will teach an intensive English course called BE3 at a university this summer. You are at a meeting for all summer teachers and hear the following from the director.

Question: What material will you be using?

1 A general English textbook.

2 A business English textbook.

3 Copies of business case studies.

4 Articles on current business issues.

 entrenched 形 強固に根付いた　drastic 形 重大な　lasting 形 永続的な　prehistoric 形 先史時代の

NOTES

(A) No. 1 解答 3

We have assigned textbooks and, in some cases, printed materials for each of our summer English classes. All course titles are sorted by codes. Classes starting with GE are general English classes. As for the others, IRE is for international relations English, EE is for engineering English, and BE is for business English classes. Classes with 1 are lower level, 2 are intermediate, and 3 are the highest level. All Level 1 classes will use a general English textbook, though supplementary materials may differ. Level 2 classes will either have English literature textbooks for English majors or specific-purpose textbooks for other majors. Same with Level 3, with the exception of the business class, which will be a collection of case studies, and engineering, which will be a collection of articles about current developments in engineering. Please collect class materials and a teacher's manual after this meeting.

名詞majorには「専攻科目」「～専攻の学生」という2つの使い方がある。動詞majorはmajor in「～を専攻している」のように用いる。

夏季の英語の授業のそれぞれに教科書，一部の場合は印刷した教材を割り当ててあります。すべての講座の題目は略号で分類されています。GEで始まる授業は一般英語の授業です。ほかの授業については，IREは国際関係英語，EEは工学英語，そしてBEはビジネス英語の授業です。1と書かれている授業は下級レベル，2は中級，そして3は最高レベルです。すべてのレベル1の授業では一般英語の教科書を使いますが，補助教材は違うことがあります。レベル2の授業では，英語専攻の学生には英文学の教科書を使うか，ほかを専攻する学生には特定の目的の教科書を使います。レベル3も同じですが，例外的に，ビジネスの授業は事例研究を集めたもの，工学は現在の工学の発展に関する記事を集めたものになります。この会議が終わったら，授業の教材と教師マニュアルを取りに来てください。

状況： あなたはこの夏，大学でBE3という英語の集中講座を教える。夏の教師全員を対象とする会議に出ていて，主任から次の話を聞く。

質問： あなたはどの教材を使うことになるか。

1 一般英語の教科書。
2 ビジネス英語の教科書。
3 ビジネス事例研究のコピー。
4 現在のビジネス問題に関する記事。

解説 Situationにある BE3が何なのかは話を聞かなければわからない。GE, IREといった略語の説明の最後にBE is for business English classesと言っているので，BEはbusiness Englishの略だとわかる。続いて数字の説明で，3については3 are the highest levelと言っていることから，レベルを表すとわかる。後半で，レベル3のビジネスの授業はa collection of case studiesだと言っているので，**3**が正解となる。

staggering 形 驚異的な　transgender 形 トランスジェンダーの　working-class 形 労働者階級の　corrupt 形 汚職の

(B)

□□ **No. 2**

Situation: You have an important doctor's appointment in Westmount at 3:30. It is now 2:45. You are at home in East Oaks and hear the following traffic announcement.

Question: What should you do to get to your doctor's appointment?

1 Drive on First Avenue.

2 Get onto Southdale Avenue.

3 Use Highway 2.

4 Take the subway.

high-intensity 形 高強度の　lucrative 形 もうかる　adequate 形 十分な　scarce 形 珍しい

NOTES

□ plow 除雪車

□ visibility 視界

□ travel time 移動時間，所要時間

(B) No. 2 解答 **4**

This is Romina Pace with the Glendale City traffic report. I'm afraid the blizzard is still creating chaos on our city's streets. Plows have cleared out a few of the main roads, like First Avenue. For anyone heading to North Creek, Southdale Avenue has been cleared as well. However, there's been a serious collision on Southdale that's making access to Westmount a challenge for people in East Oaks and Byron. It's taking drivers at least an hour to clear the area where the collision was. Usually, Highway 2 would be an alternative route, but currently drifting snow has reduced the visibility to almost zero. The subways, of course, are largely unaffected by the blizzard. With only minor delays, the expected travel times from East Oaks or Byron to Westmount is currently around 35 minutes. The blizzard may end soon, so expect normal traffic tomorrow morning.

ロミーナ・ペースがグレンデール市の交通情報をお伝えします。あいにく暴風雪は当市の通りにまだ大混乱を引き起こしています。除雪車がファースト通りなど主要道路をいくつか除雪しました。ノースクリークへ向かう人は，サウスデール通りも除雪されました。しかし，サウスデールでひどい衝突事故があり，そのためイーストオークスとバイロンの人は，ウエストマウントへのアクセスが難しくなっています。衝突事故があった場所を車で抜けるには，最低1時間かかっています。通常なら2号線が代替ルートになるのですが，現在地吹雪で視界がほとんどゼロになっています。もちろん，地下鉄はおおむね暴風雪の影響を受けていません。わずかな遅れがあるだけで，イーストオークスまたはバイロンからウエストマウントまでの想定所要時間は現在35分前後です。暴風雪は間もなくやみそうですので，明日の朝は通常の交通状況に戻るでしょう。

状況： あなたは3時半にウエストマウントで医師の大切な予約がある。今は2時45分である。あなたはイーストオークスの自宅にいて，次の交通情報を聞く。

質問： 医師の予約に行くにはあなたはどうしたらよいか。

1 ファースト通りを車で行く。
2 サウスデール通りに出る。
3 2号線を使う。
4 地下鉄に乗る。

解説 イーストオークスからウエストマウントまで45分以内に行くことが条件となる。中ほどで，サウスデールで衝突事故があったためイーストオークスからウエストマウントへのアクセスが難しくなっており，衝突現場を抜けるには最低1時間かかると言っているので，サウスデール通りは使えない。代替ルートの2号線も視界不良で危険である。暴風雪の影響がほとんどなく，イーストオークスからウエストマウントまで35分前後で行ける地下鉄を使うことになる。

distinct 形 はっきりとわかる　eligible 形 資格がある　pedestrian 形 徒歩の　exclusive 形 独占的な

(C)

□□ **No. 3**

Situation: You have a meeting in Liverpool at 1:00 p.m. You are waiting for your train at Kings Cross Station in London when you hear the following announcement.

Question: What should you do?

1 Take the 9:59 service directly to Liverpool.

2 Take the 10:02 to Chester and change trains for Liverpool.

3 Take the 9:31 to Crewe and change trains for Liverpool.

4 Wait for the 10:59 direct train to Liverpool.

 notable 形 目立った confidential 形 極秘の overdue 形 延び延びになった respiratory 形 呼吸器に関する

NOTES

(C) No. 3 解答 **3**

This is an announcement for all passengers traveling to Liverpool. Unfortunately, the 9:59 direct train to Liverpool has been canceled due to engine trouble. Passengers are advised to use one of the following services instead. The 10:02 service to Chester will arrive there at 12:09. Passengers may then board a direct service to Liverpool from the same station, leaving at 12:30. This will get in at 1:15. Alternatively, passengers can use the fast train to Crewe, which will leave shortly from Platform 7 at 9:31. This will arrive at 11:10. The connecting train from Crewe will leave from the same platform at 11:20. This is due to arrive at Liverpool at 12:11. The next direct service from this station to Liverpool will depart at 10:59 and arrive at 1:21. We apologize to passengers for any inconvenience.

「急行列車」はほかにexpress trainとも言う。各駅に止まる「普通列車」はlocal trainと言う。

リバプールへお越しのお客さま皆さまへのお知らせです。申し訳ありませんが，9時59分発のリバプールへの直行列車はエンジントラブルのため運休となりました。お客さまは代わりに次の列車のうちいずれかのご利用をお勧めします。10時2分発チェスター行きの列車は12時9分にチェスター到着予定です。同駅から12時30分発リバプール行きの直行列車にお乗りいただけます。到着予定は1時15分です。または，クルー行きの急行列車もご利用いただけます。こちらは間もなく9時31分に7番ホームから出発いたします。到着は11時10分です。クルーからの乗り継ぎ列車は同じホームで11時20分発です。この列車はリバプールに12時11分に到着予定です。当駅からリバプールへの次の直行列車は10時59分発で，1時21分到着予定です。お客さまにはご迷惑をおかけして申し訳ありません。

状況：あなたは午後1時にリバプールで会議がある。あなたがロンドンのキングズ・クロス駅で列車を待っていると次の案内が聞こえる。

質問：あなたはどうしたらよいか。

1 9時59分のリバプール行きの直行列車に乗る。
2 10時2分の列車でチェスターまで行き，リバプール行きの列車に乗り換える。
3 9時31分の列車でクルーまで行き，リバプール行きの列車に乗り換える。
4 10時59分のリバプールへの直行列車を待つ。

解説 中ほどのAlternatively以降で案内されているCrewe経由の列車が，唯一午後1時までにリバプールに到着できる列車である。

edible 形 食用に適した　exclusively 副 もっぱら　thoroughly 副 徹底的に　cripple 動 ～の機能をまひさせる

Real-Life形式の内容一致選択問題を攻略！④

今日の目標

Part 3では，「金額」や「時刻」，「期間」など，似たような情報が次々に連続して出てくる問題も多い。今日は情報の波に飲み込まれずにこのタイプの問題に対処する方法を確認しよう。

ポイント1 選択肢を見て連続した類似情報に備えよう

あらかじめ印刷されている選択肢を見て，同じジャンルや系統に属すると考えられる選択肢ばかりが並んでいる場合には，「Aの場合には…」「Bの場合には…」というような形で同じような情報が繰り返し聞こえてくることが予想される。

例題

（問題用紙に印刷されているSituation・Question・選択肢）

Situation: You want to take a tour of Morocco that offers the best chances to photograph natural scenery. Your budget is $3,000, including meals and hotels. A travel agent is describing tours to you.

Question: Which tour should you choose?

1 Authentically Moroccan.
2 Country Uncovered.
3 Essential Morocco.
4 True Explorer.

解答のテクニック

- まずSituationを確認すると，自然の風景を撮影するのに最高の機会を与えてくれるモロッコのツアーに参加したいと思っていて，予算は食事代とホテル代込みで3,000ドルであることがわかる。
- Questionは「どのツアーを選ぶべきか」，答えの選択肢は「本物のモロッコ」「地方発掘」「基本のモロッコ」「真の探検者」の4つのツアー名である。
- 4つのツアーについて，「行き先」や「料金」などの情報が次々と聞こえてきて，その中から自分の条件に最も合うツアーを選ばなければならないと予測できる。

ポイント2 どの選択肢についての情報なのかを判断しよう

放送が始まったら，今どの選択肢についての説明がされているのかを意識し，Situationで提示された条件に合っているかどうか，その都度判断する。

elicit 動 ～を引き出す　entice 動 ～を引き寄せる　vindicate 動 ～の潔白を証明する　substantiate 動 ～を立証する

例題

39

（放送される英文）

First of all, there's our Authentically Moroccan tour. It emphasizes sacred sites, ancient ruins, and fortifications. You'll also see a bit of the desert but it's mainly oriented toward the country's architecture and tradition. It's $2,800 with great meals and hotels. Next is Country Uncovered. This tour emphasizes spectacular landscapes like the Todra Gorge. It's $3,000, although the food and accommodations are just average, so you'd have to pay extra to upgrade them if you want something more luxurious. Next is Essential Morocco. It's got a decent amount of nature with some desert excursions, although the main emphasis is exploring the city streets downtown. It's $2,700. Finally, we have True Explorer, which is known for its incredible scenic views, as you'll take in incredible desert vistas, seascapes, and mountains. It's $3,000. That includes accommodations, but during your free time, you'll have to be on your own for meals.

解答：2

解答のテクニック

- 最初に「本物のモロッコ」について説明している。砂漠にも行くがメインは聖地・古代遺跡・要塞といった建築と伝統なので，自然の風景を撮影するという条件に合わず，この時点で候補から外れる。食事とホテル代込みで2,800ドルと言っているが，聞き流してよい。
- 次の「地方発掘」は素晴らしい風景が中心で，しかも料金は3,000ドルなので条件に合う。食事と宿泊施設をアップグレードすると追加料金がかかるが，if you want ... と言っているように仮定の話なので，アップグレードしなければ予算ぴったりで収まる。候補に残しておく。
- 次に「基本のモロッコ」について説明している。砂漠の旅もあるがメインは都市の繁華街巡りなので，自然を撮影する機会は「地方発掘」より少なそうである。候補から外し，料金についての説明は聞き流してよい。
- 最後の「真の探検者」は砂漠と海と山の絶景を見ることができて3,000ドルなので条件に合うように思える。しかし，最後のbut以下で自由時間の食事は自分持ちだと言い添えているので，予算オーバーとなり，候補から外れる。
- 最終的に条件に合うのは「地方発掘」のみとなり，正解は**2**と確定できる。

この例題のようにツアー名，あるいは商品名・人名・施設名・曜日・時刻など，選択肢とまったく同じ表現が放送で出てくる場合もあれば，例えば選択肢ではRent a bicycle. となっているのが放送ではbicycle rentalという名詞句になっているなど，表現を多少言い換えている場合もある。いずれにせよ，それぞれの選択肢を示すキーワードがあり，それに続いて判断に必要な条件が出てくるので，キーワードを聞き逃さないよう注意し，常にどの選択肢の説明なのかを明確に意識しておくことが重要だ。

また，条件とそれぞれの選択肢との対応関係をすべて覚えておき，聞き終えてから全体を判断しようとしても，記憶が曖昧になってしまい判断できない可能性がある。一つ一つの選択肢について，できるだけ聞きながら条件に合うかどうかを判断し，明らかに条件に合わないものについては（選択肢に×をつけるなどして）候補から外してしまうのがよい。

しかしながら，条件が「できるだけ安く」となっている場合など，その場ではすぐに判断できない場合もあり得るので，そうしたときは値段など判断に必要な情報を選択肢ごとに聞き取って，簡単にメモしておくことが勧められる。

次のページからは練習問題。ここで学んだことを使って問題を解いてみよう！

allay 動 ～を和らげる　placate 動（怒り・敵意など）をなだめる　stifle 動 ～を抑える　dwindle 動 だんだん減少する

Read the situation and question. Listen to the passage and choose the best answer from among the four choices. The passage will be given only once.

(A)

□□ **No. 1**

Situation: You are attending a conference for people who work at charities. You want to learn more about increasing donations to your organization. You hear the following announcement.

Question: Which room should you go to?

1 The Poplar Room.

2 The Willow Room.

3 The Oak Room.

4 The Maple Room.

rebuke 動 ～を叱責する　wreak 動 （破壊・損害）をもたらす　vie 動 競う　ransack 動 （場所）を徹底的に探す

NOTES

□fundraising　資金集め

(A) No. 1 解答 4

Welcome to the eighth annual Michigan Charities Association Conference. Here are the lectures that we have available for this morning. Our keynote address will be given by Arielle Zawadi and will be held in the Poplar Room at 10 a.m. She will be giving a talk on diversity and inclusion at non-profit organizations. We regret to inform you that Yusef Lateef's discussion of fundraising techniques, scheduled for 10:30 a.m. in the Willow Room, has been postponed. We'll make an announcement when we've made arrangements for a new time. Nathan Baker will be giving a talk on accounting practices for privately funded charitable organizations in the Oak Room at 10:30. Then at 11, we have Richard Chan giving a talk on ways to solicit more contributions for your organization. That will be held in the Maple Room. We hope that everyone will enjoy this morning's activities.

第8回ミシガン慈善協会年次総会にようこそ。本日午前中にご用意している講演は以下のとおりです。基調講演はアリエル・ザワディが行い，午前10時からポプラルームで開かれます。彼女は非営利団体の多様性と包摂について講演します。残念なお知らせですが，午前10時半からウィロールームで予定されていたユセフ・ラティーフによる資金集めのテクニックに関するディスカッションは，延期されました。新しい時間の手配ができたらお知らせいたします。ネーサン・ベーカーが，個人出資の慈善団体向けの会計実務に関する講演を10時半からオークルームで行います。それから11時には，リチャード・チャンが，団体にもっと寄付してもらうよう頼む方法について講演します。これはメープルルームで行われます。皆さま，どうぞ本日午前中のアクティビティーをお楽しみください。

状況：あなたは慈善団体で働く人向けの会議に出席している。自分の団体への寄付を増やすことについてもっと学びたいと思っている。次のアナウンスを聞く。

質問：あなたはどの部屋に行けばよいか。

1 ポプラルーム。
2 ウィロールーム。
3 オークルーム。
4 メープルルーム。

解説「寄付を増やす」ことと部屋の名前に集中して聞く。2つ目の講演が fundraising techniquesに関するものなので目的には合うが，延期されて新しい時間は未定だと言っている。最後の講演がways to solicit more contributions for your organizationなので，これも目的に合う。メープルルームで行われると言っているので，そこに行けばよい。Situationにあるincreasing donationsという表現は放送には出てこないので，言い換えに臨機応変に対応する必要がある。

revitalize 動 ～を復興させる　oust 動 ～を追い出す　skyrocket 動 急騰する　overrun 動 ～にはびこる

(B)

□□ **No. 2**

Situation: You need to renew your driver's license before taking a vacation. You plan to take one afternoon off work next week and visit your local motor vehicle administration office. You call the office and hear the following message.

Question: What day should you visit the office?

1 Tuesday.

2 Wednesday.

3 Thursday.

4 Friday.

relinquish 動 ～を放棄する　vilify 動 ～を中傷する　huddle 動 体を寄せ合う　reverberate 動 鳴り響く

(B) No. 2 解答 4

Hello, you have gotten through to the motor vehicle administration office. We must apologize because at present, extensive construction work to our building is disrupting normal services. Next week, we will be closed all day on Monday and Tuesday. Driving tests will be available mornings only from Wednesday through Friday. License renewal services will be available Wednesday and Thursday mornings and all day Friday. Registration of new vehicles will be available on Wednesday and Thursday afternoons only. Residents who have newly moved to our state are reminded that they must register their vehicles with us within three months of their arrival.

こんにちは，こちらは自動車管理局です。申し訳ございませんが，現在こちらのビルでは大規模な建設工事が行われており，通常の業務を行えない状況となっております。来週月曜日と火曜日は終日業務を停止いたします。実技試験は水曜日から金曜日の午前中に限り受験可能です。免許更新は水曜日と木曜日の午前中，そして金曜日は終日受け付け可能です。新車の登録は水曜日と木曜日の午後に限り受け付け可能です。当州に新たに転入して来られた方は，転入後3か月以内にお持ちの自動車を当局に登録しなければなりませんのでご注意ください。

状況： あなたは休暇を取る前に運転免許を更新しなければならない。あなたは来週，1日午後半休を取って地域の自動車管理局に行く予定である。あなたは局に電話をし，次のメッセージを聞く。

質問： 何曜日に局に行くべきか。

1 火曜日。
2 水曜日。
3 木曜日。
4 金曜日。

解説 3種類の業務について，それぞれ異なる曜日と時間帯に受け付けると言っているが，Situationにある「免許の更新」に絞って聞き取る。免許の更新は水曜日・木曜日の午前，金曜日の終日に可能だが，午後に休みを取る予定なので，手続きができるのは金曜日のみである。

NOTES

get through toで「～に電話が通じる」。同じ意味でreachという動詞も使える。

□ disrupt ～を中断させる

□ renewal 更新

(C)

□□ **No. 3**

Situation: You are interested in volunteering at a children's center. You are available on weekday afternoons, and you would like to help children learn to read. A volunteer coordinator is giving an orientation.

Question: Which program should you volunteer for?

1 Super Kids.

2 School Champs.

3 Growing Minds.

4 Cool Kids' Club.

deepen 動 ～を深める　devise 動 ～を考案する　dictate 動 ～を（必然的に）決定づける　differentiate 動 ～を区別する

NOTES

(C) No. 3 解答 4

Thanks so much for your interest in volunteering here at the Glendale Children's Center. We have various programs. One program that we need volunteers for urgently is called Super Kids. It's designed to help young immigrants acquire oral skills in English. It's on Thursday afternoons. Next is our School Champs program. It's focused on kids who are struggling with arithmetic and is held on Tuesdays at 4 p.m. After that, there's Growing Minds. Volunteers in the program help children understand a variety of written materials, including novels and non-fiction, and it is held on Mondays at 11 a.m. Finally, we have the Cool Kids' Club. It's held on Mondays and Fridays at 2 p.m. and helps children who are struggling to develop basic literacy skills. If you'd like to get involved with one of these programs, please talk to me or one of the other volunteer coordinators.

ここグレンデールこども館でのボランティア活動に関心を持っていただきどうもありがとうございます。当館にはさまざまなプログラムがあります。緊急にボランティアが必要なプログラムの1つは，スーパーキッズというものです。若い移民が英語を話す力をつけるのを助けることを目的としています。木曜日の午後にやっています。次はスクールチャンプスプログラムです。算数で苦労している子供に焦点を当てており，火曜日の午後4時に行っています。続いては，グローイングマインズがあります。このプログラムのボランティアは，小説とノンフィクションを含むさまざまな文書の教材を子供が理解する手助けをし，月曜日の午前11時に行っています。最後はクールキッズクラブです。月曜日と金曜日の午後2時に行われていて，基本的な読み書きの力を養うのに苦労している子供の手助けをします。これらのプログラムのどれかにかかわりたいと思われる方は，私か，ほかのボランティアコーディネーターの誰かに相談してください。

状況： あなたはこども館でボランティア活動をすることに関心がある。平日の午後が空いており，子供が読み方を覚える手助けをしたいと思っている。ボランティアコーディネーターがオリエンテーションを行っている。

質問： あなたはどのプログラムのボランティアに申し込めばよいか。

1 スーパーキッズ。
2 スクールチャンプス。
3 グローイングマインズ。
4 **クールキッズクラブ。**

解説 平日の午後に読むことの手助けをできるプログラムを選ぶ。スーパーキッズはoral skills「話す力」，スクールチャンプスはarithmetic「算数」なので対象外。グローイングマインズはwritten materials「文書の教材」を使うので「読む」ことになるが，午前11時からなので参加できない。クールキッズクラブはliteracy skills「読み書きの力」なので「読む」が含まれ，時間も平日の午後なので，これに申し込むことになる。Situationで使われているreadという動詞が出てこないことに注意したい。

dissent 動 意見を異にする　inception 名 初め　stigma 名 汚点　freight 名 貨物

インタビューの内容一致選択問題を攻略！②

今日の目標

インタビューは聞き手の質問にゲストが答える形で少しずつ話題を変えながら進んでいくので，話題の展開についていくことが重要である。今日はそのための注意点をいくつか確認しておこう。

ポイント1 冒頭部分でゲストの仕事をしっかり把握しよう

インタビューの放送が始まる前に，ゲストの名前と職業が簡単に紹介される。インタビューの冒頭でも，聞き手が仕事やバックグラウンドについてゲストに質問し，ゲストがそれに答えている場合が多いので，冒頭部分でゲストの仕事内容や人物像をしっかりと理解することが必要である。

例題

43

This is an interview with Noel Younger, a computer systems analyst.

Interviewer (I): Today, we are pleased to welcome Noel Younger to the program. Hello, Noel. Perhaps you could tell us first, exactly what it is that you do.

Noel Younger (N): Hello, Jane. Of course, I'd be delighted to. Well, a computer systems analyst is the name for someone who sets up computer systems for companies or attempts to solve problems that occur with those systems.（以下略）

解答のテクニック

- インタビューの前にa computer systems analystと紹介されていることから，ゲストがコンピュータシステムアナリストだとわかる。また，最初のやりとりでの答えから，企業のコンピュータシステムを構築したりシステムに起こる問題を解決したりすることが仕事の内容だとわかる。

ポイント2 聞き手の質問とゲストの回答をセットで把握しよう

インタビュー終了後に放送される質問は，会話中の聞き手の質問を客観的に言い換えたものであることが多い。ゲストはエピソードや感想で肉付けしたり多少話を脱線させたりしながら質問に答えるので，ゲストの話のどの部分が聞き手の質問への回答に当たるのかを的確に把握することが必要だ。

例題

44

（問題用紙に印刷されている選択肢）

No. 1

1 He got a job in the computer department of a record company.
2 He studied to be a systems analyst at university.
3 He entered the field while traveling in Asia.
4 He was trained while working at a bank.

turmoil 名 騒ぎ　neutrality 名 中立性　sovereignty 名 主権　dilemma 名 ジレンマ

（放送される英文と質問のうちの１つ）

（前略）**I:** So, how did you become a systems analyst?

N: Actually, it was by chance. When I entered the field, there were very few university programs in computing, so most people working in computing were to some degree self-educated. Umm, I did math at university and as part of my course I studied some computer programming, which was still at a fairly primitive stage then. After I left university, I traveled about in Asia for a bit, and then I got a job with a record company. There I was asked to work with the new computer department. I found I had a knack for computing and so I started to do it full-time.（以下略）

Question:

No. 1 What led Noel Younger to become a systems analyst? **解答：1**

解答のテクニック

- 聞き手は，どのようにシステムアナリストになったのかを尋ねている。ゲストは，大学時代と卒業後の旅行のエピソードを述べた後，レコード会社に就職したら新設のコンピュータ部門で働くよう頼まれたと述べている。これが，聞き手の質問に対する直接の回答だと考えられる。放送される質問が聞き手のこの質問と同じ主旨だとわかれば，正解として**1**を選ぶのは難しくない。

ポイント３ 話題の連続性にも注意しよう

インタビューでは基本的に聞き手がある話題について質問し，ゲストがそれに答えてその話題は終わり，聞き手がまた新たな話題について質問するという構成となるが，ほとんどの場合，新たな話題は前の話題（あるいはその中で言及された事柄）と何らかのつながりがある。前の話題とのつながりを意識することが，新たな話題を理解する上でも助けになる。例題の続きを見てみよう。

例題

45

（放送される英文の一部分）

N:（中略）I found I had a knack for computing and so I started to do it full-time.

I: A knack? What kind of knack?

N: Well, I think it's connected to my love of mathematics—I've had that ever since I was a child. I find it really easy to understand how computer programs work, and I always enjoy making and improving them. Of course, the whole field has become much more specialized now, and I couldn't do the really technical stuff.（以下略）

解答のテクニック

- 聞き手は「どういう才能ですか」と尋ねている。これは，コンピュータ部門で働くよう頼まれ，自分にコンピュータの才能があることがわかった，というゲストの直前の発言を受けて，「才能」という新たな話題を提示し，それについて発言を促す質問である。このように，前の話題の中では中心となるポイントからやや外れていた事柄を，新たに中心的に取り上げて次の話題につなげていくという技法は，実際のインタビューでもよく用いられる。

次のページからは練習問題。ここで学んだことを使って問題を解いてみよう！

evaluation 名 評価　expedition 名 遠征　ideology 名 イデオロギー　pill 名 錠剤

練習問題

Listen to the interview and choose the best answer from among the four choices.
The interview and the questions will be given only once.

□□ **No. 1**
1 He tried too hard not to pressure his customers.
2 He placed too much emphasis on multicultural art.
3 He used ineffective ways of attracting visitors.
4 He did not have enough investors.

□□ **No. 2**
1 Start their own business as soon as possible.
2 Prioritize organizing many glamorous exhibitions to get customers.
3 Get experience in the financial sector first.
4 Make sure they have sufficient funds before opening their galleries.

priest 名 聖職者　warrior 名 戦士　archive 名 公文書保管所　descendant 名 子孫

This is an interview with Yusef Abbas, an art gallery owner.

Interviewer (I): Welcome to Art Chat. I'm your host, Ingrid Myers, and today I'm interviewing the owner of a gallery here in Greenville, Yusef Abbas.

Yusef Abbas (Y): Thanks for having me.

I: So, could you tell us a little about how you came to own a gallery?

Y: Well, I graduated with a degree in fine art, and I was hired by the city museum. And while working there for about a decade, I had developed a lot of contacts in the art community. At that time, the city's culture was becoming more diverse, and I realized there was an opportunity for a gallery that showcases multicultural artists.

I: Did you encounter any challenges when you first opened up?

Y: Well, as I mentioned, I already knew some fantastic artists, and they were lacking in representation, so I was confident in my ability to make a splash in the art scene here in town. I was really gratified by how well attended our first shows were, but the sales weren't anywhere near what we expected. Through this, I learned that selling art shouldn't be based on mass marketing, so you have to convince people that they should buy something because it's unique, rather than popular. Also, we were trying to avoid pressure tactics, but we actually went a little too far in that direction. For example, if a visitor was interested in a piece but couldn't afford it, we'd just let them walk out. But now we make an effort to keep in contact with potential buyers—you know, getting their e-mail addresses and notifying them of similar shows in the future, etc. It's also crucial to establish a connection with the customer and educate them about how a particular work of art can contribute to their living environment. It took quite a while to figure that out, and when I did, that's when the gallery got more successful.

I: Do you have any advice for those who are interested in becoming gallery owners?

Y: Well, there's no substitute for experience. No matter how much you know about art or what your business background is, you'll want to get experience working in a gallery before owning one. And you need to remember that your expenses are always going to be higher than you anticipate when you first start up. Therefore, it's absolutely essential to have investors or substantial savings. One other thing to keep in mind is that it's certainly not always a glamorous profession. Keeping accurate records relating to clients, sales, prices, etc. is a never-ending process, and getting the works insured can be incredibly complicated. And you wouldn't believe how much time and effort goes into organizing even the simplest exhibition.

I: And how about artists who want to sell to gallery owners like you? Do you have any advice for them?

Y: Well, in one sense, a lot of a gallery owner's decision about who to display is based on intuition. But beyond that, one thing an artist needs to do is to be professional and have a series of works that have something in common so the owner can get an idea of who the artist is and what their work is like. The owner needs to get a sense of the

NOTES

□ showcase
～を魅力的に見せる

□ make a splash
世間をあっと言わせる

□ not anywhere near
少しも～でない

throng 名 群衆　zenith 名 絶頂　propensity 名（しばしば好ましくない）傾向　atrocity 名 残虐行為

NOTES

artist's style, so when selecting work to submit, it's important that there's a somewhat unified set of pieces so they can understand your vision.

I: Well, that's all our time for today. Thanks so much, Yusef.

Y: My pleasure.

Questions:

No. 1 What mistake did Yusef make when his gallery first opened?

No. 2 What advice does Yusef give to prospective gallery owners?

これはアートギャラリーのオーナーであるユセフ・アッバスとのインタビューです。

聞き手（以下「聞」）：アートチャットにようこそ。司会のイングリッド・マイヤーズです。本日は，当地グリーンビルでギャラリーを所有されているユセフ・アッバス氏にインタビューします。

ユセフ・アッバス（以下「ユ」）：呼んでいただきありがとうございます。

聞：さて，ギャラリーを所有するようになった経緯を少しお話しいただけますか。

ユ：えー，私は芸術の学位を取って卒業し，市の美術館に雇われました。そしてそこで10年ほど働いている間に，美術界でコネをたくさん作ってありました。当時，市の文化は多様性を増していて，多文化のアーティストの魅力を紹介するギャラリーにチャンスがあると気づきました。

聞：最初にギャラリーを開いたとき，何か難題に直面しましたか。

ユ：えー，今言ったように，素晴らしいアーティストをすでに何人か知っていて，彼らには表現の場が不足していましたから，私は，この町でアートシーンに一石を投じることができるという自信がありました。最初のころの展示会は人の入りがよかったのでとてもうれしかったですが，売り上げは予想に遠く及びませんでした。このことを通して学んだのは，芸術作品を売ることはマスマーケティングに基づくべきではなくて，何かを買うべきだと人を納得させるには，それが人気だからではなく，それがほかにないものだからでなければならない，ということでした。また，私たちは圧力をかける売り方を避けようとしていたのですが，その方面では実際は少しやりすぎていました。例えば，来訪者が作品に興味はあるけれども買うお金がない場合，私たちはそのままお帰りいただいていました。ですが今は，潜在的な買い手とは連絡を取り続けるよう努力しています――つまり，メールアドレスを教えてもらい，今後似たような展示会があったら通知する，といったことです。顧客とのつながりを確立して，ある特定の芸術作品がその人の生活環境にどのように貢献し得るかについて教えることもとても重要です。それがわかるのにかなり時間がかかりましたが，わかったら，それからギャラリーはもっと成功しました。

聞：ギャラリーのオーナーになることに関心がある人に何かアドバイスはありますか。

ユ：そうですね，経験に代わるものはありません。芸術にどれだけ詳しくても，ビジネスの経歴がどんなものでも，オーナーになる前にギャラリーで働く経験をした方がいいです。そして覚えておく必要があるのは，最初に始めるときは，経費が必ず予想を上回ることです。ですから，投資してくれる人がいるか，相当の貯金があるかが絶対に必須です。もう1つ心に留めておくべきなのは，決して，必ずしも華やかな職業ではないということです。顧客や売り上げ，価格などに関する正確な記録をつけるのはいつ終わるとも知れない工程ですし，作品に保険をかけるのは信じ難いほど複雑なこともあります。

cessation 名 停止　pretense 名 ふり　bounty 名（自然の）豊かな恵み　hunch 名 直感

そして，ごくシンプルな展覧会であっても，準備にどれだけの時間と努力が費やされるか，信じてはもらえないでしょう。

聞： それから，あなたのようなギャラリーオーナーに作品を売りたいと思っているアーティストに関してはどうですか。彼らに何かアドバイスはありますか。

ユ： えー，ある意味，誰を展示するかというギャラリーオーナーの決断の多くは，直感に基づいています。ですがそれを超えて，アーティストがしなければならない1つのことは，プロフェッショナルであること，そのアーティストがどんな人でその人の作品がどのようなものかをオーナーが理解できるよう，何か共通要素のある一連の作品を持っていることです。オーナーはそのアーティストのスタイルを感覚としてつかむ必要があるので，提出する作品を選ぶ際は，オーナーにビジョンを理解してもらえるよう，ある程度統一されたひとまとまりの作品があることが大切です。

聞： さて，本日はこれで時間が来てしまいました。どうもありがとうございました，ユセフ。

ユ： こちらこそ。

No. 1 解答 1

質問： 自分のギャラリーを最初オープンしたときユセフはどんな間違いをしたか。

1 顧客に圧力を与えないよう無理をしすぎた。
2 多文化のアートを重視しすぎた。
3 来訪者を呼び寄せる効果のない方法を用いた。
4 投資してくれる人が十分にいなかった。

解説 ユセフは3つ目の発言で，オープン当初人の入りはよかったのに売り上げが少なかったことに関して，反省点を2つ述べている。1つは，人気のあるものを大勢に売ろうとするマスマーケティングの手法ではだめだということ。もう1つは，何が何でも買わせようとするpressure tacticsを避けようとするあまり，作品を買うお金がない人には帰ってもらうという姿勢だったこと。**1**が後者と一致する。

No. 2 解答 4

質問： 将来ギャラリーのオーナーになりそうな人たちにユセフはどんなアドバイスをしているか。

1 できるだけ早く事業を立ち上げること。
2 顧客をつかむために，多くの華やかな展覧会を企画することを優先すること。
3 最初に金融分野で経験を積むこと。
4 ギャラリーをオープンする前に，確実に十分な資金を持っておくこと。

解説 ギャラリーオーナー志望者へのアドバイスを聞かれたユセフは，4つ目の発言で3つのことを言っている。まず，ギャラリーで働いて経験を得ること。次に，オープン当初はお金がかかるので，投資してくれる人か，かなりの貯金が必要なこと。最後に，ギャラリーオーナーは必ずしも華やかなものではなく，実際は地道な努力を必要とする職業だということを心に留めておくこと。2つ目のアドバイスで言っている have investors or substantial savings を**4**が have sufficient funds とまとめている。

NOTES

30日目 リスニング4

perpetrator 名 加害者　ailment 名 病気　neurologist 名 神経科医　precipitation 名 降水量

□□ **No. 3** **1** They start imitating the poorly behaved students.
2 They get bored of being taught things twice.
3 They learn mature behavior from older students.
4 They get better general knowledge.

□□ **No. 4** **1** There tends to be some overlap between them.
2 The upper-year material is usually easier to teach.
3 They emphasize language and math the most.
4 They are based on the latest education research.

foray 名 進出　savvy 名 手腕　clamor 名 抗議の叫び　adherence 名 忠実に守ること

This is an interview with Jasmine Tajima, an elementary school teacher.

Interviewer (I): Today, we are talking to Jasmine Tajima from North Hill Elementary School. Jasmine, thank you for coming.
Jasmine Tajima (J): Thank you for inviting me.
I: She's here to tell us about the current trend toward split classes. Could you tell us a bit about what they are?
J: Well, basically, it's when one class has students from two or more grades in it. They're becoming more common, not just in rural areas with low populations, but in urban centers as well. Schools find it useful for balancing class sizes. With split classes, you don't get overcrowded classes in one grade and classes with lots of empty seats in another. And in our current era of tightening school budgets, it's a way for schools to reduce expenditures on salaries. However, it has educational and developmental benefits for the students as well.
I: So, what are some of the benefits?
J: Well, for the younger students, they're in an educational environment with wonderful role models. You know how kids love to imitate other children, right? Well, when they're exposed to these older students, they learn from their behavior and some of their maturity seems to rub off on the younger ones. And you know how they say that one of the best ways to acquire knowledge is to explain it to someone else? Well, the younger kids frequently turn to the older ones for help with their work, so the older ones really benefit from providing guidance to their younger classmates. You don't see these things as much in ordinary classrooms.
I: I understand that parents often have concerns about combined classrooms, though.
J: Yes, unfortunately, many parents are under the impression that kids will get taught the same things twice or that the older kids who get put into the classroom are going to be the weakest students. That's not the case, however. When teachers assign children to combined classes, we look more at how their personalities and learning styles will match with each other. In particular, for the older students, children who can thrive when working independently may be more likely to be placed in a split class.
I: So, what's it like for teachers?
J: Well, to be honest, the first time I taught one, I did find it a bit intimidating having to familiarize myself with the curriculum for two years instead of one. However, one thing in the teachers' favor is that if you do a side-by-side comparison of the curriculum for two different years, you'll see many cases where the differences are quite minor. For example, it might say, "reads a variety of texts" for one year and "reads a variety of complex texts" for another. And math tends to build heavily on concepts used in previous years, so something can be a review for the older students and new for the younger ones, and then the teacher can have the younger ones practice the new concept while you build on it with the older ones. You do have to be quite organized, but it turned out to be much easier than I thought.

NOTES

□ rub off on （性質などが）～に乗り移る

□ turn to ～に頼る

□ intimidating おじけづかせるような

□ build on ～を基礎にして発展する

NOTES

I: Thanks for sharing all this with us today.
J: My pleasure.
Questions:
No. 3 What is one effect that is sometimes seen in younger students in split classes?
No. 4 What does Jasmine imply about the curriculums in split classes?

これは小学校教師のジャズミン・タジマとのインタビューです。

聞き手（以下「聞」）：本日はノースヒル小学校のジャズミン・タジマさんにお話を伺います。ジャズミンさん，おいでいただきありがとうございます。

ジャズミン・タジマ（以下「ジ」）：呼んでいただきありがとうございます。

聞：彼女には複式学級への現在の動向について教えていただくためにお越しいただきました。それが何なのか，少し教えていただけますか。

ジ：えー，基本的に，1つのクラスに2つ以上の学年の生徒がいる場合のことです。人口の少ない田舎だけでなく，都会の中心地区でもより普通になりつつあります。学校にとっては，クラスサイズのバランスを取るのに便利です。複式学級だと，ある学年のクラスは過密で別の学年のクラスは空席がたくさんある，ということがありません。そして，学校予算を緊縮する今の時代では，この方法は学校が給与支出を減らす1つの方法です。ですが，生徒にとっても教育的メリットと発達面でのメリットがあります。

聞：では，メリットにはどんなものがありますか。

ジ：えー，年下の生徒にとっては，素晴らしいロールモデルのいる教育環境にいることになります。子供がほかの子供をまねるのが大好きなのはわかりますよね。えー，年上の生徒と直接触れ合うと，子供は彼らの行動から学び，彼らの成熟が少し年下の生徒に乗り移るように思えます。そして，知識を身につける最良の方法の1つはほかの人に説明することだと言いますよね。えー，しばしば年下の子供は勉強を手伝ってほしいと年上の子供に頼りますから，年上の子供は，年下の同級生を指導することによって大きなメリットがあります。通常の教室では，こうしたことはそんなに見られません。

聞：親は複式学級にしばしば懸念を持つと思いますが。

ジ：はい，残念ながら多くの親御さんは，子供が同じことを2回教わるとか，その教室に入れられる年上の子供は最も能力の低い生徒になると思い込んでいます。ですが，そんなことはありません。教師が子供を複式学級に割り当てるときは，性格と学習スタイルが互いにマッチするかの方をより検討します。特に，年上の生徒に関しては，自主的に学習するときに生き生きとできる子供の方が，複式学級に入れられる可能性が高いかもしれません。

聞：では，先生方にとってはどんな感じですか。

ジ：えー，正直言って，初めて複式学級を教えたときは，1年分でなく2年分のカリキュラムに慣れなくてはいけないことにちょっとおじけづきました。ですが，教師にとっていいことの1つは，2つの異なる学年のカリキュラムを並べて比較すると，違いがごく小さい場合が多いとわかることです。例えば，1つの学年には「さまざまな文章を読む」，もう1つの学年には「さまざまな複雑な文章を読む」と書いてあるかもしれません。それから，数学はそれまでの学年で使った概念に大きく基づいて次に進む傾向がありますから，あることが年上の生徒には復習で年下の生徒には新しい，ということもあり得ますし，そうすれば教師は，年上の生徒にはそれに基づいて先に進む一方で，年下の生徒にはその新しい概念を練習させることができます。かなりうまく準備しておかなければならないのは確かですが，やってみると思ったよりず

casualty 名 死傷者　censorship 名 検閲　clarity 名（画像などの）鮮明さ　confederate 名 共犯者

っと簡単でした。
聞：今日はいろいろなお話を聞かせていただきありがとうございました。
ジ：どういたしまして。

No. 3 解答 **3**

質問：複式学級の年下の生徒に時々見られる影響の1つは何か。
1 素行のよくない生徒のまねを始める。
2 物事を2回教わることに飽きる。
3 年上の生徒から成熟した振る舞いを学ぶ。
4 よりよい一般常識を得る。

解説 複式学級のメリットについて尋ねられたジャズミンは，3つ目の発言で，some of their（＝年上の生徒の）maturity seems to rub off on the younger onesと言っている。これを，主語と述語を入れ替えて，learnを使ってまとめた**3**が正解。

No. 4 解答 **1**

質問：複式学級のカリキュラムについてジャズミンは暗に何と言っているか。
1 部分的重複がある傾向がある。
2 上級生の教材の方がたいてい教えやすい。
3 言語と数学を最も重視している。
4 最新の教育研究に基づいている。

解説 ジャズミンは5つ目の発言で，2つの学年のカリキュラムには違いがそれほどないこと，また，例えば数学は前の学年で学んだ内容を基礎にしていることを述べている。つまり，**1**のように，異なる学年のカリキュラムにはoverlap「部分的重複」があることになる。

NOTES

confession 名 自白　conjunction 名 結合　consultation 名 相談　contributor 名 一因

インタビューの内容一致選択問題を攻略！③

今日の目標

インタビューは聞き取り時間が長いため，聞き慣れない表現に引っかかって話についていけなくなったり，その前の部分で聞き取った内容を忘れてしまったりする可能性もある。今日は，そういった事態を避けるためのポイントを確認しておこう。

ポイント1 頻出表現を押さえておこう

インタビューの会話の進め方には大まかな定型があり，質問のパターンはそれほど多くない。聞き手からの質問でよく使用される表現をあらかじめ押さえておくと，落ち着いて聞き取りを進めることができる。以下に例をいくつか示す。

インタビューの頻出表現	
I'd like to start by asking	…を聞くことから始めたいのですが。
Could you tell us a bit about ...?	…について少し教えていただけますか。
What made you decide to become ...?	どうして…になろうと決めたのですか。
Are there any benefits or disadvantages to ...?	…には何かメリットやデメリットはありますか。
What sort of challenges do you face in ...?	…においてどんな困難に直面しますか。
Do you think companies are doing enough to ...?	…するために企業は十分なことをしていると思いますか。
What advice would you give to ...?	…にどんな助言をしますか。
What kinds of skills does someone need to ...?	…するためにはどんなスキルが必要ですか。

会話が進むにつれ，聞き手はゲストの発言内容に合わせて質問を臨機応変に変えていく。しかし質問自体は短いので，ゲストの言葉を理解できてさえいれば，慌てずに会話を追うことができるはずだ。

ポイント2 フレーズ単位でメモを取りながら聞こう

聞き取った内容を忘れないためのもう1つのポイントは，メモを取ることである。**会話を聞きながら，重要と思われる箇所を，できればフレーズ単位でメモすることが望ましい。**長い単語を略したり，適宜日本語で書いたりすると効率的だ。

では，9日目の例題（p.68参照）を使って，メモの例を見てみよう。聞き手の発言には○で印をつけてある。

covenant 名 規約　doctrine 名 教義　dwelling 名 住宅　enclosure 名 囲われた土地

メモの例

pro tr
tech tr
○きっかけ
at first: novel essay
バイリン UK
大学：日本文学
workない　文学tr
demand：tech tr
○実際のtr

例題

(問題用紙に印刷されている選択肢と放送される質問のうちの1つ)

1 Become a professor in a Japanese university.
2 Start her own translation agency.
3 Write novels both in English and Japanese.
4 Translate Japanese literature into English.

Question:

No. 1 What did Naoko want to do at first? **解答：4**

解答のテクニック

- インタビュー前のゲスト紹介でprofessional translatorと言っているので，メモしておく。翻訳が会話の主題になるのは明らかなので，translatorもtranslationもtrと略すことに決める。自分でわかれば，どんな書き方でもよい。
- どんな翻訳をしているのかという聞き手の質問に対して，technical translationと答えているのでそれをメモしておく。
- 聞き手のhow did you get into ...? という質問は，その職業に就いた経緯を尋ねる定番の質問の1つなので，「きっかけ」程度にメモすればよい。最初はnovels or essaysの翻訳に関心があった，イギリスでバイリンガルに育った，日本の大学で日本文学を学んだが文学翻訳の仕事はなかなか見つからなかった，技術翻訳の需要は多かった，という話の要点をできるだけ簡潔にメモしていく。
- 質問は「ナオコが最初にしたかったことは何か」。メモには質問と同じat firstという語句があり，続けてnovel essayと書いてある。「小説とエッセイ」は，日本の大学で学んだのに翻訳の仕事がなかった文学のジャンルだから，**4**のように，日本文学を英語に翻訳することがナオコの最初の希望だったことになる。

次のページからは練習問題。ここで学んだことを使って問題を解いてみよう！

excavation 名 発掘　exploitation 名 搾取　firearm 名 小火器　forefront 名（活動などの）最先端

練習問題

Listen to the interview and choose the best answer from among the four choices.
The interview and the questions will be given only once.

□□ **No. 1**

1 All members of the family should be involved in it.
2 There is more emphasis on punishment in America.
3 It starts much later for Japanese children.
4 TV causes many discipline problems in America.

□□ **No. 2**

1 Japanese teams travel less than American ones.
2 Japanese coaches had more baseball knowledge.
3 It is generally more focused on competition than in America.
4 The Japanese teams practiced less than American ones.

generosity 名 気前のよさ　genre 名 ジャンル　prolific 形 多作の　dissident 形 異論を持つ

NOTES

This is an interview with Richard Peterson, the author of a book.

Interviewer (I): Hi, I'm your host, Sara Inoue. Thanks for coming in to talk to us on Book Beat today, Richard.
Richard Peterson (R): Thanks for having me.
I: So, could you tell us a little about your book and background?
R: Well, my book is based on raising children in both the United States and Japan. I'm from New York, and I came to Japan as an English teacher. I was just planning to stay for one year, but I had the time of my life, so I decided to stay for one more. And then I decided to stay for another, and the next thing I knew, 10 years had passed and I got married with a Japanese woman and we got two sons. We were planning to stay here in Japan, but a few years ago, when my sons were in fourth and seventh grade, we had to move back to the States to take care of my elderly mother after my father died.
I: So, your book is based on your experiences living in two different countries?
R: Exactly. We noticed some huge differences in the way children are raised, and I thought they would be interesting for readers in both the United States and Japan.
I: What were some of the bigger things that you noticed?
R: I was quite interested in the way children are disciplined in Japan. When I behaved poorly as a child, my parents would often do things like taking away my TV privileges or sending me to my room. But I found that in Japan, that type of thing is much less common. Instead, I noticed that parents and teachers would often explain to the child that they had let the other people around them down. Like, for example, if one of my sons misbehaved at a family event, my wife would go on and on about how her relatives had traveled so far to see him and how disappointed they would be that he was refusing to cooperate. I could really see how it reflected the group identity that you hear about so much in Japan. I found it really interesting because she wasn't trying to force our sons to behave. She was trying to change their thinking so that they would want to cooperate.
I: I enjoyed the section of your book about sports. Could you tell us about that?
R: One thing I noticed was the emphasis on form in Japan. When my kids joined a baseball club in America, everyone was amazed at how beautiful their swings were. Another thing was I was surprised by the intensity of the sports training for kids here. In America, there are recreational teams where the emphasis is on fun and exercise, and then there are travel teams where there's more emphasis on competition. The travel teams practice much more intensely, and as the name implies, they might travel to different cities, or even out of state for games. So, when we were looking for baseball teams for our sons in Japan, we expected to find both kinds, but there didn't seem to be any casual options available. I really respected the knowledge and dedication of the Japanese coaches, but the players were constantly being scolded and yelled at. American coaches tended to use a lot more

□ have the time of *one's* life
とても楽しい思いをする

the next thing *one* knows「気がついたら，いつの間にか」は名詞句ではなく，副詞的に用いられる。

privilegeは「特権」だが，ここでは「楽しみ，好きなこと」といった意味で，子供のしつけに関して用いられる。衣食住など生活に必須のright「権利」を超えたものがprivilegeという考え方。

oral 形 口頭の　illustrious 形 著名な　pinpoint 形 非常に正確な　exorbitant 形 法外な

NOTES

praise. My sons are never going to be major leaguers, so our family would have been happy if there had been more options for players that are just interested in recreation.

I: That's interesting. Well, I'm afraid that's all we have time for today. Thanks so much.

R: It was my pleasure.

Questions:

No. 1 What does Richard imply about child discipline?

No. 2 What was one thing that surprised Richard about baseball for his kids in Japan?

これは本の著者であるリチャード・ピーターソンとのインタビューです。

聞き手（以下「聞」）：こんにちは，司会のサラ・イノウエです。本日はブックビートでお話しいただくために来ていただきありがとうございます，リチャード。

リチャード・ピーターソン（以下「リ」）：呼んでいただきありがとうございます。

聞：では，ご著書と背景について少しお話しいただけますか。

リ：えー，私の本は，アメリカと日本両方での子育てをもとにしています。私はニューヨーク出身で，英語の教師として日本に来ました。1年だけいる予定だったのですが，とても楽しかったので，もう1年いることにしました。そしてまたさらに1年いることにして，気がついたら10年が過ぎており，日本の女性と結婚して息子が2人できていました。私たちはここ日本にずっといるつもりだったのですが，数年前，息子たちが小学4年生と中学1年生のとき，私の父が亡くなって，高齢の母の世話をするためにアメリカに戻らなければなりませんでした。

聞：ということは，ご著書は2つの違う国での経験に基づいているということですね。

リ：そのとおりです。子育てのやり方にいくつかすごく大きな違いがあると気づき，アメリカの読者にも日本の読者にも興味深いだろうと思いました。

聞：お気づきになった点のうち，比較的大きなこととしてはどんなことがありましたか。

リ：日本の子供のしつけ方にとても興味がありました。子供のころ私がいけないことをすると，両親は，テレビの楽しみを取り上げたり，自分の部屋に入っているよう私に言ったりしたものでした。ですが，日本ではそうしたことははるかに珍しいとわかりました。その代わり親と教師は，周りの人たちをがっかりさせた，と子供にしばしば説明することに気がつきました。例えば，うちの息子の1人が親族のイベントでいけないことをしたとしたら，妻なら，親戚の人たちは彼に会いにはるばる来てくれたのに，彼が非協力的でみんながっかりするだろう，といったことを延々と話すでしょう。これが日本で非常によく耳にする集団アイデンティティを反映していることが，よくわかりました。私がこれをとても興味深いと思ったのは，彼女は息子たちに行儀よくしろと強制しようとしていたのではないからです。彼女は，息子たちが協力的になるよう考え方を変えようとしていたのです。

聞：ご著書のスポーツに関する章が面白かったです。それについてお話しいただけますか。

リ：私が気づいた1つのことは，日本ではフォームが重視されることです。子供たちがアメリカで野球クラブに入ったとき，彼らのスイングが美しいのでみんなびっくりしていました。もう1つ，こちらでは子供のスポーツトレーニングが厳しいことに驚きました。アメリカでは，楽しさと体を動かすことを

insurmountable 形 克服不可能な　catastrophic 形 破滅的な　comparable 形 似通った　cosmetic 形 美容の

NOTES

重視するレクリエーションチームがあり，そしてさらに，競争をより重視するトラベルチームがあります。トラベルチームの方が練習ははるかに厳しく，名前が暗に示すように，試合をするためにいろいろな町へ遠征したり，州を越えたりすることすらあります。なので，日本で息子たちの野球チームを探しているとき，どちらのタイプも見つかると思っていたのですが，参加できる気軽な選択肢は1つもないようでした。私は日本のコーチの知識と献身をとても尊敬していましたが，選手は常にしかられたり怒鳴りつけられたりしていました。アメリカのコーチは，褒め言葉をずっと多く使う傾向がありました。息子たちがメジャーリーガーになることは絶対ありませんから，レクリエーションに興味があるだけの選手にもっと選択肢があったら，私たち家族はうれしかったでしょう。

聞： 興味深いお話です。えー，残念ですが今日はこれで時間となりました。ありがとうございました。

リ： どういたしまして。

No. 1 解答 2

質問： リチャードは子供のしつけについて暗に何と言っているか。

1 家族全員がかかわるべきだ。
2 アメリカでは罰を与えることがより重視される。
3 日本の子供の方がはるかに遅く始まる。
4 アメリカではテレビが多くのしつけの問題の原因になっている。

解説 リチャードは4つ目の発言で，アメリカと日本のしつけの違いについて述べている。アメリカについては，テレビを見せてもらえなかったり自分の部屋にいるように言われたりしたという自身の体験を話している。一方日本については，周りの人をがっかりさせたなどと，集団への帰属意識を教えるしつけ方をするといったことを述べている。比較すると，アメリカでは子供に直接罰を与えるしつけが一般的だと考えられる。

No. 2 解答 3

質問： 日本で子供たちの野球についてリチャードを驚かせたことの1つは何か。

1 日本のチームはアメリカのチームほど遠征しない。
2 日本のコーチの方が野球の知識を多く持っていた。
3 一般的にアメリカよりも競争に焦点を置いている。
4 日本のチームの方がアメリカのチームより練習しなかった。

解説 リチャードは5つ目の発言で，日本とアメリカの少年野球を比較している。日本について指摘しているのは，フォームを重視することとトレーニングが厳しいこと。一方アメリカには，レクリエーション重視と競争重視の2つのタイプのチームがあると述べている。見つからなかったと言っているcasual optionsはレクリエーション重視のチームを指すので，日本には競争重視のチームが多いということになる。コーチの知識の話もしているが，**2**のようにアメリカのコーチと比べているわけではない。

disastrous 形 壊滅的な　freelance 形 フリーランスの　ideological 形 イデオロギーの　inadvertently 副 不注意に

□□ **No. 3** **1** She enjoys solving various types of problems.
2 She is able to play games while working.
3 It has helped her to become more creative.
4 It gives her chances to communicate with other gamers.

□□ **No. 4** **1** The testing of many games has become much easier.
2 Many games' reviews have become much worse.
3 Some companies release games before they are ready.
4 Many video games have become more expensive.

admittedly 副 誰もが認めるとおり　allegedly 副 伝えられるところによると　extensively 副 広範に　firmly 副 堅く

NOTES

This is an interview with Gail Tyler, a game designer for a major software publishing company.

Interviewer (I): Gail, thanks for coming in to speak to us today.
Gail Tyler (G): Oh, it's my pleasure. I'm excited to be here.
I: First of all, could you explain what the difference between a game designer and a programmer is?
G: Well, game designers are people who come up with the game's overall concept and the design of the various levels. And they also plan out how the game will be played—what the game world is like, and the various abilities of all the characters and enemies. Programmers are the ones who implement these ideas by inputting the instructions into the software. In my case, although I'm mainly a game designer, I started as a programmer, and sometimes I do some programming.
I: I assume you started as a gamer yourself. Has your job affected your relationship with video games?
G: I know there are some people who say that the long hours, job pressures, and frustrations of the industry have taken the magic out of gaming. However, for me, the appeal of video games has always been in overcoming challenges. And in my role as a developer, I get great satisfaction from finding ways to implement features within budget constraints, eliminating bugs from software, and using my creativity to set entertaining, rather than frustrating, challenges for the players. So when I play video games on my own time these days, I look at them differently because of my experiences in the industry, which makes me tremendously satisfied.
I: You've been working in the video game industry for many years now. How has it changed?
G: I guess the biggest thing has to do with patching. When I started out, games were shipped out on CDs, and when someone bought a game, that was what they were going to be playing ... forever. But now with the Internet, software companies can send out "patches," which can update games and fix problems with them even after customers buy them. And in a way, this is a huge plus for consumers because it's actually impossible to test games thoroughly enough before they're shipped out. There are so many different computers with various hardware and software setups that you just can't be 100 percent certain what kinds of bugs will show up on various users' systems. But now that they can download patches, it's possible to resolve many of those issues. There are even games that got poor reviews when they were released but were completely transformed through patches.
I: But there's also a downside, right?
G: Yes, and it's become quite a controversial issue. There's been a trend where some developers appear to be intentionally releasing buggy software products because they know they can patch them later. The games put out by my company are some of the most stable in the industry, but it's a major issue that many players are dissatisfied about. It's extremely frustrating to pay a lot of money for a brand new video game release and find that it's basically unplayable because time pressure

□ plan out　～の計画を綿密に建てる

□ implement　～を実行する

patchは衣服に当てる「継ぎ」が本義。衣服を直すようにソフトウエアを修正するプログラムを「パッチ」と言う。

□ setup　構成

□ buggy　バグのある

albeit 接 ～とはいえ　incline 動 ～を気にさせる　intensify 動 ～を（一層）強化する　lodge 動 （苦情など）を申し出る

NOTES

□ prediction 予測，予言

□ cumbersome 扱いにくい

□ revolutionize ～に大変革を起こす

or laziness caused the company to release it in an unfinished state.

I: Do you have any predictions about the future of gaming?

G: Well, I'm very excited about virtual reality. It'll be amazing to feel like you're really inside a video game and be able to interact with other people in a virtual environment. Right now, the equipment is kind of cumbersome, and many systems still require the headsets to be connected to the gaming system by cables. But when the technology has advanced a bit, it's going to revolutionize gaming.

I: Well, thanks so much for sharing your insights with us today, Gail.

G: Thanks for having me.

Questions:

No. 3 What does Gail imply that she likes about her job?

No. 4 What does Gail say is one result of video game patches?

これは，大手ソフトウエア出版社のゲームデザイナー，ゲイル・タイラーとのインタビューです。

聞き手（以下「聞」）：ゲイル，今日はお話しに来てくださりありがとうございます。

ゲイル・タイラー（以下「ゲ」）：いえ，どういたしまして。ここに来られてドキドキしています。

聞：まず，ゲームデザイナーとプログラマーは何が違うのか，ご説明いただけますか。

ゲ：えー，ゲームデザイナーというのは，ゲームの全体的なコンセプトとさまざまなレベルの設計を考案する人です。そして，ゲームがどのようにプレーされるのかについても綿密な計画を立てます――ゲームの世界がどんな感じなのか，それから，すべてのキャラクターと敵のさまざまな能力ですね。プログラマーは，ソフトウエアに指示をインプットすることによって，こうした考えを実行する人です。私の場合は，主にやっているのはゲームデザイナーですが，プログラマーとして始めたので，時々少しプログラミングもやります。

聞：ご自分もきっとゲーマーとして始めたんですよね。お仕事がビデオゲームとご自身との関係に影響を与えていますか。

ゲ：長時間労働と仕事の重圧と業界のフラストレーションがゲームから魔力を奪ってしまったと言う人がいるのは知っています。ですが，私にとって，ビデオゲームの魅力は常に困難を克服することにありました。そして開発者としての自分の役割において，予算の制約の中でいろんな特徴を実行する方法を見つけること，ソフトウエアからバグを取り除くこと，そして自分の創造性を用いて，フラストレーションのたまる困難ではなく楽しめる困難をプレーヤーのために設定することから，大きな満足感を得ています。なので近ごろ自分の時間にビデオゲームで遊ぶときは，業界での自分の経験ゆえにゲームを違う目で見てしまうのですが，それはとても大きな満足感を与えてくれます。

聞：ビデオゲーム業界でもう何年も働かれているわけですが，業界はどのように変わりましたか。

ゲ：一番大きいのは，パッチを当てることと関係があるでしょうね。私が始めたころは，ゲームはCDで出荷されていて，ゲームを買った人はそれで遊ぶことになりました…永遠に。ですが今はインターネットがありますから，ソフトウエア会社は「パッチ」を配布することができます。パッチはゲームをアップデートして，お客さんが買った後でもゲームの問題を修正することができます。そしてある意味これは消費者にとってとても大きなプラスで，とい

mitigate 動（怒り・苦痛など）を和らげる　outlaw 動 ～を非合法化する　render 動（render O C で）OをCにする

うのも，出荷前にゲームを十分徹底的にテストするのは実際不可能だからです。さまざまなハードウエアとソフトウエアの構成を持ついろんな種類のコンピュータがありますから，さまざまなユーザーのシステムでどんな種類のバグが発生するかについて100%確信を持つことなどできません。ですが今はユーザーがパッチをダウンロードできるようになりましたから，そうした問題の多くは解決可能です。発売されたときのレビューは低かったのに，パッチによって完全に作り替えられたゲームさえあります。

聞：ですがマイナス面もあるわけですよね。

ゲ：はい，大変な物議を呼ぶ問題になっています。このところの傾向なのですが，一部の開発者が，後でパッチを当てられるとわかっているので，バグのあるソフトウエア製品を意図的に発売しているようなんです。私の会社が出しているゲームは業界で最も安定したものに入りますが，これは多くのプレーヤーが不満を抱いている大問題です。新発売のゲームに大金を払ったら，時間的重圧か怠惰さのせいでその会社が未完成の状態で発売していたからそもそもプレーできないなんてことがわかったら，ものすごくイライラします。

聞：ゲームの将来について何か予測はありますか。

ゲ：えー，バーチャルリアリティーにとてもわくわくしています。本当にビデオゲームの中にいるみたいな感覚がして，バーチャルな環境でほかの人たちと交流できるようになったら本当にすごいです。今のところ装置はちょっと扱いにくくて，多くのシステムはいまだに，ヘッドセットをゲーム機にケーブルで接続することが必要です。ですがこのテクノロジーが少し進歩したときには，ゲームに革命を起こすでしょう。

聞：えー，今日は貴重なお話を聞かせていただきありがとうございました，ゲイル。

ゲ：呼んでいただきありがとうございました。

NOTES

No. 3 解答 1

質問：ゲイルは仕事の何が好きだと暗に言っているか。

1 さまざまなタイプの問題を解決するのが楽しい。
2 仕事中にゲームをプレーすることができる。
3 彼女がより創造的になる助けになってきた。
4 ほかのゲーマーとコミュニケーションをとる機会を与えてくれる。

解説 ゲイルは3つ目の発言で，ゲームの魅力は困難を克服することだと述べた後，開発者として満足感を得ることとして，予算の制約を克服することなど3つの例を挙げている。**1**がこれを「さまざまなタイプの問題を解決する」こととまとめている。

No. 4 解答 3

質問：ビデオゲームのパッチの結果の1つは何だとゲイルは言っているか。

1 多くのゲームのテストがはるかに簡単になった。
2 多くのゲームのレビューがずっと悪くなった。
3 準備が整う前にゲームを発売する会社がある。
4 多くのビデオゲームがより高価になった。

解説 ゲイルは4つ目の発言でパッチのプラス面，5つ目の発言でマイナス面について述べている。プラス面については，発売後にバグが見つかっても修正可能な点を挙げている。マイナス面はその裏返しで，後でパッチを当てることを前提に，バグがあるとわかっているゲームを発売する会社があるのが大問題だと言っている。**3**が，バグがあって未完成の状態を「準備が整う前に」と表している。

supervise 動 ～を監督する　chatter 動 ぺちゃくちゃしゃべる　conjure 動 ～を思い起こさせる

実力完成模擬テスト

1

To complete each item, choose the best word or phrase from among the four choices. Then, on your answer sheet, find the number of the question and mark your answer.

□□ **(1)** At first, the band's concerts were mainly held in small theaters with just a few hundred seats. However, as their popularity has increased, they have been playing at larger (　　　　), sometimes with thousands of seats.

1 venues　**2** jests　**3** grievances　**4** blunders

□□ **(2)** ***A:*** I think we're going to have to fire Janet.
B: I know. I've (　　　　) her for being late several times, but no matter how strictly I warn her, it doesn't seem to have any effect at all.

1 secluded　**2** lambasted　**3** disbanded　**4** contaminated

□□ **(3)** The government announced (　　　　) new laws designed to get rid of bribery in the bureaucracy, including heavy fines and long prison sentences.

1 gullible　**2** stringent　**3** irascible　**4** salubrious

□□ **(4)** The disagreement caused a serious (　　　　) between the two colleagues. They did not speak to each other for weeks.

1 nuance　**2** parity　**3** debit　**4** rift

□□ **(5)** The expert said that if we (　　　　) from present trends, then we can find out that the country's population will fall by about ten percent over the next decade.

1 reverberate　**2** emancipate　**3** levitate　**4** extrapolate

□□ **(6)** After the riots that shook the city to the core, the police were able to calm things down and bring back at least a (　　　　) of normalcy.

1 semblance　**2** corollary　**3** provocation　**4** callousness

□□ **(7)** "I cannot make any comment at this delicate (　　　　) in the negotiations," the spokesperson said. "To do so might endanger the outcome of the talks."

1 stricture　**2** juncture　**3** breach　**4** fringe

巻末の解答用紙をご利用ください。解答・解説はp.254から。

□□ **(8)** The politician was accused of ( ) large sums of money illegally during his period in office. Government agents said that they were determined to recover the money.

1 insulating **2** carousing **3** ruminating **4** amassing

□□ **(9)** Ken adds a lot to the monthly business meetings. His comments are always insightful and ( ) to the issues at hand.

1 pertinent **2** middling **3** belligerent **4** mundane

□□ **(10)** ***A:*** Why don't you apply for the new position in the Paris office?

B: I can't. One of the ( ) for the position is fluent French and I can't speak a word of the language.

1 prerequisites **2** iniquities **3** affinities **4** violations

□□ **(11)** The stray cat that Julie found near the station ate ( ) any food that was put before it. It soon began to put on weight.

1 impregnably **2** vicariously **3** voraciously **4** sporadically

□□ **(12)** When Laura looked out of her bedroom window, she found that the lawn was covered with an ( ) blanket of snow. The whole lawn was pure white.

1 expatriate **2** immaculate **3** inscrutable **4** execrable

□□ **(13)** The doctor sacrificed much over the years to help care for the residents of the island. For his attentive care and selflessness, he was ( ) by all his patients.

1 vexed **2** venerated **3** protracted **4** placated

□□ **(14)** ***A:*** I missed the president's speech. What did he say?

B: Well, the ( ) of his remarks was that the company will face a very difficult time over the next six months.

1 gist **2** acme **3** clique **4** splinter

□□ **(15)** When reports of his criminal past were published in the newspapers, the executive found himself ( ) by his friends and acquaintances. He felt completely alone.

1 shunned **2** deformed **3** billeted **4** captivated

□□ **(16)** The scientist said he had spent years examining claims of supernatural powers, but that they had all proved to be (　　　).

1 decrepit　**2** implacable　**3** spurious　**4** cantankerous

□□ **(17)** The politician is known for his (　　　) views on global warming, which he insists is an invention of the liberal media. He has been a target of criticism from many environmentalists.

1 contentious　**2** inextricable　**3** alliterative　**4** indigenous

□□ **(18)** *A:* I can't believe it's true. Where did you hear it?

B: I cannot (　　　) my source, but I can assure you that it's a highly trustworthy one.

1 demean　**2** propel　**3** divulge　**4** collocate

□□ **(19)** Most people tried to (　　　) the financial crisis by cutting their spending and waiting for the economy to recover.

1 shove around　**2** draw on　**3** ride out　**4** buy off

□□ **(20)** As a young man, David received a sizable inheritance after his father passed away. Unfortunately, he (　　　) most of it on gambling and drinking.

1 cordoned off　**2** chipped in　**3** lashed out　**4** frittered away

□□ **(21)** *A:* Did you see how angry Ben got with Paul?

B: I did, but I wasn't surprised. He's been (　　　) his irritation at Paul's remarks for ages, so it was bound to come out sooner or later.

1 bottling up　**2** staking out　**3** panning out　**4** leafing through

□□ **(22)** Last week, Jake's company received a huge order for more than 10,000 units. The factory is going to have to (　　　) production in order to meet the deadline.

1 belt out　**2** ramp up　**3** sift through　**4** tangle with

2 Read each passage and choose the best word or phrase from among the four choices for each blank. Then, on your answer sheet, find the number of the question and mark your answer.

The Big Bang of Birds

A team of researchers from 20 countries undertook a massive effort to map out avian genomes and, as a result, came up with the most comprehensive genetic mapping of the bird family ever. Bird genomes are smaller than mammalian genomes, about only one-third the size. This compactness (**23**). Using discoveries found from analyzing bird genomes, scientists are able to pinpoint more precise genetic targets when researching the genetic origins of certain human or other species' traits. It also made for somewhat simpler sequencing of bird genomes. The international team of scientists was able to sequence the genomes from 45 avian species that were representative of every major branch on the family tree.

Scientists regard birds as the only true remaining offspring of dinosaurs, which were largely wiped out during an extinction event that occurred 65 million years ago. The study resolved a debate among scientists about whether a substantial genetic progression of birds into 10,000 species occurred before or after the extinction event. The genetic evidence now points to (**24**). It is now believed that a limited number of surviving dinosaur species subsequently evolved into the variety of birds that we see today. The evidence also indicates a rapid evolution, occurring within a 10 to 15 million-year period after the extinction event.

The collective insights represent a major breakthrough in the evolution of birds, but the findings will likely offer up information that (**25**). Comparisons of avian and human genetic codes show that the brain region of songbirds is activated in similar patterns as humans, but this does not occur in less vocal avian species and even in non-human primates. The genetic discoveries about avian genomes could well lead researchers to new discoveries about the root causes of human speech disorders and possibly even lead to relief of such speech disorders as stuttering and slurring caused by Parkinson's. They may also provide evidence about how humans learn speech. Scientists are still analyzing their findings, for the full plethora of potential benefits has yet to be realized.

□□ **(23)** **1** offers benefits to researchers
2 made precision analyses difficult
3 is widespread in other species
4 was never observed in birds before

□□ **(24)** **1** a totally different alternative
2 all dinosaurs evolving into avian species
3 the evolution occurring earlier than thought
4 the evolution taking place after

□□ **(25)** **1** has potentially practical applications
2 shows significant differences to human DNA
3 can potentially help save bird species
4 will help sequence non-avian species

Human Settlement of Europe

Before becoming dominated by early humans, Europe was inhabited by our evolutionary cousins, the Neanderthals. It was once assumed that human arrivals overwhelmed the original Neanderthal inhabitants in a ceaseless wave of expansion until the species completely disappeared some 39,000 years ago. However, it now appears that humans attempted in vain to make inroads into Europe on multiple occasions, only for their settlements to be repeatedly reoccupied by Neanderthals. This finding is based on archaeological evidence found in various layers of settlements, as well as DNA evidence. The evidence suggests humans arrived as early as 50,000 years ago, perhaps 12,000 years earlier than formerly thought. Yet it also indicates that many human groups that migrated into Europe (**26**). One reason for this conclusion is based on genetic analysis performed on the remains of a human group found in the Czech Republic. They seem not to have contributed significant amounts of DNA to modern inhabitants of Europe.

The new findings have raised various questions among scientists, foremost among them why later human groups were able to establish a foothold when earlier ones were not. It has been argued that environmental factors, such as global warming, or even an increase in levels of cosmic radiation reaching the earth, may have been the reason. However, although these could certainly have rendered survival more demanding, they would have (**27**). Later-arriving humans succeeded in putting down roots in Europe and replaced Neanderthals. Yet since both species would have been confronted by identical environmental conditions over a similar timescale, human survival may indicate that global warming and radiation were not as deadly as some researchers have suggested.

Perhaps a more plausible explanation is that human behavior is what enabled our ancestors to prevail in Europe. According to Chris Stringer of the Natural History Museum, London, (**28**) could have been critical. There are various suggestions as to what it may have been, whether it was some clever hunting weapon, a novel means of accumulating knowledge, or superior networking. According to Stringer, “you’ve only got to increase survival of your babies by 1 percent and that is a huge advantage in a stone-age world.”

□□ (26) **1** got along with Neanderthals
2 had unusual DNA patterns
3 soon replaced Neanderthals
4 were unable to survive

□□ (27) **1** also had a hidden benefit
2 gradually increased in severity
3 affected both humans and Neanderthals
4 reduced human numbers the most

□□ (28) **1** an environmental shift
2 a small genetic mutation
3 something fairly minor
4 such an opportunity

3 Read each passage and choose the best answer from among the four choices for each question. Then, on your answer sheet, find the number of the question and mark your answer.

To Protect and Serve?

Ever since it was adopted by the Los Angeles Police Department in 1963, the motto "To Protect and Serve" has become a well-known summation of the ideals of police officers throughout the United States. While this noble-sounding slogan projects an image of police officers as humble public servants striving to shield the general public from evildoers, some critics insist that it is highly misleading. In particular, the motto can be said to be at odds with legal decisions extending all the way up to the highest level of the American justice system. In 2005, after a series of decisions in lower courts, the US Supreme Court made a controversial decision in the case of *Castle Rock vs. Gonzales*, a case brought by a mother named Jessica Gonzales in Castle Rock, Colorado. Gonzales sued because the police disregarded her repeated pleas to investigate the disappearance of her children, who had been abducted by her former husband, resulting in the tragic murder of the three girls. Prior to the incident, a restraining order, a legally binding document prohibiting him from having contact with the children, had been issued against the father, and state statutes required the arrest of anyone found to be in violation of such a document. The Supreme Court, however, ruled that the police could not be held responsible because "a well-established tradition of police discretion" overrides the law.

According to the Court, such discretion is essential to the functioning of police departments. The US Constitution is what is known as a "negative constitution"; that is, it was established to ensure that the government does not act in a coercive manner toward citizens, rather than being designed to ensure that police are responsible for the well-being and protection of every citizen. While one could certainly argue that such an approach lacks compassion, those on the other side of the debate claim that without discretion, police would have to enforce every single law, for example fining motorists who drive even one mile over the speed limit. Without discretion, they argue, America would soon become an oppressive police state.

Of course, the overwhelming majority of America's police officers do faithfully, and even courageously, carry out their duties. Critics of modern American policing feel, however, that while the police code of ethics is highly admirable, too much of police department policy is established internally. In modern society, statutes govern everything from environmental responsibility to educational standards, yet police departments continue to be an exception. In recent years, American police departments across the nation have been the subjects of public protests with accusations of police officers abusing their authority and engaging in brutality against innocent citizens due to racial prejudice. In the opinion of numerous critics, state legislatures, which have been delegated with police power under the Constitution, need to ensure that there are regulations that will explicitly lay out the obligations of police officers in performance of their duties and ensure that there are consequences for those who abuse their authority or fail to faithfully serve and protect the general public.

□□ **(29)** Which of the following statements about the Gonzales case is true?

1 It makes it clear that the US Supreme Court will not allow police officers to discriminate against any American citizen.

2 The US Supreme Court made a conclusion that police officers can rely on their own judgment over following state laws.

3 The police argued that they had not actually been aware of the fact that Gonzales's children were in danger from her former husband.

4 It is an example of the problems that can occur when citizens bother police so many times about minor things that the police stop responding to their calls.

□□ **(30)** According to the Supreme Court, American police officers

1 are never granted exemption from the government's general obligation to ensure that all American citizens are kept safe from harm.

2 need to have the power to make decisions about how to do their job on a case-by-case basis rather than be required to enforce laws strictly.

3 not only have a duty to make sure that laws are obeyed, but must act with compassion when dealing with ordinary citizens.

4 have to be aware of not just principles that are written clearly in the Constitution, but those that are implied in the text as well.

□□ **(31)** What is implied about police officers' duty to American citizens in the final paragraph?

1 Since police departments are the real experts on policing, they should be the ones who establish guidelines for how officers will do their jobs.

2 Government interference in things like the environment and education shows that too much regulation can often be harmful.

3 It is becoming clear that the Constitution needs to be changed because state governments currently have too much power over police departments.

4 It is vital that police officers are given specific rules that make their responsibilities clear to prevent the abuse of their power and position.

Operation Ajax

In 1953, the democratically elected government of Iranian prime minister Muhammad Mossadegh was violently overthrown, setting the stage for decades of instability and conflict that continue to this day. The trouble began early in the twentieth century with the discovery of oil in Iran. The vast majority of profits from the industry ended up in the hands of British firms, and these oil companies utilized bribery and other underhanded methods to build such tremendous political influence that the shah, the monarch of Iran, would not appoint prime ministers without consulting the British beforehand. Mossadegh, however, nationalized the industry and cut diplomatic ties with Britain.

Meanwhile, the Central Intelligence Agency (CIA) under President Dwight Eisenhower was becoming apprehensive about the prospect of Mossadegh, who was rumored to have communist sympathies, coming under the influence of the Soviet Union, which the United States considered to be the foremost threat to its national security and world peace. Furthermore, American politicians were worried that neighboring oil producers like Saudi Arabia, which had recently concluded a deal with an American oil company to export the country's oil, would follow Iran's lead and nationalize their industries. By playing on these anxieties, Britain was able to persuade America to launch the 1953 operation that replaced Mossadegh.

The plan was known as Operation Ajax, and began with the CIA exerting pressure on the shah to have Mossadegh arrested. Iranian soldiers attempted to seize him at home, but Mossadegh had been alerted to the plot and had his own men in place to foil the plot. The CIA then resorted to bribing newspapers to print news stories making false accusations against Mossadegh, claiming that he was anything from a communist to an atheist. The CIA then hired an army of hooligans to cause chaos while chanting slogans in support of communism and Mossadegh. It then employed a second mob to attack the first, leading to a series of bloody clashes.

Mossadegh initially declined to intervene on the grounds that citizens had a right to demonstrate publicly. However, this proved to be naive, and the demonstrations escalated into riots, destabilizing Iranian politics. Finally, the CIA bribed military commanders to disperse the rioters, and Mossadegh was arrested. Soon after, the shah began ruling Iran as a dictator, with US support.

While many relevant CIA documents remain classified or are heavily censored, examination of those that have been released points to a third culprit in the coup d'état as well. CIA operative Kermit Roosevelt is claimed to have met with a senior mullah, or religious leader, for the purpose of bribing him. Furthermore, documents suggest mullahs were instrumental in organizing the crowds that participated in the riots which led to Mossadegh's overthrow. While the United States and Britain were the main instigators of the coup d'état, there is compelling evidence that Iranian mullahs not only collaborated with the CIA, but conspired to undermine democracy in Iran, seizing on the opportunity to pursue their own agenda. A quarter century after the coup d'état, they overthrew the shah and took power. Soon after, radical Iranian students took hostages from the American embassy in Iran, setting off a crisis that is said to have contributed to President Jimmy Carter's defeat in the 1980 election. The hostage crisis was a tremendous shock, and the majority of Americans saw Iran's actions as being unprovoked. Had the CIA's role in the 1953 coup d'état been public knowledge, however, the source of Iran's hostility would likely have been much clearer.

Details of the incident gradually leaked out, with the CIA eventually releasing various documents that revealed its role in the events. Finally, in 2000, the then Secretary of State Madeleine Albright conceded that "it is easy to see now why many Iranians continue to resent this intervention by America in their internal affairs."

Since the hostage crisis, relations between the US and Iran have continued to be hostile. Iran is frequently accused of sponsoring terrorists, and its nuclear weapons program once brought the two countries to the brink of war. It is widely agreed that the seeds of these tensions were all planted in 1953.

In hindsight, it seems clear that while the coup d'état achieved its objectives in the short term, it was incredibly misguided when considered in light of the events it brought about. Analysts also point out that it had even more severe consequences from a global perspective. When President Eisenhower intervened in the affairs of a foreign nation without consulting Congress or informing the American people, he set a dangerous precedent. The CIA was formed to gather and evaluate intelligence, but its actions in Iran laid the groundwork for an organization that would frequently violate international law, even resorting to assassination plots on multiple occasions, to achieve political ends. Such actions have seriously tarnished the US's international reputation and have had extremely negative consequences for international relations.

□□ **(32)** One reason that the CIA opposed Muhammad Mossadegh was that

1 it believed he had cut off oil to other countries because he had come under the influence of communists from the Soviet Union.

2 it feared his loyalty to the shah would lead to increased political corruption within the Iranian government.

3 it feared that countries that supplied oil to the United States would be influenced by the policy that Iran was following.

4 it worried that he was under the influence of British oil companies and would try to resume relations with Britain.

□□ **(33)** What mistake did Mossadegh make in handling the CIA's plot against him?

1 He reacted too strongly when soldiers were sent to arrest him in the CIA's first attempt to take control of the country.

2 He did not immediately deny his ties with communists and atheists, causing him to lose most of his political support.

3 He failed to prevent the CIA from using violent methods that would cause him to lose control of the political situation.

4 He did not pay large enough bribes, which caused various Iranian groups to go over to the other side in the conflict.

□□ **(34)** What does the author of the passage suggest about the Iranian mullahs?

1 They were tricked by the CIA into making a mistake that greatly angered the shah, weakening their overall position.

2 Although they cooperated to assist the CIA, they also had a secret plan to use the situation to their advantage.

3 The fact that many documents have not been released makes it impossible to guess how involved they were with the CIA.

4 Although one senior mullah appears to have been involved with the CIA, there is no evidence of widespread cooperation.

□□ **(35)** What effect did the CIA's interference in Iran have on the organization itself?

1 It made presidents realize that they needed to have tighter control of the CIA because it had become so powerful.

2 It caused the CIA to put so much focus on Iran that it ignored other important international problems that later had serious consequences.

3 It taught the CIA that it was extremely dangerous to act without properly studying the intelligence it received.

4 It led the CIA to be a group that was willing to do things that were illegal in order to achieve political goals.

4 English Summary

- Instructions: Read the article below and summarize it in your own words as far as possible in English.
- Suggested length: 90-110 words
- Write your summary in the space provided on your answer sheet. Any writing outside the space will not be graded.

The Lindy Hop is a dynamic partner dance performed to lively jazz music. It is believed to have originated in the Black communities of Harlem in the 1920s. Eventually, the dance entered the mainstream and came to be featured in entertainment created to appeal to White audiences. Although there are no recordings of the original dance, it appears that when it was featured in movies aimed at White audiences, movements were sped up and exaggerated. Black dancers, it seems, were forced to conform to discriminatory White stereotypes. They were portrayed as energetic and entertaining, yet simultaneously unintelligent and even animalistic.

Like most dances, the Lindy Hop eventually faded from the public consciousness. However, it was revived in Sweden, where the majority of enthusiasts were White, during the 1980s. The Lindy Hop trend soon spread around the world, and the White Lindy Hoppers of today argue that they deserve credit for bringing back and promoting a significant aspect of Black culture. Some, however, refer to the modern Lindy Hoppers' actions as cultural appropriation, a term that refers to one culture adopting an element from another culture in a way that is disrespectful or harmful to the group it was adapted from. They argue that the dance Swedish people started doing was an altered form of the Lindy Hop born of discrimination.

There are those who argue that adopting elements of another culture, such as the Lindy Hop, is acceptable as long as one is not mocking the other culture or depriving people of income. However, the case of the Lindy Hop illustrates that there is a fine line between cultural appreciation and cultural appropriation. Some people may feel that regardless of the intentions of the White borrowers, since many Black people are offended about what happened to the Lindy Hop, it falls under the category of cultural appropriation.

5 English Composition

- Write an essay on the given TOPIC.
- Give THREE reasons to support your answer.
- Structure: introduction, main body, and conclusion
- Suggested length: 200-240 words
- Write your essay in the space provided on your answer sheet. Any writing outside the space will not be graded.

TOPIC

Should the Japanese government encourage more immigration?

Listening Test

There are four parts to this listening test.

Part 1	**Dialogues:**	1 question each	Multiple-choice
Part 2	**Passages:**	2 questions each	Multiple-choice
Part 3	**Real-Life:**	1 question each	Multiple-choice
Part 4	**Interview:**	2 questions	Multiple-choice

Part 1 50~60

□□ **No. 1**
1 He will be really good in his new job.
2 He did not deserve his promotion.
3 He made Susan leave the company.
4 His previous job did not suit him.

□□ **No. 2**
1 It was a very lucky purchase.
2 It will take up too much space.
3 It was a complete waste of money.
4 It is unlikely that it will work well.

□□ **No. 3**
1 He agrees although he is not happy about it.
2 He agrees but only if she pays him back.
3 He refuses because it is not his responsibility.
4 He refuses because he is too busy.

□□ **No. 4**
1 He is studying too hard at college.
2 He only does what his father asks him to.
3 He is too frightened of his professor.
4 He is using his homework as an excuse.

□□ **No. 5**
1 He thinks Jane should work harder.
2 His boss makes errors often.
3 He did not get the report from Jane.
4 His new boss is too strict.

□□ **No. 6** **1** She wants to cook at home.
2 Her husband should work harder.
3 Her husband should be more generous.
4 She wants to celebrate her birthday.

□□ **No. 7** **1** Ask the manager about the online database.
2 Speak to the rest of the sales department.
3 Check her e-mail inbox.
4 Call Amy and ask her for advice.

□□ **No. 8** **1** Serving the ball is the hardest skill.
2 Keeping score makes the game more enjoyable.
3 The game seasons are very short.
4 Most of the seats at the games are good.

□□ **No. 9** **1** She should not have cut the welfare budget.
2 She focuses too much on the poverty issue.
3 She did not prepare enough for the debate.
4 She should apologize for being dishonest.

□□ **No. 10** **1** Visit his family from time to time.
2 Pay someone to do the shopping.
3 Move into an old people's home.
4 Try living with his daughter's family.

Part 2 61~66

(A)

□□ **No. 11** **1** They can legally exclude non-professionals.
2 They are limited to 50,000 residents each.
3 They have links to other communities.
4 They may rely on themselves for protection.

□□ **No. 12** **1** They are needlessly overpriced.
2 They are exploiting the labor of the poor.
3 They are aggravating social problems.
4 They are misusing local resources.

(B)

□□ **No. 13** **1** It did not require the use of sluice boxes.
2 It used less water than other common techniques.
3 Gold that miners were not able to access could be obtained.
4 A lot of gold could be washed downstream.

□□ **No. 14** **1** Hydraulic mining was finally made illegal.
2 A new hydraulic mining technique was created.
3 Hydraulic mining finally became profitable.
4 Flooding from hydraulic mining worsened.

(C)

□□ **No. 15** **1** Bilingualism strengthens thought processing.
2 Bilinguals become poor at blocking out distractions.
3 The brain's executive function becomes less assertive.
4 Bilinguals become more motivated to learn new things.

□□ **No. 16** **1** Most prior research about bilingualism has been biased.
2 Bilingualism affects certain cognitive skills more than others.
3 The process of journal article selection may be flawed.
4 The majority of bilingual researchers have reached a consensus.

(D)

□□ **No. 17** **1** People suffering from mobility issues.
2 People working with fitness trainers.
3 People seeking a long-term solution.
4 People wanting to lose weight quickly.

□□ **No. 18** **1** It can cause dangerously rapid weight loss.
2 It can cause other organs to malfunction.
3 It can result in undernourishment.
4 It can delay infection treatment.

(E)

□□ **No. 19** **1** They smell terrible while they are growing.
2 They are often left to rot in the streets.
3 They are rarely used to make any goods.
4 They can cause headaches when consumed.

□□ **No. 20** **1** Using them for alcohol fermentation.
2 Using their oil to purify the air.
3 Using them to generate electricity.
4 Using them to provide residents with gas.

Part 3 67~72

(F)

□□ **No. 21**

Situation: You are talking to a representative at a rental car agency. You want to rent a car for a weekend at the cheapest possible price. You want the car for a one-way trip only.

Question: Which car rental option is the best for you?

1 The mid-size car, weekend rate.
2 The mid-size car, special rate.
3 The compact car, weekend rate.
4 The compact car, special rate.

(G)

□□ **No. 22**

Situation: You need word processing software for your company that is easy to use, and cannot pay more than $70 per person per year. There are 15 people in your company. A member of the IT staff is describing options.

Question: Which word processing software should you get?

1 Best Write.
2 Word Master 8.
3 Perfect Text 2.
4 Word Wright.

(H)

□□ **No. 23**

Situation: You have just arrived at an information technology convention. You plan to attend the TimeCap presentation and need to go on a business trip this evening. You hear the following announcement.

Question: What should you do at the convention?

1 Wait until 2:00 p.m. for a presentation on file sharing.
2 Go directly to the Crystal Room.
3 Give up on attending the presentation on security software.
4 Meet with Dr. Michael Allerton.

(I)

□□ **No. 24**

Situation: You want to go canoeing. You are going on a long route in an isolated area and safety is your first priority. A friend is talking about the best times to visit a national park.

Question: During which month should you take your canoe trip?

1 May.

2 June.

3 July.

4 August.

(J)

□□ **No. 25**

Situation: You are looking for an apartment. You want to move in as soon as possible, and you can afford up to $1,600 per month, including utilities. You have gotten a voice mail from a real estate agent.

Question: Which apartment should you choose?

1 The Urban Max in Westview Village.

2 The Urban Max in Norton Heights.

3 The Town Life in Westview Village.

4 The Town Life in Norton Heights.

Part 4 73～74

□□ **No. 26**

1 Items that check the babies' heartbeats before birth.
2 Technical equipment for hospitals.
3 Computer software for medical doctors.
4 Luxury items for infants and parents.

□□ **No. 27**

1 It was difficult to get a stable supply of products.
2 She needed to do a lot of research.
3 Other companies tried to copy her.
4 Her customers were extremely demanding.

実力完成模擬テスト 解答一覧

正解を赤で示しています。（実際の試験ではHBの黒鉛筆またはシャープペンシルを使用してください。）

筆記解答欄					
問題番号		1	2	3	4
1	(1)	**①**	②	③	④
	(2)	①	**②**	③	④
	(3)	①	**②**	③	④
	(4)	①	②	③	**④**
	(5)	①	②	③	**④**
	(6)	**①**	②	③	④
	(7)	①	**②**	③	④
	(8)	①	②	③	**④**
	(9)	**①**	②	③	④
	(10)	**①**	②	③	④
	(11)	①	②	**③**	④
	(12)	①	**②**	③	④
	(13)	①	**②**	③	④
	(14)	**①**	②	③	④
	(15)	**①**	②	③	④
	(16)	①	②	**③**	④
	(17)	**①**	②	③	④
	(18)	①	②	**③**	④
	(19)	①	②	**③**	④
	(20)	①	②	③	**④**
	(21)	**①**	②	③	④
	(22)	①	**②**	③	④

筆記解答欄					
問題番号		1	2	3	4
2	(23)	**①**	②	③	④
	(24)	①	②	③	**④**
	(25)	**①**	②	③	④
	(26)	①	②	③	**④**
	(27)	①	②	**③**	④
	(28)	①	②	**③**	④
3	(29)	①	**②**	③	④
	(30)	①	**②**	③	④
	(31)	①	②	③	**④**
	(32)	①	②	**③**	④
	(33)	①	②	**③**	④
	(34)	①	**②**	③	④
	(35)	①	②	③	**④**

リスニング解答欄						
問題番号			1	2	3	4
Part 1		No. 1	①	**②**	③	④
		No. 2	①	②	**③**	④
		No. 3	**①**	②	③	④
		No. 4	①	②	③	**④**
		No. 5	①	②	③	**④**
		No. 6	①	②	**③**	④
		No. 7	①	②	**③**	④
		No. 8	①	**②**	③	④
		No. 9	①	②	**③**	④
		No. 10	①	②	③	**④**
Part 2	A	No. 11	①	②	③	**④**
		No. 12	①	②	**③**	④
	B	No. 13	①	②	**③**	④
		No. 14	**①**	②	③	④
	C	No. 15	**①**	②	③	④
		No. 16	①	②	**③**	④
	D	No. 17	①	②	③	**④**
		No. 18	①	②	**③**	④
	E	No. 19	①	**②**	③	④
		No. 20	①	②	**③**	④
Part 3	F	No. 21	①	②	**③**	④
	G	No. 22	**①**	②	③	④
	H	No. 23	①	②	**③**	④
	I	No. 24	①	②	③	**④**
	J	No. 25	①	②	③	**④**
Part 4		No. 26	**①**	②	③	④
		No. 27	①	②	**③**	④

筆記4の解答例はp.266～267，筆記5の解答例はp.268～270を参照してください。

NOTES

筆記 1

(1) 解答 1

最初，そのバンドのコンサートは主に座席が数百程度の小さな劇場で行われていた。しかし，人気上昇とともに，時には座席が何千もあるもっと大きな会場で演奏するようになっている。

解説 コンサートなどのイベントを開催する場所のことをvenue「会場」と言う。**2**「冗談」，**3**「不平」，**4**「大失敗」

(2) 解答 2

A: ジャネットを解雇しなければならないと思う。
B: そうよね。遅刻したことで何度か彼女を厳しくしかったことがあるんだけど，いくら厳しく注意しても何の効き目もないみたい。

解説 遅刻の常習者「～を厳しくしかった」(lambasted) と考えるのが適切。**1**「～を引き離した」，**3**「～を解散した」，**4**「～を汚染した」

(3) 解答 2

政府は，官僚の賄賂を根絶するために考案された，重い罰金刑や長期の服役刑を含む厳しい新法を発表した。

解説 including heavy fines and long prison sentencesから，stringent「厳しい」が適切。**1**「だまされやすい」，**3**「怒りっぽい」，**4**「(環境が) 健康によい」

(4) 解答 4

その意見の相違は，2人の同僚の間に深刻な亀裂を生じさせた。彼らは何週間も互いに口を利かなかった。

解説 「意見の相違」が2人の間にもたらしたものだから，rift「不和，ひび」が適切。**1**「ニュアンス」，**2**「同等」，**3**「(帳簿の) 借方」

(5) 解答 4

専門家は，現在の傾向から推定すれば，国の人口は次の10年でおよそ10パーセント減少するだろうことがわかると言った。

解説 extrapolate fromで「(既知の事実) に基づいて推定する」。**1**「(音が) 反響する」，**2**「～を解放する」，**3**「(奇術で) 空中浮揚する」

(6) 解答 1

市を根底から揺さぶった暴動の後，警察は事態を沈静化させ，少なくとも見かけ上は正常な状態を回復させることができた。

解説 暴動後に警察がもたらしたnormalcy「平常，正常」と結び付くのは，semblance「見せかけ」。**2**「推論」，**3**「挑発」，**4**「無感覚」

(7) 解答 2

「交渉のこの微妙な局面においてはどのような見解も述べられません」と代表者は言った。「そうすることで交渉の結果を危うくする可能性があります。」

解説 何らかの見解を述べると交渉の結果を左右するほどの微妙なjuncture「時点，状況」にあるということ。**1**「制限」，**3**「違反」，**4**「房飾り」

(8) 解答 4

その政治家は，在職中に違法に大金をため込んだ罪で告発された。断固そのお金を取り戻すつもりだと政府職員は語った。

解説 large sums of moneyが目的語だから，amass「(財産など) を蓄積する」が適切。**1**「～を絶縁する，～を遮断する」，**2**「飲んで騒ぐ」，**3**「思い巡らす」

NOTES

求人などの「必要条件」という意味で使える単語としてはほかにrequirementがある。

「〜をがつがつ食べる，〜をがぶ飲みする」の意味ではguzzleやgulpも使える。

(9) 解答 1

ケンは毎月の経営会議にとって大きなプラスになっている。彼の発言はいつも洞察力に富み，目の前の問題に関連したものだ。

解説 His commentsを修飾し，insightful「洞察に満ちた」と並列できるものは，pertinent「関連する」。**2**「中くらいの」，**3**「好戦的な」，**4**「ありきたりの」

(10) 解答 1

A: パリ支店の新しい職に応募したらどう？
B: できないわよ。その職の要件の1つはフランス語が流ちょうであることなんだけど，私はフランス語は一言も話せないのよ。

解説 prerequisiteは「必要条件」。**2**「不正」，**3**「類似性」，**4**「違反」

(11) 解答 3

ジュリーが駅の近くで見つけた野良猫は，目の前に出された食べ物を何でもがつがつ食べた。その猫はすぐに体重が増え始めた。

解説 voraciouslyは「食欲旺盛に」たくさん食べる様を描写する。**1**「（要塞などが）堅固に，断固として」，**2**「身代わりに」，**4**「散発的に」

(12) 解答 2

ローラが寝室の窓から外を見ると，芝生は一面の真っ白な雪で覆われていることに気づいた。芝生全体が純白だった。

解説 一面の雪を描写する語として適切なのはimmaculate「しみ一つない」。**1**「国外に移住した」，**3**「不可解な」，**4**「いまわしい」

(13) 解答 2

その医師は長年にわたり，多くを犠牲にして島の住民の世話を助けた。心の行き届いた世話と無私の精神に対して，彼はすべての患者から深く尊敬された。

解説 医師に対する島民の気持ちとして適切なのは，venerate「〜を深く尊敬する」。**1**「悩まされた」，**3**「引き延ばされた」，**4**「なだめられた」

(14) 解答 1

A: 社長のスピーチを聞き逃したよ。彼は何と言ったの？
B: そうだね，彼の発言の要点としては，会社は今後6か月にわたって非常に困難な時期に直面するだろうということだったよ。

解説 社長のスピーチの内容を聞かれて，そのgist「要点」を説明している。**2**「頂上」，**3**「徒党」，**4**「破片，分派」

(15) 解答 1

新聞で過去の犯罪歴が報道されると，その経営者は友人と知人から遠ざけられていることに気がついた。彼は完全に孤独だと感じた。

解説 孤独だと感じたのだから，友人と知人が取った行動は彼「〜を避ける」（shun）ことだ。**2**「変形させられた」，**3**「（兵士が）宿舎を割り当てられた」，**4**「魅了された」

(16) 解答 3

その科学者は，超自然的な力の主張について何年もかけて調査したが，それらはすべてまやかしであることが判明したと言った。

解説 超自然的な力が本当にあるかもしれないと調べたが，すべてspurious「偽の」主張だとわかったとすると文脈に合う。**1**「老朽の」，**2**「なだめようのない」，**4**「口論好きな」

NOTES

(17) 解答 1

その政治家は地球温暖化に関する**議論を呼ぶ**意見で知られており，彼の主張によると地球温暖化はリベラルメディアのでっち上げであると言う。彼は多くの環境活動家の批判の的になっている。

解説 地球温暖化はメディアのでっち上げだという主張に批判が浴びせられているのだから，その政治家の意見はcontentious「議論のある」ものである。**2**「(問題・結び目などが) 解けない」，**3**「頭韻を踏んだ」，**4**「(その土地に) 固有の」

inventionは「発明」のほかに「作り話，でっち上げ」という意味も重要。動詞inventにも「(話など)をでっち上げる」(＝make up) という意味がある。

(18) 解答 3

A: それが本当だなんて信じられない。どこで聞いたの？
B: 情報源**を明かす**ことはできないんだけど，とても信頼できるものだということは保証できるよ。

解説 情報源「～を漏らす」(divulge) ことはできないが，信頼できるものだということ。**1**「～の品位を落とす振る舞いをする」，**2**「～を進ませる」，**4**「(語がほかの語と) 連結して用いられる」

(19) 解答 3

ほとんどの人たちは，支出を切り詰めて経済が回復するのを待つことで経済危機**を乗り切ろ**うとした。

解説 ride outで「～を無事に乗り切る」。**1** shove (人) aroundで「(人) をこき使う」，**2**「(経験など) を利用する」，**4**「(人) を買収して解決する」

(20) 解答 4

デイビッドは若いころ，父親が亡くなってかなりの遺産を手にした。残念なことに，彼はギャンブルと酒でそのほとんど**を浪費した**。

解説 fritter awayで「～を浪費する」。spendやwasteなどと同じく，何にお金を使ったかはonで表す。**1**「～に非常線を張った」，**2**「(お金など) を出し合った」，**3**「襲いかかった」

(21) 解答 1

A: ベンのポールへのあの怒りようを見た？
B: 見たけど，意外じゃなかった。彼はずっと前からポールの発言へのいら立ち**を抑えてきた**から，遅かれ早かれ怒りが噴き出すはずだったんだよ。

解説 bottle upで「(感情など) を抑える」。**2**「～を杭で囲う」，**3**「(結局～に) 終わる」，**4**「～のページをぱらぱらめくる」

(22) 解答 2

先週，ジェイクの会社は1万個以上の大口の注文を受けた。納期に間に合わせるため，工場は生産**を増やさ**なければならなくなる。

解説 ramp upで「～を増やす」。**1**「～を大声で歌う」，**3**「～を入念に調べる」，**4**「～とけんかする」

NOTES

動物種の分類に関する語を整理しておこう。amphibian「両生類(の)」, reptilian「爬虫類(の)」(「爬虫類」という名詞としては reptile が普通), avian「鳥類の」, mammalian「哺乳類(の)」(「哺乳類」という名詞としては mammal が普通)

☐ trait 特徴，特性

☐ extinction 絶滅

☐ offspring 子孫

☐ progression 進歩，発展

☐ stuttering 吃音

☐ slurring 不明瞭な発音

☐ plethora 過多，過剰

筆記 2

鳥のビッグバン

20か国の研究者によるチームが鳥類のゲノムマップを作成する壮大な取り組みに着手し，その結果，これまでで最も包括的な鳥類の遺伝子マッピングを作り出した。鳥のゲノムは哺乳類のゲノムより小さく，ほぼ3分の1の大きさしかない。このように小型であることは研究者にとって利点となる。科学者たちは鳥のゲノムを分析して得られた発見を用いて，人間やほかの種のある特性の遺伝的起源を研究する際に，より正確な遺伝子の標的に焦点を当てることができる。また，その方法を用いることで，鳥のゲノム配列解析をいくらか簡単に行うことも可能になった。この国際科学者チームは，系統図の各主要部門を代表する45種の鳥のゲノム配列を解析することができた。

恐竜は6,500万年前に起きた大量絶滅の間に大部分が死に絶えたが，鳥は恐竜の生き残った唯一の真の子孫だと科学者は考えている。この研究は，鳥が大規模な遺伝的進歩を成し遂げて1万種に増えたのはこの大量絶滅の前なのか後なのかに関する科学者間の論争に決着をつけた。現在の遺伝的証拠は，その進化が後で生じたことを示している。今では，わずかな数の生き延びた恐竜種が，今日私たちが目にする多様な鳥にその後進化したと考えられている。またこの証拠は，進化が急速で，大量絶滅後1,000万年から1,500万年の期間内に起きたことを示している。

総合的な見識は鳥の進化において大きな飛躍があったことを表しているが，研究結果は実地に応用できる可能性のある情報を与えてくれそうである。鳥類と人間の遺伝子コードを比較すると，鳴き鳥の脳の部位は人間と似たパターンで活性化するが，これはそれほど鳴かない種の鳥には起こらず，人間以外の霊長類にすら起きない。鳥類のゲノムに関する遺伝子上の発見は，人間の発話障害の根本的原因に関する新発見へと研究者を導く可能性が十分にあり，もしかすると，パーキンソン病が原因となる吃音(きつおん)や不明瞭な発音のような発話障害の救済へとすら導く可能性がある。またそれらは，人間がどのように言語能力を身につけるのかに関する証拠を提供することとなるかもしれない。科学者たちは今もなお研究結果を分析中である。なぜなら，あり余るほどの潜在的利益が実現されるのはまだこれからなのだから。

(23) 解答 **1**

1 研究者にとって利点となる
2 正確な分析を難しくした
3 ほかの種に広く見られる
4 それまで鳥では一度も見られなかった

解説 空所の前の文で鳥のゲノムが哺乳類より小さいと述べ，直後の文では鳥のゲノム分析での発見を，人間やほかの種の遺伝子研究に応用できることが述べられている。つまり鳥のゲノムが小さいことが「利点となる」ことになる。

(24) 解答 **4**

1 まったく異なる選択肢
2 すべての恐竜が鳥類に進化したこと
3 その進化が考えられていたより早く起きたこと
4 その進化が後で生じたこと

解説 空所直後の文で，わずかな数の生き延びた恐竜種が鳥に進化したとあるので，進化は大部分の恐竜が絶滅した後で生じたことになる。特に文中のsubsequently「その後」という語が大きなヒントである。

(25) 解答 1

1 実地に応用できる可能性のある
2 人間のDNAとは著しい違いを示す
3 潜在的に鳥類種を救う助けとなり得る
4 鳥類ではない種の配列を解析するのに役立つ

解説 空所の後の部分を読んでいくと，鳥類のゲノムに関する発見が，人間の発話障害の解明や治療につながる可能性が書かれているので，実用的な応用の可能性があることになる。

人類のヨーロッパ定住

初期人類に支配されるようになる以前，ヨーロッパにはわれわれの進化の兄弟分であるネアンデルタール人が住んでいた。人類の到着は絶え間ない拡大の波となってもともと居住していたネアンデルタール人を圧倒し，ついには3万9千年ほど前にネアンデルタール人は完全に姿を消した，とかつては推測されていた。しかし，人類は何度もヨーロッパに進出しようと無駄な試みをしては，入植地を繰り返しネアンデルタール人に再占領される羽目になっていたように今では思える。この発見は，DNAの証拠と，それに加え入植地のさまざまな地層で発見された考古学的証拠に基づいている。証拠が示唆するところでは，人類はおそらくかつて考えられていたより1万2千年前，すでに5万年前には到着していた。しかし，それはヨーロッパに移住した多くの人類集団が生き延びられなかったことも示している。この結論を導く1つの理由は，チェコ共和国で見つかった人類集団の遺骸に行われた遺伝子分析に基づいている。それらの遺骸は，現代のヨーロッパ住民に大した量のDNAをもたらしたようには思えない。

新たな研究結果が科学者の間にさまざまな疑問を提起しているが，中でも第一の疑問は，初期の人類集団は地歩を築けなかったのに後の人類集団がそうできたのはなぜか，というものである。地球温暖化，あるいはさらに地球に届く宇宙線量の増加などの環境的要因が理由だったのかもしれないと主張されてきた。しかし，これらは確かに生き延びることをより厳しくしたかもしれないが，人類にもネアンデルタール人にも影響を与えただろう。後に到着した人類はヨーロッパに根を下ろすことに成功し，ネアンデルタール人に取って代わった。それでも，どちらの種も同じような期間にわたって類似した環境条件に直面したのだろうから，人類が生き延びたことは，地球温暖化と放射線が一部の研究者が示唆しているほど命にかかわるものではなかったことを示すのかもしれない。

おそらく，もっと理にかなった説明は，われわれの先祖がヨーロッパ中に広がることを可能にしたのは人類の行動だ，というものである。ロンドン自然史博物館のクリス・ストリンガーによると，かなりささいなことが決定的に重要だったのかもしれない。何か工夫した狩猟用武器だったのか，知識を蓄える斬新な手段だったのか，あるいは卓越した人脈づくりだったのかなど，それが何だった可能性があるかについてさまざまな提言が存在する。ストリンガーによると，「赤ん坊を1％多く生き延びられるようにしさえすればよい，そうすればそれは石器時代の世界ではとても大きな利点になる」。

NOTES

□ ceaseless 絶え間のない
□ make inroads into 〜に進出する
□ reoccupy 〜を再占領する
□ establish a foothold 地歩［地盤］を築く
□ cosmic radiation 宇宙線
□ render 〜をある状態にする

NOTES

(26) 解答 4

1 ネアンデルタール人とうまくやっていた
2 珍しいDNAパターンを持っていた
3 すぐにネアンデルタール人に取って代わった
4 生き延びられなかった

解説 第1段落第3文（However）によると，人類は一気にネアンデルタール人を征服したのではなく，進出と失敗を繰り返していた。空所後の，人類集団の遺骸と現代ヨーロッパ人に共通のDNAがそれほどないという内容からも，人類の進出には断絶があったことがわかる。そうすると，多くの人類集団がヨーロッパでは「生き延びられなかった」と考えられる。

(27) 解答 3

1 隠れた利点もあった
2 次第に厳しさを増した
3 人類にもネアンデルタール人にも影響を与えた
4 人類の数を最も減らした

解説 空所のある文のtheseと空所の前のtheyはenvironmental factors「環境的要因」を指す。第2段落最終文（Yet）が，人類もネアンデルタール人も同時期に似た環境条件下にあったのだから，人類が生き延びたのはこれらの要因が理由ではないのかもしれない，という内容であることを考えると，空所に入るのは「人類にもネアンデルタール人にも影響を与えた」が適切である。

(28) 解答 3

1 環境の変化
2 遺伝子の小さな突然変異
3 かなりささいなこと
4 そうした機会

解説 第3段落でストリンガーがhuman behavior「人類の行動」の例として挙げているのは，狩猟用武器，知識を蓄える手段，人脈づくりといったもの。これらを第2段落の「環境的要因」と比較すると,「かなりささいなこと」と考えられる。そうしたささいなことの積み重ねが赤ん坊の生存率を高め，人類が生き延びることを可能にした，というのがストリンガーの考えである。

筆記 3

守り，奉仕する？

1963年にロサンゼルス警察が採用して以来，「守り，奉仕する」という標語は，全米の警察官の理想のよく知られた要約になっている。高潔な響きを持つこのスローガンは，一般大衆を悪人から守る盾となるべく奮闘する謙虚な公僕という警察官のイメージを印象づける一方，非常に誤解を招くものだと主張する批判者もいる。この標語は，特にアメリカの司法制度の最高レベルまで延々と続く法的判断と食い違っていると言ってもよい。2005年に，下級審での一連の判決に続き，合衆国最高裁判所は，コロラド州キャッスルロックのジェシカ・ゴンザレスという母親が起こした裁判である「キャッスルロック対ゴンザレス」事件で，物議を醸す判決を下した。ゴンザレスが裁判を起こしたのは，元夫に拉致された子供たちの失踪を捜査してほしいという彼女の度重なる嘆願を警察が無視し，結果的にその3人の少女の痛ましい殺人事件を招いたからである。事件の前に，子供たちに接触することを父親に禁じる法的拘束力を持つ書類である禁止命令が父親に対して交付されており，州の法令は，そうした書類に違反したことが判明した者は誰でも逮捕すると定めていた。しかし最高裁判所は，「警察の自由裁量という定着した伝統」が法律に優先されるのだから，警察に責任があると考えることはできない，という判決を下した。

最高裁判所によると，そうした自由裁量は警察組織が機能する上で欠かせない。米国憲法は「消極的憲法」として知られるものである。すなわち，憲法は，政府が国民に対して威圧的な振る舞いをしないことを保証するために制定されたのであり，警察が国民一人一人の幸福と保護に責任を持つことを保証する意図で作られてはいない。そうしたアプローチには思いやりが欠けていると論じることも確かにできようが，一方，自由裁量がなければ，例えば制限速度を1マイルでも超えて車を走らせた運転者に罰金を科すなど，警察は法律の一つ一つを執行しなくてはならないだろう，と論争の相手側は主張する。自由裁量がなければアメリカはすぐに抑圧的な警察国家になるだろう，と彼らは論じる。

もちろん，アメリカの警察官の圧倒的多数は誠実に，それどころか勇敢に，職務を実行している。しかし，現代アメリカの警察活動を批判する人たちは，警察の倫理規定は大いに称賛に値するものだが，警察組織の方針は内部で策定されるものが多すぎると感じている。現代社会では，環境責任から教育基準に至るあらゆるものを法令が律しているが，警察組織は例外であり続けている。近年，警察官が職権を乱用し人種的偏見による罪のない国民への残虐行為に関与しているという非難により，アメリカの警察組織は全国で人々の抗議の的になっている。多くの批判者の意見では，憲法の下で警察権を委ねられている州立法府は，警察官が職務を遂行する際の義務を明確に説明する規則が確実に存在するようにし，職権を乱用したり誠実に奉仕し一般大衆を守ることを怠ったりした者には確実に責任を取らせる必要がある。

(29) 解答 2

ゴンザレス裁判に関する以下の記述のどれが正しいか。

1 合衆国最高裁判所は警察官がアメリカ国民を差別することを一切許すつもりはない，ということを明確にしている。

2 合衆国最高裁判所は，警察官は州法に従うよりも自らの判断を頼ってよいという結論を下した。

NOTES

□ summation 要約

□ evildoer 悪人，犯罪者

□ at odds with ～と食い違って

□ abduct ～を拉致する

□ override ～より優位に立つ

□ coercive 威圧的な

□ brutality 残忍さ，野蛮

consequence には face [take / suffer] the consequences「（自分のしたことの）結果に向き合う，責任を取る」という用法がある。この there are consequences もそれと同じで，「（自分のした悪いことに見合う）相応の結果がある」という意味になる。

NOTES

3 警察は，ゴンザレスの子供たちが彼女の元夫からの危険にさらされていることに実際は気づいていなかったと主張した。
4 国民があまりに何度もささいなことで警察を煩わせ警察が国民の要請に反応しなくなるときに起こり得る諸問題の例である。

解説 第1段落第4文（In 2005）によると，最高裁判所の判決は「物議を醸す」ものだった。以降の記述によると，州の法令に従えばゴンザレスの元夫は逮捕されるべきだったが，最高裁は，警察の自由裁量が法律に優先されるのだから逮捕しなかった警察に責任はないとした。**2**がdiscretionをrely on their own judgmentと言い換えている。

(30) 解答 **2**

最高裁判所によると，アメリカの警察官は
1 すべてのアメリカ国民が危害から安全に守られることを保証する政府の一般的義務から決して免除されることはない。
2 法律を厳格に執行することを求められるというより，ケースバイケースでどのように職務を果たすかを決定する権限を持つ必要がある。
3 法律が確実に守られるようにする職務を持つだけではなく，一般国民に対処する際は思いやりを持って行動しなければならない。
4 憲法に明確に書かれている原則だけではなく，条文で暗に意味されている原則も同様に知っていなければならない。

解説 第2段落全体が，警察の自由裁量についての最高裁判所の考え方を記述している。第3文（While）にあるように，警察は，わずかなスピード違反も取り締まるといったしゃくし定規な法の執行を求められているわけではない。自由裁量，つまり**2**のようにケースバイケースの判断が必要だというのが最高裁の考えである。

(31) 解答 **4**

最後の段落で，アメリカ国民に対する警察官の義務について暗に何と言われているか。
1 警察組織は警察活動の真の専門家なのだから，警察官がどのように職務を果たすかに関する指針は彼らが策定すべきだ。
2 環境や教育といったことへの政府の干渉は，行きすぎた規制はしばしば有害なことがあると示している。
3 現在は州政府が警察組織に対する権限を持ちすぎているので，憲法を変える必要があることが明らかになりつつある。
4 警察官の権限と地位の乱用を防ぐため，責任を明らかにする明確な規則を警察官に与えることが極めて重要だ。

解説 最後の段落では，警察に批判的な人たちの意見が書かれている。最後の文（In the opinion）によると，批判派が求めているのは，警察官の義務を明文化することと，職務を怠った警察官に責任を取らせること。**4**がそれを全体的に言い換えている。

アジャックス作戦

1953年，民主的選挙で選ばれたイラン首相モハンマド・モサッデクの政府が暴力的に転覆させられ，今日まで何十年も続く不安定と争いへの道を開いた。災難の始まりは，20世紀初頭にイランで石油が発見されたことだった。石油産業からの利益の大半は最終的にイギリス企業の懐に入り，これらの石油会社は賄賂やほかの不正な方法を用いて，イラン君主であるシャーが前もってイギリス側に助言を仰ぐことなく首相を任命することがないほどの強大な政治的影響力を構築した。しかしモサッデクは石油産業を国有化し，イギリスとの外交関係を断った。

その間，ドワイト・アイゼンハワー大統領下の中央情報局（CIA）はモサッデクの行く末に不安を持つようになっていた。モサッデクは，アメリカが国の安全保障と世界平和への第一の脅威と見なしていたソビエト連邦の影響を受け，共産主

□ underhanded　不正な

義者から支持されているとうわさされていたのである。さらに，アメリカの政治家たちが懸念していたのは，自国の石油を輸出する契約をアメリカの石油会社と結んだばかりのサウジアラビアなど近隣産油国が，イランに倣って石油産業を国有化することだった。イギリスはこうした不安につけ込み，モサッデクをすげ替えた1953年の作戦に着手するようアメリカを説得することができたのである。

この計画はアジャックス作戦として知られ，モサッデクを逮捕させるようCIAがシャーに圧力をかけることから始まった。イラン兵が彼を自宅で捕えようと試みたが，モサッデクは陰謀について警告を受けており，陰謀をつぶすべく部下を配置していた。するとCIAは新聞社への贈賄という手を使い，やれ共産主義者だやれ無神論者だと主張してモサッデクに濡れ衣を着せる記事を印刷させた。次にCIAはごろつきの一団を雇い，共産主義とモサッデクを支持するスローガンを連呼させ大混乱を引き起こさせた。それから第2の暴徒を雇って最初の暴徒を攻撃させ，流血を伴う一連の衝突を招いた。

当初モサッデクは，国民は公に示威運動をする権利を持つという理由で，介入する姿勢を見せなかった。しかし，結局これは甘い考えで，示威運動は暴動にエスカレートしてイランの政治の安定を揺るがした。最終的に，CIAが軍司令官を買収して暴徒を追い散らし，モサッデクは逮捕された。その後間もなく，シャーがアメリカの支援を得て独裁者としてイランの統治を始めた。

CIAの多くの関連文書はいまだに機密扱いか厳しく検閲されているが，公開されている文書の検証は，クーデターには第3の犯人がいたことも示している。CIAのエージェントだったカーミット・ルーズベルトが買収目的で1人の上級ムッラー（宗教指導者）と面会したと言われている。さらに，モサッデクの打倒を招いた暴動に参加した群衆を組織する上でムッラーたちが尽力したことを文書は示唆している。アメリカとイギリスがクーデターの主たる扇動者だったが，イランのムッラーたちがCIAと手を組んだだけでなく，自らの政治課題を追求する機会をここぞとばかりにとらえ，イランの民主主義を損なおうとたくらんだという説得力のある証拠が存在する。クーデターの四半世紀後，彼らはシャーを打倒し権力を握った。その後間もなく，過激なイランの学生がイランのアメリカ大使館で人質を取り，1980年の選挙でジミー・カーター大統領が敗北する一因になったと言われている危機を引き起こした。この人質危機は途方もない衝撃であり，アメリカ人の大半は，イランの行動はいわれのないものだと考えた。しかし，1953年のクーデターでCIAが果たした役割が周知されていたなら，イランの敵意の原因はおそらくはるかに明確になっていただろう。

事件の詳細が徐々に外部に漏れると，ついにCIAはそれらの出来事における自らの役割を明らかにするさまざまな文書を公開した。結局2000年に当時の国務長官マデレーン・オルブライトは，「なぜ多くのイラン人がアメリカによるこの内政干渉に憤り続けているのか，今となっては容易に理解できる」と認めた。

人質危機以来，アメリカとイランの関係はずっと敵対的なままだ。イランはテロリストに金銭的支援を与えているとしばしば非難され，イランの核兵器計画はかつて両国を戦争の一歩手前まで追い込んだ。これらの緊張の種がすべて1953年にまかれたことは広く合意されている。

今にして思えば，クーデターは，短期的には目的を達成した一方で，引き起こした出来事に照らして考えればとんでもなく見当違いだったことは明らかに思える。アナリストは，グローバルな観点からはさらに深刻な結果すらもたらしたとも指摘する。議会に諮ることもアメリカ国民に知らせることもなく他国の事情に介入したアイゼンハワー大統領は，危険な先例を作った。CIAは秘密情報を集めて評価するために設立されたが，イランでのCIAの行動は，政治的目的を達成するためならしばしば国際法に違反し，多くの場合暗殺計画にさえ訴えることにな

NOTES

□ follow ~'s lead ～に倣う
□ play on （恐怖心など）につけ込む
□ exert ～を行使する
□ foil ～を失敗に終わらせる
□ atheist 無神論者
□ hooligan ごろつき
□ destabilize ～を不安定にする
□ disperse ～を分散させる，分散する
□ classified 機密扱いの
□ culprit 犯人
□ operative スパイ，エージェント
□ instigator 扇動者

unprovokedは「挑発されていない」が直訳だが，相手が何もしていないのに一方的に仕掛けた正当性のない行為について用いられる。

□ in hindsight 後で思えば
□ misguided 誤った考えに導かれた
□ precedent 前例

NOTES

□ groundwork 基礎，土台

□ tarnish （名声など）を損なわせる

る組織の基礎を築いたのである。そうした行動はアメリカの国際的名声をひどく損ない，国際関係に極めて悪い影響をもたらしている。

(32) 解答 3

CIAがモハンマド・モサッデクに反対した理由の1つは，

1 モサッデクはソビエト連邦の共産主義者の影響を受けたので他国への石油の供給を止めた，とCIAが信じていたからである。

2 モサッデクのシャーへの忠誠がイラン政府内部での政治腐敗の拡大を招くことをCIAが恐れていたからである。

3 アメリカに石油を供給する国がイランが従っている政策に影響されることをCIAが恐れていたからである。

4 モサッデクがイギリスの石油会社の影響下にあり，イギリスとの関係を再開しようとするとCIAが懸念していたからである。

解説 第2段落によると，アメリカがモサッデクについて持っていた不安は，ソビエト連邦の影響を受けているのではないかということと，ほかの産油国が「イランに倣って石油産業を国有化すること」で石油の供給に影響が出ることだった。**3**が国有化を「イランが従っている政策」と表している。

(33) 解答 3

モサッデクは自らに対するCIAの陰謀に対処する際，どんな間違いを犯したか。

1 国の支配権を握ろうとCIAが最初に企てた際，彼を逮捕するため兵士が派遣されたときに強く反応しすぎた。

2 共産主義者と無神論者との関係をすぐには否定せず，そのため政治的支持のほとんどを失った。

3 彼が政治的状況を制御できなくなる原因となる暴力的手段をCIAが用いるのを防げなかった。

4 彼は十分な額の賄賂を支払わず，そのためさまざまなイラン人グループが争いの相手側にくら替えすることとなった。

解説 第3段落によると，CIAは，新聞にうその記事を書かせたりごろつきを雇って混乱を引き起こしたりしてモサッデクを追い落とそうとした。それに対しモサッデクは，第4段落冒頭に書かれているように「介入する姿勢を見せなかった」。その結果，CIAが暴力的手段をとったのだから，**3**が彼が犯した間違いである。

(34) 解答 2

この文章の筆者はイランのムッラーたちについて何を示唆しているか。

1 CIAの計略でシャーをひどく怒らせる誤りを犯し，自分たちの全体的地位を弱体化させた。

2 CIAに協力して手を貸したが，自分たちに有利になるように状況を利用しようという秘密の計画も持っていた。

3 多くの文書がまだ公開されていないので，彼らがどの程度CIAに関与していたかを推測するのは不可能だ。

4 1人の上級ムッラーがCIAに関与していたようだが，広範な協力の証拠はない。

解説 第5段落にCIAとムッラーのかかわりが書かれている。公開された文書によると，ムッラーたちがCIAの陰謀に加担したのは，「自らの政治課題を追求する機会をここぞとばかりにとらえ」て権力を握るためだった。それを「自分たちに有利になるように状況を利用しようという秘密の計画」と表した**2**が正解。CIAが最初に接触したのは1人のムッラーだが，CIAに協力したのは複数のムッラーなので**4**は誤りである。

(35) 解答 4

CIAのイランへの干渉は組織自体にどのような影響を与えたか。

1 CIAは非常に強大な力を得ていたので，もっと厳しく統制する必要があると各大統領に認識させた。

2 それが原因でCIAはイランにあまりに注力することになり，後に重大な結果をもたらすほかの重要な国際的問題を無視した。

3 手にした秘密情報を適切に調べずに行動することは極めて危険だということをCIAに教えた。

4 **それがきっかけで，CIAは政治的目標を達成するために違法なことをするのもいとわない集団になった。**

解説 最終段落第4文（The CIA）によると，CIAはイランでの行動以降，「政治的目的を達成するためならしばしば国際法に違反し，多くの場合暗殺計画にさえ訴えることになる組織」になった。**4**がこれと合致する。国際法の違反と暗殺計画をthings that were illegalと短くまとめている。

NOTES

模擬テスト

NOTES

□ discriminatory
差別的な

□ appropriation
盗用，私物化

□ a fine line
微妙な差，紙一重

筆記 4

リンディホップは，軽快なジャズ音楽に合わせて踊る力強いパートナーダンスだ。1920年代にハーレムの黒人コミュニティで生まれたと考えられている。やがてこのダンスは主流となり，白人の観客向けに作られたエンターテイメントで取り上げられるようになった。元のダンスの録画は残っていないが，それが白人の観客向けの映画で取り上げられた際には動きの速さが増して誇張されていたようだ。黒人のダンサーたちは，差別的な白人の固定観念に合わせなければならなかったようである。ダンサーたちはエネルギッシュで愉快であるが，同時に知性がなく，動物的でさえあるようにも描かれた。

ほとんどのダンスがそうであるように，リンディホップもやがて人々の意識から消えていった。しかし，それはスウェーデンで1980年代に復活し，そしてそこでは愛好者の大半を白人が占めていた。ほどなくしてリンディホップの流行は世界中に広まり，今日の白人リンディホッパーたちは，黒人文化の重要な一面を復活させ，広めたことは自分たちの功績であると主張している。しかし，現代のリンディホッパーたちの行為を文化の盗用と呼ぶ人もいる。文化の盗用とは，ある文化がほかの文化の要素を，転用元のグループに対して無礼であったり有害であったりする形で取り入れることを指す言葉である。その人たちは，スウェーデンの人々がやり始めたダンスは，差別から生まれたリンディホップの変化形だと主張している。

リンディホップのような他文化の要素を取り入れることは，他文化をばかにしたり，人々から収入を奪ったりしない限り，容認されると主張する人々もいる。しかし，リンディホップのケースは，文化の理解と文化の盗用の間には微妙な境界線があることを示している。白人の借り手の意図に関係なく，多くの黒人がリンディホップに起こったことについて不快感を抱いている以上，それは文化の盗用に該当すると感じる人もいる。

解答例

The Lindy Hop was originally performed by Black people, but when the dance appeared in entertainment for White people, it seems changes were made to accord with racist stereotypes. In Sweden, White people brought the dance back and claim that preserving it was a positive action, but some argue that this is cultural appropriation, which is borrowing from other cultures in insulting or damaging ways. The difference between cultural appreciation and cultural appropriation is blurry, as the case of the Lindy Hop can be seen as White people showing respect for a revived dance, or as White people doing a racist parody of a stolen dance. (106語)

リンディホップはもともと黒人が踊っていたものだったが，白人向けのエンターテイメントに登場したとき，人種差別的な固定観念に合わせて改変されたようだ。スウェーデンでは，白人がこのダンスを復活させ，これを保存したことはよい行動だったと主張しているが，これは文化の盗用，つまり侮辱的あるいは傷つける方法でほかの文化から借用したものだという意見もある。文化の理解と文化の盗用の違いはあいまいで，リンディホップの場合，復活したダンスに白人が敬意を示していると見ることもできるし，白人が盗まれたダンスの人種差別的なパロディをしているとも見ることもできてしまう。

解説 第1段落第1文と第2文でリンディホップという黒人が創作したダンスがトピックであるとつかむ。またこの段落では，第4文で，「白人向けの映画では動きの速さを増して誇張された」こと，第5文で「黒人が白人の差別的な固定観念に合わせることを強いられていた」ことを読み取ると，「黒人によって創作されたリンディホップは，白人向けの映画では，差別的に描かれていた」という1つの問題が浮き彫りになる。要約例に目を向けると，本文のconform toを要約例ではaccord withへ，discriminatoryをracistへそれぞれ類義表現を用いて言い換えている。conform toはcomply withやcorrespond toなどとも言い換えられるが，見方を変えて，「差別的な固定観念」を主語にすればwere enforcedやwere imposed onのような表現も使用できる。前後関係を見ながら，適切な言い換え表現を選び，conformという語を理解できていることをアピールする。

第2段落では，問題がさらに深掘りされている。第2段落第4文のhoweverを境に「白人が消えかけた黒人文化を復活させ広めたというポジティブな見方と，差別に基づいた文化の盗用であるというネガティブな見方の対立」が述べられている。要約例では，この2つの見方を，接続詞butを用いてまとめている。後者のネガティブな見方はcultural appropriationと呼ばれることが本文の第4文からわかるが，その説明であるone culture adopting an element from another culture in a way that is disrespectful or harmful to the group it was adapted fromは，adoptingがborrowingへ，disrespectful or harmfulはinsulting or damagingと要約例では本文とは異なる語を用いてそれぞれ言い換えている。

第3段落では，第3段落第2文から，「文化の理解と文化の盗用の境界線は微妙である」という筆者の主張をとらえる。第2段落で紹介されたcultural appropriationに加えて，cultural appreciationという言葉が第2文で新情報として提示される。cultural appreciationはcultural appropriationと対立的な考えを指していると予測できるため，第1文で述べられているように，他文化をばかにしたり収入を搾取したりしない形で他文化を取り入れるポジティブな見方を指す言葉であるとわかる。したがって，第1文はcultural appreciationを表しており，最終文はcultural appropriationを表していることがわかる。要約例では，第1文を「復活したダンスに白人が敬意を示していると見ることもできる」，第3文を「白人が盗まれたダンスの，人種差別的なパロディをしていると見ることもできる」と言い換えている。筆者の主張部分では，fine lineをblurryに置き換え，differenceを加えて「文化の理解と文化の盗用の違いはあいまい」と自分の言葉で筆者の主張を言い換えている。differenceの代わりにboundaryを用いたり，cultural appreciationとcultural appropriationの違いがあいまいであることを踏まえてthere is an argument over how cultural adaptation is perceived「文化適応がどのようにとらえられるかについて議論がある」のように抽象化して言い換えたりしてもよいだろう。

NOTES

NOTES

□ onerous　骨の折れる

筆記 5

解答例 **Positive**

The Japanese government needs to encourage more immigration for the good of Japan. Problems related to the falling birthrate, a lack of people of working age, and the burdens placed on the tax system by an aging population could all be solved by increasing immigration.

First, the birthrate in Japan has been in decline for decades. Japan needs to maintain population levels if it is to sustain itself. One effective solution would be to encourage immigration to rural areas, where towns are losing inhabitants at an alarming rate.

Second, Japan cannot maintain its current economic position without a large pool of people of working age. It is important that we attract immigrants with a range of skills, from the highly educated to those willing to do onerous jobs, many of which have not been automated yet and require a large scale of labor. In addition, the increasing number of elderly people in Japan means we need more care workers. This serious shortage can be remedied by accepting immigrants.

Third, immigrants working in Japan pay taxes. We need a larger tax base to support the government, especially to lessen the burden of the increasing costs for medical and social services related to care for the elderly.

Considering the need for more people in general, more workers, and a larger tax base, the government should welcome more immigrants to live and work in Japan. (232語)

賛成
トピック　日本政府は海外からもっと移民を奨励すべきか

日本のために，日本政府は海外からもっと移民を奨励する必要がある。低下する出生率，労働年齢の人々の不足，そして高齢化する人口が税制に与える負担，これらに関連する諸問題はすべて，移民を増やすことによって解決するかもしれない。

第1に，日本の出生率は数十年間低下している。日本が国を持続させようとするなら，人口のレベルを維持する必要がある。1つの効果的な解決法は，地方への移民を奨励することだろう。地方では市町村の住民が驚くべき速度で減っている。

第2に，多数の労働年齢の予備人員がなければ，日本は現在の経済的地位を維持できない。高学歴者から，骨の折れる仕事をするのをいとわない人まで，幅広いスキルを持つ移民を呼び込むことが重要だ。骨の折れる仕事の多くはまだ自動化されておらず，大規模な労働力を要する。さらに，日本の高齢者数は増え続けているのだから，介護労働者がもっと必要だ。この深刻な人員不足は，移民を受け入れることで改善できる。

第3に，日本で働く移民は税金を払う。政府を支えるためには，特に高齢者ケアに関する医療サービスと社会サービスのコスト上昇の負担を軽減するためには，課税ベースを拡大する必要がある。

全体として人口を増やす必要性，労働者を増やす必要性，課税ベースを拡大する必要性を考えれば，もっと多くの移民が日本で生活し働くことを政府は喜んで受け入れるべきだ。

解説 第1段落の序論では，トピック対して明確に肯定の立場を示し，3つの理由を簡潔に述べている。

本論に入り，第2段落では最初の理由として「低下する出生率」を挙げ，特に地方において人口減少が深刻であると具体的に述べている。第3段落では「労働年齢の人々の不足」を取り上げ，労働人口の確保が国の経済力維持のために必須であり，高学歴の人材だけでなく，介護職など人手不足の職種の担い手としても移民が必要だと論じている。さらに第4段落では「高齢化する人口が税制に与える負担」の視点から，増え続ける医療費や社会保障費などの社会的コストを賄う重要な課税ベースとして移民に期待するという意見を述べている。

結論の第5段落では，本論の第2段落から第4段落で述べた3つの理由を簡潔な言い方で繰り返し，移民を積極的に受け入れるべきだという自分の立場を改めて述べて結んでいる。

解答例 **Negative**

The Japanese government should not encourage more immigration. An increase in the number of immigrant workers may create social tensions, become a liability during economic downturns, and lead to Japan missing the chance to become a leader in labor-saving technologies.

First, Japan is a largely homogeneous country. Most people are brought up with similar spiritual and cultural values, and there is little social tension. However, an increase in immigration may lead to tension and conflict as immigrants understandably try to introduce their own values while Japanese people try to protect theirs.

Next, we can see from other countries that immigrant workers can become a liability during economic downturns. They are often the first workers to be laid off and may require financial assistance afterwards. Since the government is already in debt, it cannot easily afford the costs of increased welfare.

Finally, Japan may miss the chance to become a world leader in the development of labor-saving technologies. Breakthroughs in technology usually come about as a result of need. At present, due to a lack of workers, there is great incentive in Japan to develop labor-saving technologies. These technologies could also be sold to other countries. However, if Japan simply imports foreign workers, this incentive will be lost.

NOTES

□ liability
負担，マイナス

□ understandably
無理のないことだが

NOTES

The decreasing number of young people in Japan is a problem that must be addressed, but increasing the number of immigrants is clearly not the best solution. (234語)

反対
トピック　日本政府は海外からもっと移民を奨励すべきか

日本政府はこれ以上の海外からの移民を奨励すべきではない。移民労働者数の増加は，社会的緊張を招いたり，景気低迷期に負担となったり，省力化技術で日本がリーダーになる機会を逃す結果になったりするかもしれない。

第1に，日本はおおむね均質的な国である。ほとんどの人々が同じような精神的・文化的価値観で育ち，社会的緊張はほとんどない。しかし，移民の増加は緊張と争いをもたらすかもしれない。日本人が自分たちの価値観を守ろうとする一方で，移民は当然のことながら自分たちの価値観を持ち込もうとするからだ。

次に，他国を見れば，景気低迷期に移民労働者が負担になり得ることがわかる。彼らはしばしば解雇される最初の労働者で，その後は経済的援助を必要とするかもしれない。政府はすでに借金を抱えているのだから，増加した生活保護のコストを簡単に払う余裕はない。

最後に，日本は省力化技術の発展において世界のリーダーとなる機会を逃すかもしれない。科学技術の大躍進は，たいてい必要性の結果として起こる。現在，労働者不足のため，日本では省力化技術を発展させようとする大きな動機がある。これらの科学技術は他国に売ることもできるかもしれない。しかし，日本が単に外国人労働者を取り込むなら，この動機は失われてしまう。

日本で若者の数が減少していることは取り組まなければならない問題だが，移民の数を増やすことは明らかに最良の解決策ではない。

解説 序論の第1段落ではまず，移民の積極的受け入れに反対の立場を示した後，3つの理由に言及している。

本論ではそれぞれの理由を詳述している。第2段落では均質性といった日本社会の特殊性を取り上げ，特に文化的価値を共有できない移民が社会にもたらすマイナスの影響を懸念している。第3段落では，景気低迷期に予想される移民の失業率増加，それに伴う社会的コストの上昇について述べている。第4段落は，労働者不足が日本の省力化技術の発展の動機であるが，移民の受け入れによってこの動機がなくなると述べている。

結論の第5段落では，移民受け入れ論の論拠としてよく持ち出される少子化問題の存在を認めつつも，移民の大量受け入れは最良の解決策ではないとの自身の立場を改めて明確にしている。

リスニング Part 1 50〜60

NOTES

No. 1 解答 2

★：Hi, Jane. Did you hear about Bill?
☆：Being appointed to department head, you mean? Yeah. He's really lucky.
★：Why do you say that? I thought he was the obvious choice.
☆：I'm not sure. Look at his sales. The job needs someone more committed.
★：Well, the boss must have thought he was good enough for the position.
☆：I don't know. He just didn't have any choice after Susan left. Now, Susan—there's someone who would have really been able to do the job well.
★：I agree about Susan, but I still think you're being too harsh.
Question: What does the woman imply about Bill?

□ committed 熱心な

□ harsh 厳しい

★：やあ，ジェーン。ビルのこと聞いた？
☆：部長に任命されたってこと？　ええ。彼は本当に幸運ね。
★：どうしてそんなこと言うの？　彼が選ばれたのは誰もが納得の選択だと思ったけど。
☆：どうかしらね。彼の売り上げを見て。この仕事にはもっと打ち込んでいる人が必要なのよ。
★：まあ，上司はこの役職には彼が十分適格だと思ったんだろうけど。
☆：わからないわよ。スーザンが辞めた後で彼には選択肢がなかっただけよ。そう，スーザンよ。彼女だったらこの仕事を本当にうまくできたでしょうね。
★：スーザンのことについては同感だけど，それでも君はちょっと厳しすぎるんじゃないかと思うよ。
質問：女性はビルについて暗に何と言っているか。

1 彼は新しい仕事で非常にうまくやるだろう。
2 彼は昇進に値しなかった。
3 彼はスーザンに会社を辞めさせた。
4 彼の前の仕事は彼に合っていなかった。

解説 ビルが昇進して新しい役職に就いたことについての会話。女性の2つ目と3つ目の発言から，彼女はビルが能力的に優れていたから昇進したとは思っていない。

No. 2 解答 3

★：Annie, I'm home. Look what I picked up today.
☆：What's that, Dave? Another computer?
★：Yeah. It was on sale at that second-hand shop. It was only 100 dollars.
☆：But you've already got two laptops. Why do you need another one?
★：I don't. But it was so cheap I couldn't resist. It's only three years old.
☆：It may be a bargain, but I don't think you should buy every computer you see. What are you going to use it for?
★：Don't worry—I'll think of something.
Question: What does the woman think of the man's purchase?

I don't の後には，need another one（= laptop）が省略されている。

★：アニー，ただいま。今日買ったものを見てよ。
☆：それ何，デイブ？　またパソコン？
★：うん。あの中古店で特価品だったんだ。たった100ドルだったんだよ。

NOTES

☐ take up (物が空間) を占める

☐ dump ごみ捨て場

☆：でもあなたはもうノートパソコンを2台も持っているでしょ。どうしてもう1台必要なの？
★：必要ではないよ。でもすごく安かったから我慢できなかったんだ。まだ出て3年しかたっていないんだよ。
☆：お買い得品かもしれないけど，見かけたパソコンを全部買うべきじゃないと思うわ。それ何に使うつもりなの？
★：心配しないで。何か考えるから。
質問：女性は男性が買った物についてどう思っているか。
1 とても幸運な掘り出し物だった。 **2** 場所を取りすぎる。
3 まったくのお金の無駄だった。 **4** うまく動きそうもない。

解説 男性が買ったパソコンについて，女性の2つ目と3つ目の発言から，彼女はよい買い物だとは思っていないことがわかるので，それに一番近い**3**が正解になる。

No. 3 解答 **1**
☆：Paul, can I ask you a favor?
★：What is it this time, Joan?
☆：I've got to give a presentation tomorrow morning, and I need to make copies of these materials. Unfortunately, I've got to leave now.
★：You mean you want me to make the copies for you? You asked me to do the same thing last week.
☆：Sorry, but I promised to meet a friend this evening and if I don't leave now, I won't be there in time.
★：I guess I have no choice. But you should really plan your time better. Your work should come before your private life, you know.
☆：I know. Next time, I'll think ahead a bit more.
Question: What is the man's response to the woman's request?

☆：ポール，お願いがあるんだけど。
★：今度は何だい，ジョーン。
☆：明日の朝プレゼンテーションをしなくちゃならなくて，これらの資料をコピーしなきゃいけないの。でも残念ながらもう帰らないといけないの。
★：僕にコピーを取ってほしいってこと？ 先週も僕に同じことを頼んだよね。
☆：ごめんなさい，今晩友達と会う約束をしていて，もう出ないと間に合わないの。
★：仕方ないな。でも君は本当にもっと計画的に時間を使わないといけないよ。仕事は私生活よりも優先されるべきだからね。
☆：わかっているわ。次は先のことをもうちょっと考えるようにするわ。
質問：女性の依頼に対する男性の反応はどれか。
1 彼はそれを喜んではいないが同意はしている。
2 彼は同意しているが，彼女がそのお返しをするならという条件付きである。
3 彼の責任ではないので断っている。
4 彼は忙しすぎるので断っている。

解説 選択肢から，女性が男性に何かを頼む会話だと予測できるので，男性の反応に集中して聞き取る。男性の最後の発言の I guess I have no choice. But you should really plan your time better. という言葉から，しぶしぶ同意していることが推測できる。

No. 4 解答 **4**
☆：Come here, Richard. There's something I want you to do.
★：What is it, Mom?
☆：You know that pile of trash from the garage? I want you to drive it to the dump for me.
★：What, now? I'm sorry, Mom. I have an essay due for class tomorrow. I was just about to stop watching TV and start working on it.

☆：Strange, how you always have homework when I want you to do a chore.
★：It's a really important essay. The professor for my economics class is very strict.
☆：I guess I'll just have to ask your father when he gets home.
Question: What does the woman imply regarding her son?

☆：こっちに来て，リチャード。あなたにしてほしいことがあるの。
★：何，ママ？
☆：車庫のあのごみの山のこと，わかるわよね。私の代わりにあれを車でごみ捨て場まで持っていってほしいのよ。
★：え，今？　ごめん，ママ。明日の授業で提出しなくちゃいけないレポートがあるんだ。ちょうどテレビを見るのをやめて，それに取り掛かろうとしていたところなんだ。
☆：用事をしてほしいときにはいつも宿題があるなんて変ね。
★：本当に大事なレポートなんだ。経済学の授業の教授はとても厳しいんだ。
☆：お父さんが帰ってきたら頼まないといけないみたいね。
質問：女性は息子について暗に何と言っているか。
1 彼は大学で勉強を一生懸命しすぎている。
2 彼は父親が彼に頼むことだけをする。
3 彼はあまりにも教授を恐れすぎている。
4 彼は宿題を言い訳として使っている。

解説 用事を頼む母親と断る息子の会話。母親の3つ目の発言から，息子の言葉を疑っていることがわかる。

No. 5 解答 4
☆：How's it working out with your new boss, Peter?
★：OK, I guess. He's good at the job and very hardworking.
☆：You don't sound so happy about it.
★：Well, Jane, it's just that he's such a perfectionist. The last report I wrote, he made me rewrite it three times. And when I was late last week, he got furious with me.
☆：That must be intimidating. He's very different from my boss. She's too easygoing.
★：Well, he demands a lot of himself, so I suppose it's natural that he takes the same attitude to others.
Question: What is the man's problem?

☆：新しい上司とはうまくいっているの，ピーター？
★：まあまあだと思う。彼は仕事ができるし，とてもよく働くよ。
☆：あまりうれしそうな口ぶりじゃないわね。
★：うーん，ジェーン，彼がすごく完璧主義者だというだけのことなんだけどね。この前僕が書いた報告書なんだけど，3回書き直しをさせられた。それと，先週遅刻したら激怒されたよ。
☆：それは怖いでしょうね。私の上司とは大違いだわ。彼女はおおらかすぎるの。
★：まあ，彼は自分に厳しい人だから，ほかの人にも同じ姿勢で臨むのは当然だと思うよ。
質問：男性の問題は何か。
1 彼はジェーンがもっと一生懸命働くべきだと思っている。
2 自分の上司がしばしばミスをする。
3 彼はジェーンから報告書を受け取らなかった。
4 自分の新しい上司が厳しすぎる。

NOTES
□ chore 雑用
□ intimidating 脅迫的な
□ easygoing のんきな

NOTES

解説 男性の2つ目の発言のhe's such a perfectionistと報告書の書き直しと遅刻の2つの事例，続く女性のThat must be intimidating.という発言，そして男性のhe demands a lot of himselfという最後の発言から，新しい上司が厳しい人なのでやりにくいと男性が思っていることがわかる。ほかの選択肢の内容は会話に出てこない。

No. 6 解答 **3**

☆：John, what should we do for Sheila's birthday? Shall we go out to dinner?
★：Do we have to? I'm sure that she would enjoy a dinner at home just as much.
☆：But it's her 18th. We should do something special. Why don't we go to the Four Seasons Restaurant?
★：But that'll cost a fortune.
☆：John, we can afford to take our daughter out somewhere nice. You still behave as if we have to worry about every penny.
★：I work hard for our money. There's no need to waste it.
☆：This is our only daughter's birthday we're talking about.
Question: What does the woman imply?

□ penny　1セント貨

☆：ジョン，シーラの誕生日には何をしたらいいかしら。夕食に出かける？
★：外に食べに行く必要があるかな。きっと彼女は家でも同じくらい夕食を楽しむだろうと思うけど。
☆：でも18歳の誕生日よ。何か特別なことをした方がいいわよ。フォー・シーズンズ・レストランへ行かない？
★：でもすごく高いよ。
☆：ジョン，私たちには娘をどこかいい所に連れていく余裕があるわ。あなたはまだどんなに小さな額でも心配しないといけないみたいに振る舞うのね。
★：僕はお金を得るために一生懸命働いているんだ。無駄にする必要はないよ。
☆：たった1人の娘の誕生日のことを話しているのよ。
質問：女性は暗に何と言っているか。
1 彼女は家で料理したい。
2 彼女の夫はもっと一生懸命働くべきだ。
3 彼女の夫はもっと気前よくなるべきだ。
4 彼女は自分の誕生日を祝いたい。

解説 男性はお金を無駄に使う必要はないと言い，女性はお金のことは気にせずに娘の誕生日を祝ってやりたいと言っている。女性の3つ目の発言の You still behave as if we have to worry about every penny.から，男性の態度をどう思っているか読み取れる。

No. 7 解答 **3**

★：It's too bad Amy is out sick all week. She's our lead salesperson, and was supposed to meet our client tomorrow.
☆：I've been trying to get someone else from our sales department to take her place, but so far, everyone is snowed under.
★：You should use the online database with employees' schedules. It was set up last month to keep pace with our recent expansion.
☆：I haven't heard about that.
★：You should have. Around that time, the new manager, Randall, e-mailed everyone about how to access it.
☆：Oh, I just remembered that I do have a message or two from him I haven't read! OK, if I find someone who's available for the meeting, I'll let you know right away.
Question: What will the woman do next?

□ be snowed under　（仕事などで）忙殺されている

★：エイミーが今週ずっと病気で休んでいるのは痛いね。彼女はうちの営業ナンバーワンだし，明日クライアントに会うことになっていたんだよ。
☆：彼女の代わりに営業部からほかに人を呼んで来ようとしているんだけど，これまでのところ，みんな仕事で忙殺されているの。
★：社員のスケジュールのオンラインデータベースを使った方がいいね。最近の会社の拡大に合わせて先月設置されたんだ。
☆：それは聞いたことがないわ。
★：聞いているはずだよ。そのころ，ランドール新部長がアクセス方法について全員にメールを送ったもの。
☆：あー，確かに彼からのメールで1つか2つまだ読んでいないのがあるのをたった今思い出した！　わかった，会議に出られる人が見つかったら，すぐに教えるね。
質問：女性は次に何をするか。
1 オンラインデータベースについて部長に聞く。
2 営業部の残りの人たちと話す。
3 メールの受信トレイを確認する。
4 エイミーに電話してアドバイスを求める。

解説 休んでいるエイミーの代わりに会議に出られる人を探しているという状況。男性が提案しているオンラインデータベースを女性は聞いたことがないと言っているが，新部長からその件でメールが来ていたと男性に言われて，部長からのメールで読んでいないものがあったことを思い出している。女性が次にするのは未読メールの確認ということになる。

No. 8 解答 2
★：Marcia, I heard you had a good seat at last night's volleyball game.
☆：That's right, Frank. I was keeping score. I like to sit close to the court and evaluate players' contributions to the scoreline.
★：You mean like making your own calls? Isn't that the referees' job?
☆：It is, but a lot of sports fans do this. It puts the game on a whole new level of fun. People can keep track of players' offensive and defensive skills. For example, I pay attention to who can serve the ball the hardest.
★：Wow, I've never considered that. All I do is just watch the ball go back and forth.
☆：The season's almost over, but let's go to a game together before it ends.
Question: What does the woman say about volleyball?

★：マーシャ，昨晩のバレーボールの試合ではいい席だったらしいね。
☆：そうよ，フランク。スコアをつけていたの。コートの近くに座って，選手の得点結果への貢献度を評価するのが好きなのよ。
★：それって，自分で判定をするみたいなこと？　それは審判の仕事じゃないの？
☆：そうだけど，たくさんのスポーツファンがやっていることよ。試合をまったく新しいレベルの面白さにしてくれるの。選手の攻撃と守備の技術の記録をつけることができるわ。例えば，私が注目しているのは，誰が一番強いサーブを打てるかとか。
★：すごい，そんなこと考えたこともない。僕はボールが行ったり来たりするのをただ眺めているだけだよ。
☆：今シーズンはそろそろ終わりだけど，終わる前に一緒に試合に行こうよ。
質問：女性はバレーボールについて何と言っているか。
1 ボールをサーブするのが一番難しい技術だ。
2 スコアをつけると試合をもっと楽しめるようになる。
3 試合のシーズンがとても短い。
4 試合の座席はほとんどがいい席だ。

NOTES

□ inbox　受信トレイ

□ scoreline　得点結果

□ make a call
（試合で）判定を下す

NOTES

□ upset　番狂わせ

welfareには「福祉」のほかに「生活保護」という意味があり，on welfareは「生活保護を受けて」の意味になる。

way offのwayは「とても，非常に」という意味の副詞，offは「(数字などが) 間違った」という意味の形容詞。

□ momentum
勢い，運動量

解説 女性がバレーボールの試合を見に行ってスコアをつけていることに驚く男性に対し，女性は彼女の2つ目の発言で，スコアをつけることの意義を力説している。その中のIt puts the game on a whole new level of fun. は，スコアをつけると試合を見るのがいっそう楽しくなるという意味。**2**がそれと同じ内容である。

No. 9 解答 **3**

★：Did you see the debate between Mayor Tarkington and her opponent, Jamal Warner, the other night? Mayor Tarkington has been popular so far, but it looks like there might be an upset in the election.

☆：I did. Mayor Tarkington seemed like she was at a loss several times, didn't she?

★：Yes, especially when Warner started pointing out flaws in her proposed poverty action plan and accusing her of being insensitive to the needs of local citizens on welfare.

☆：Yes, I couldn't believe that she was unaware that over a fifth of the city's children are living in poverty. The number she gave when he asked her about it was way off.

★：That wasn't the only blunder she made, either. I get the feeling she underestimated Warner as an opponent. Maybe she should have spent more time familiarizing herself with the issues before the debate.

☆：Did you see the latest opinion polls?

★：Yes, her lead has narrowed substantially. It seems like Warner's campaign has a lot of momentum right now. It's just a question of whether he has enough time to overtake Mayor Tarkington before election day next Friday.

☆：I can't help but think that we might be getting a new mayor.

Question: What does the man suggest about the mayor?

★：この間の夜の，ターキントン市長と対立候補のジャマール・ワーナーの討論会を見た？　今のところターキントン市長の人気が高いけど，選挙では番狂わせがあるかもしれないと思えるんだ。

☆：見たわよ。ターキントン市長は何度か言葉に詰まったように見えたよね？

★：うん，特にワーナーが，彼女が提案した貧困対策行動計画の欠陥の指摘と，生活保護を受けている地元市民のニーズに彼女が冷淡だという非難をしたときだね。

☆：うん，市の子供の5分の1以上が貧困家庭で暮らしていることを彼女が知らなかったのは信じられなかった。彼に質問されて彼女が挙げた数字はまったく間違っていた。

★：彼女が犯した失態はそれだけじゃないんだよね。彼女は対立候補としてワーナーを過小評価していたように思える。討論会の前にもっと時間を取って，争点を熟知しておくべきだったのかもしれない。

☆：最新の世論調査を見た？

★：うん，彼女のリードはずいぶん縮まっているよ。現時点ではワーナーの選挙運動にとても勢いがあるように思える。あとは来週金曜日の投票日までにターキントン市長を追い越すのに十分な時間が彼にあるかどうかの問題だ。

☆：新市長が誕生するかもしれないと思わずにはいられないわね。

質問：男性は市長について何を示唆しているか。

1 生活保護予算を削減するべきではなかった。
2 貧困問題を重視しすぎている。
3 討論会の準備を十分にしなかった。
4 不正直だったことを謝罪するべきだ。

解説 討論会後に市長選挙の行方を占う男女の会話。討論会では現職市長が不利で，市長は貧困問題への理解が足りないという点で両者は一致している。さらに男性は彼の3つ目の発言で，she should have spent more time familiarizing herself with the issues before the debateと言っている。もっと時間をかけて争点を熟知しておくべきだったということは，裏を返せば，**3**のように，準備不足だったと指摘していることになる。

No. 10 解答 **4**

☆　：Thanks for inviting us over, Dad. That was a great dinner.
★1：Don't mention it, Jill. I wanted to buy some wine as well, but it was just too heavy for me to bring back from the store.
☆　：Actually, Dad, that's sort of what Steve and I wanted to talk to you about. We've been talking, and we think that perhaps it'd be a good idea if you came to live with us.
★2：Yes. Now that Susan has left home, we have a spare bedroom. And we'd love to have you.
★1：I'm not that incapable yet, you know. I can still look after myself.
★2：Of course you can, but we'd feel better if you were with us. You had that accident last month, didn't you?
☆　：And this big old house is really too big for you to look after by yourself, Dad.
★1：But I love this house. It has all the memories of your mother in it, Jill.
☆　：We understand your feelings. Why not come stay with us for a month and then see how you feel?
★2：Yes. We'll keep this house, and you can come back whenever you want.
★1：I suppose I could try that.
Question: What will Jill's father probably do?

☆　：パパ，私たちを招待してくれてありがとう。素晴らしい夕食だったわ。
★1：どういたしまして，ジル。ワインも買いたかったんだけど，店から持ち帰るには重すぎたんだよ。
☆　：実はね，パパ，スティーブと私がパパに話したかったのはそういうようなことなのよ。2人で相談してきたんだけど，パパも私たちのところに来て一緒に住んだらいいんじゃないかと思うの。
★2：そうです。今はもうスーザンが家を出たので，寝室が1つ空いているんですよ。それにお父さんにぜひ来てほしいんです。
★1：まだそんなに何もできないわけじゃないよ。自分の身の回りのことはまだできるからね。
★2：もちろんそうでしょうが，お父さんが一緒なら，私たちはもっと安心できるんです。先月だってあの事故がありましたよね。
☆　：それにこの大きな古い家は，パパが1人で手入れするには大きすぎるでしょう。
★1：でも私はこの家が大好きなんだよ。おまえのお母さんの思い出すべてがこの家にあるんだよ，ジル。
☆　：パパの気持ちはわかるわ。1か月私たちのところに来て一緒にいて，それからどう思うか考えたらどう？
★2：そうですよ。この家はそのままにしておきますから，帰りたいときにはいつでも帰れますよ。
★1：試してみてもいいかもしれないな。
質問：ジルの父親はおそらくどうするか。
1 時々家族のもとを訪ねる。　**2** 誰かにお金を払って買い物をしてもらう。
3 老人ホームに引っ越す。　**4** 娘家族と住んでみる。

解説 Part 1の最後に出題される3人での会話。ジルの父親が今後どうするかを整理して聞くことが大切。女性と男性の最後の発言に対する父親の反応から最終的な決定がわかる。

NOTES

Don't mention it.「どういたしまして」はお礼や謝罪などに対する答え。

□ spare　予備の

□ incapable (of)　(～が) できない

□ from time to time　時々

模擬テスト

NOTES

block は通りに囲まれた「1街区」を指す。a square block なら「1区画四方」という意味。

□ catch on　人気を得る

□ exclude　～を締め出す

リスニング Part 2　61～66

(A)

Gated Communities

Over the last few decades, private or "gated" communities have become increasingly widespread. A gated community is most commonly a residential area surrounded by walls, guards, or other features that limit access. There are over 50,000 such communities across the United States, and the number is growing each year. They may range in size from a few square blocks to nearly the size of small cities. Some even employ their own police and fire services. The trend is also catching on in Canada, the UK, South Korea, Portugal, and Bulgaria. Residents of gated communities—usually upper-income professionals or business owners—prefer them because of their privacy, security, and prestige.

However, there are people who do not welcome this development. Some critics claim that gated communities only visibly separate the rich from the poor, causing needless division and tension in society at the local level. As such, gated communities represent deepening class divisions in America and the rest of the world.

Questions:

No. 11　What is one feature of a gated community?

No. 12　What do critics say about gated communities?

門のあるコミュニティー

ここ数十年，一般の立ち入りができない「門のある」コミュニティーがだんだん拡大してきている。門のあるコミュニティーとはごく一般的には，壁や警備員，そのほか立ち入りを制限するものによって囲まれた住宅地のことである。そのようなコミュニティーが全米には5万以上存在し，毎年その数は増大している。大きさは数ブロック四方のものからほぼ小さな市の大きさまでさまざまである。コミュニティーによっては，独自に警察や消防隊を雇ってすらいるところもある。この傾向はカナダ，イギリス，韓国，ポルトガル，ブルガリアでも流行している。門のあるコミュニティーの住民はたいてい高所得の専門家や会社経営者であるが，プライバシーや安全性，そして権威のために，このようなコミュニティーを好んでいる。

しかしながら，このような発展を歓迎しない人々もいる。門のあるコミュニティーは金持ちと貧乏人の間に目に見えるように境界線を引くものでしかなく，不必要な分裂と緊張を地域レベルで社会に引き起こしていると主張する批評家もいる。このように，門のあるコミュニティーは，アメリカと世界の国々において深まりつつある階級格差を示しているのである。

No. 11　解答　4

質問：門のあるコミュニティーの特徴の1つは何か。

1　専門家以外の人々を法的に締め出すことができる。
2　住民がそれぞれ5万人に限定されている。
3　ほかのコミュニティーとつながりを持っている。
4　警備を自力で行っている場合がある。

解説　第1段落第5文（Some even）で警察や消防の業務まで独自に用意していることが

述べられている。

No. 12 解答 3

質問：批評家たちは門のあるコミュニティーについて何と言っているか。

1 不必要に高価格である。
2 貧しい労働者を搾取している。
3 社会問題を悪化させている。
4 地域の資源を乱用している。

解説 第2段落第2文（Some critics）で，社会において分裂と緊張を引き起こしているという批評家の意見が述べられている。

(B)

Hydraulic Mining

When the California Gold Rush began in the mid-1800s, miners used handheld equipment to obtain gold, often from rivers. However, when the supply of easily available gold was exhausted, a technique called hydraulic mining was implemented. Hoses shot water at extremely high pressure at mountainsides, washing masses of earth and rock off them. This would then be collected in containers known as “sluice boxes.” The collected water and soil would be run through the boxes, trapping the gold. Hydraulic mining allowed abandoned mining sites to become a source of tremendous revenue, since it uncovered gold that had been too deeply buried to be mined by hand.

The process, however, created massive amounts of debris, which was washed downstream. California’s agriculture industry was developing at the time, and the debris contaminated water supplies and led to floods that ruined crops, destroyed property, and even claimed human lives. Though angered by the effects of hydraulic mining, many residents were reluctant to support anti-hydraulic mining legislation because local economies depended on revenue from miners’ activities. After years of protests by the agriculture industry, however, the legislation finally passed in the 1880s.

Questions:

No. 13 What was one advantage of hydraulic mining?
No. 14 What happened in the 1880s?

水力採掘

1800年代半ばにカリフォルニアのゴールドラッシュが始まったとき，採掘者たちは手に持つ器具を使い，多くの場合川から金を採った。しかし，容易に手に入る金の供給が尽きると，水力採掘という技術が実施された。ホースが山腹に向けて極度の高圧で水を放ち，山腹から土と岩の塊を流して落とした。これが次に「スルースボックス」として知られる容器に集められる。集められた水と土が箱を通して流れ，金が残る。水力採掘は手で採掘するには深すぎる所に埋もれていた金を露出させたので，そのおかげで，放棄された採掘地を途方もない収入源にすることができるようになった。

しかし，この工程は大量のごみを生み，それは下流に流された。カリフォルニアの農産業は当時発展途上で，ごみは給水を汚染して洪水を招き，洪水は作物を台無しにし，土地建物を破壊し，人命を奪いすらした。多くの住民は水力採掘の

NOTES

□ exploit　～を搾取する
□ aggravate　～を悪化させる
□ hydraulic　水力の
□ mountainside　山腹

sluice は「水門」が本義。sluice box は，網目を通して砂金だけを選別するための箱状の道具。

□ downstream　下流に
□ contaminate　～を汚染する

NOTES

影響に怒りを感じていたが，地域経済が採掘者の活動からの収入に依存していたので，反水力採掘法を支持したがらなかった。しかし，農産業が何年も抗議した末，その法律は1880年代にようやく成立した。

No. 13 解答 **3**

質問：水力採掘の利点の１つは何だったか。

1 スルースボックスの使用を必要としなかった。
2 ほかの一般的な技術よりも使う水が少なかった。
3 採掘者たちが近づけなかった金を採ることができた。
4 たくさんの金を下流に流すことができた。

解説 第１段落では，山腹に高圧の水を浴びせて流した土と岩から金を採るという水力採掘の工程を説明した後，最後の文でit（= hydraulic mining）uncovered gold that had been too deeply buried to be mined by handと言っている。**3**がこれをaccessという語を用いて全体的に言い換えている。

No. 14 解答 **1**

質問：1880年代に何が起きたか。

1 水力採掘がついに違法になった。
2 新しい水力採掘技術が作られた。
3 水力採掘がついに利益を出すようになった。
4 水力採掘による洪水が悪化した。

解説 第２段落では，大量のごみによる水の汚染と洪水の増加という水力採掘のマイナス面を述べている。質問の1880sは最後の文のthe legislation finally passed in the 1880sに出てくるが，このlegislationは，その直前で述べているanti-hydraulic mining legislation「反水力採掘法」のことである。その法律が成立したのだから，**1**のように水力採掘が違法になったことになる。

(C)

Bilingualism and Intelligence

Everyone agrees that speaking two languages fluently has its advantages. However, studies show bilingualism boosts more than one's ability to communicate in two languages. It improves cognitive skills in areas even unrelated to language. These findings go counter to what was commonly accepted throughout most of the 20th century. Educators and researchers previously believed that a second language caused cognitive interference, impeding the progress of a learner's overall academic development. The fact is, the results of these studies indicate that bilingualism reinforces the brain's executive function, which focuses attention on problem solving, planning and other complex mental tasks. At first, researchers attributed this to a heightened ability to suppress distractions, but it turns out that interference actually provides the brain with a mental workout that bolsters cognitive reasoning.

A 2014 study published in the journal *Psychological Science*, however, throws a little cold water on these findings. It suggests that many researchers argue that bilingualism has little or no effect on overall intelligence. Pointedly while 63 percent of the studies showing positive effects of bilingualism on intelligence were accepted by scientific journals, 74 percent of those that showed no effect were rejected, indicating a possible predisposition by editors. Still, this study accepts the possibility

□ go counter to　～に反する

□ impede　～を妨げる

throw cold water on は「～に冷たい水をかける」，つまり，「～にけちをつける」ということ。

□ predisposition　傾向

that there may be some positive aspects of bilingualism.

Questions:

No. 15 According to several studies, how does bilingualism positively affect intelligence?

No. 16 What does a journal article in *Psychological Science* imply?

2言語使用と知性

2つの言語を流ちょうに話すことに利点があることは誰もが認める。しかし，2言語使用が2つの言語で意思を疎通する能力以上のものを高めることを，研究が証明している。2言語使用は，言語に無関係ですらある分野での認知スキルを向上させる。この研究成果は，20世紀の大部分を通して一般に認められていたことに反している。教育者や研究者はかつて，第2言語は認知的干渉の原因となり，学習者の総合的な学力向上の発展を阻害すると考えていたのである。実際のところ，これらの研究の結果は，2言語使用が脳の実行機能を強化することを示している。実行機能とは，問題解決，立案やそのほかの複雑な知的作業に注意力を集中させる機能である。当初，研究者は，この結果は注意力を散漫にさせるものを抑える能力が高まったことによるとしていたが，干渉は実際には，認知的推論を強化する知的トレーニングを脳に課すことがわかっている。

しかしながら，学術誌『サイコロジカルサイエンス』に掲載された2014年の研究は，これらの研究成果に若干のけちをつけている。多くの研究者は2言語使用が知性全体にほとんどあるいはまったく影響がないと論じている，とこの研究は示唆している。露骨にも，2言語使用が知性に上向きな影響を与えることを証明する研究の63%が科学誌に採用された一方で，影響しないことを証明する研究の74%は却下されたのである。これは，編集者によるある傾向の可能性を示している。それでも，この研究は，2言語使用には何らかの上向きな面があるかもしれないという可能性を認めている。

No. 15 解答 1

質問： いくつかの研究によると，2言語使用はどのようにして知性に上向きに影響を及ぼすか。

1 2言語使用は思考処理を強化する。
2 2言語使用者は注意を散漫にさせるものを遮断するのが苦手になる。
3 脳の実行機能があまり自己主張しなくなる。
4 2言語使用者は新しいことへの学習により意欲的になる。

解説 第1段落第6文（The fact）に「2言語使用が脳の実行機能を強化することを示している」とあり，実行機能の具体例が述べられている。それを短くまとめた**1**が正解。

No. 16 解答 3

質問：『サイコロジカルサイエンス』の雑誌記事は暗に何と言っているか。

1 2言語使用に関するほとんどの先行研究は偏っていた。
2 2言語使用はある特定の認知スキルにほかのスキルよりも強く影響する。
3 雑誌記事の選考過程に欠陥があるかもしれない。
4 2言語使用研究者の大多数は意見の一致を見ている。

解説『サイコロジカルサイエンス』は第2段落に出てくるが，第3文（Pointedly）に雑誌に採用された記事の傾向が述べられており，明らかな偏りがあることがわかる。

NOTES

模擬テスト

NOTES

このmobilityは「自由に体を動かしたり移動したりできる能力」の意味だが，social mobility「社会的流動性（社会階層の固定化と移動可能性の度合い）」のような使い方も覚えておきたい。

□ regimen 食事療法，運動療法

gastric「胃の」に加え，cerebral「脳の」, cardiac「心臓の」, intestinal「腸の」, cellular「細胞の」なども覚えておきたい体に関する形容詞。

□ malnutrition 栄養失調

□ nutritious 栄養のある

(D)

A Radical Weight Loss Technique

Obesity has become a critical problem all over the world. In the US, for instance, about 70% of its people are considered overweight or obese. As a result, obesity-related conditions—from mobility issues to heart and lung trouble—have become much more common. Most fitness trainers, physicians, and health experts suggest obese and overweight people lose weight naturally through exercise and eating less. Since this involves a change of habits, results are more likely to require a long-term effort. However, those in a hurry to lose weight, or unable to maintain an exercise and low-calorie regimen, can opt for a more radical approach: gastric band surgery.

Gastric band surgery mainly involves placing a silicon band around the stomach, so that a person feels "full" quicker, while eating less. Since the person does not eat much, fast weight loss usually follows. As with all surgical processes, however, there is an element of danger. Infections are a special risk involved in all surgeries, including this type. In addition, the silicon band around the stomach can break, requiring additional surgery for its replacement. Patients can even suffer from malnutrition if they do not consume enough nutritious foods, and may have to depend on supplements to survive. Moreover, the total amount of weight lost in the long term will vary. People who do not want to encounter such uncertainties may want to lose weight in more traditional, non-surgical ways.

Questions:

No. 17 According to the speaker, who is most likely to opt for gastric band surgery?

No. 18 What is one possible danger with gastric band surgery?

過激な減量術

肥満は世界中で重大な問題になっている。例えばアメリカでは，国民のおよそ70%が太りすぎか肥満と見なされている。その結果，肥満に関連する疾患――移動能力の問題から心肺の不調まで――がはるかに一般的になっている。ほとんどのフィットネストレーナーや内科医，健康専門家は，肥満と太りすぎの人に運動と減食によって自然に減量することを提案する。これは習慣を変えることを伴うので，結果を出すには長期間の努力を要する可能性の方が高い。しかし，急いで減量したい人や運動と低カロリーの食事療法を続けられない人は，もっと過激な手法を選ぶこともできる。胃バンド手術である。

胃バンド手術の主な内容は，胃の周囲にシリコン製のバンドを巻き，減食しながらより速く「満腹」感を得られるようにすることである。食べる量が少ないのだから，たいてい急速な減量が続く。しかし，すべての外科手術の工程がそうであるように，いくばくかの危険がある。感染症は，このタイプを含めすべての外科手術に伴う特有のリスクである。加えて，胃に巻いたシリコンバンドが壊れ，交換するための追加の手術が必要になることがある。患者は栄養のある食物を十分に摂取しなければ栄養失調に苦しむことすらあり，サプリメントに頼って生き延びなければならないかもしれない。さらに，長期的に減る体重の総量はさまざまである。そうした不確実さに直面したくない人は，もっと伝統的な，手術を使わない方法で減量した方がいいのかもしれない。

No. 17 解答 4

質問：話者によると，胃バンド手術を選ぶ可能性が最も高いのは誰か。

1 移動能力の問題を抱える人たち。
2 フィットネストレーナーと仕事をしている人たち。
3 長期的な解決を求めている人たち。
4 急いで減量したい人たち。

解説 第1段落の最後に，those in a hurry to lose weight ... can opt for a more radical approach: gastric band surgery と言っている。in a hurry を quickly と言い換えた **4** が正解。

No. 18 解答 3

質問：胃バンド手術で起こり得る危険の1つは何か。

1 危険なほど急速な減量の原因になることがある。
2 ほかの臓器が不調を起こす原因になることがある。
3 栄養不良を起こすことがある。
4 感染症の治療を遅らせることがある。

解説 第2段落第3文（As）以降で，胃バンド手術の危険な点として，感染症，バンドが壊れて再手術が必要になること，栄養失調の3つを挙げている。3つ目の malnutrition を undernourishment と言い換えた **3** が正解。

(E)

A Green Solution to an Orange Problem

Each winter, the southern Spanish city of Seville confronts a sticky, colorful problem, as its streets become awash with oranges. The bulk of them is largely ignored by the public and left dangling on trees until it eventually drops and litters the streets. This happens because this particular species of orange is not consumed as a foodstuff, and is only occasionally used in products such as aromatherapy oils, leaving the rest to unfortunately clutter the streets. There it rots, attracts swarms of flies, and presents a headache not only for Seville's residents, but also for the local authorities who are charged with cleaning up the ensuing tacky debris.

One company, however, has devised a green solution to the orange problem. Emasesa, the municipal water company, is using the fruit to generate clean energy to run a water purification plant. Employing an existing facility designed to generate electricity from organic matter, methane captured from the fermenting oranges is used to drive the generator, thereby producing power. It is hoped that the scheme will be extended to provide electricity for homes in the city. Benigno López, head of Emasesa's environmental department, says that the company hopes to eventually recycle all of the city's oranges into biofuel.

Questions:

No. 19 What is one problem with the oranges in Seville?

No. 20 What has the water company started doing with the oranges?

オレンジ問題のグリーンな解決策

毎年冬，スペイン南部の都市セビリアは，街の通りがオレンジでいっぱいになると，ねばねばでカラフルな問題に直面する。オレンジの大半は人々におおむね無視されて木にぶら下がったままにされ，最後には落ちて通りを汚すことになる。

NOTES

□ malfunction 不調を起こす

□ awash with ～でいっぱいで

□ clutter ～を散らかす

□ ensuing 結果として起こる

□ tacky べたべたの

□ water purification plant 浄水場

□ biofuel バイオ燃料

模擬テスト

NOTES

そうなってしまうのは，この種のオレンジに限っては食料として消費されることがなく，アロマセラピーのオイルなどの製品に時折使われるだけで，残りは残念なことに通りを散らかすままにされるからである。通りでオレンジは腐り，ハエの大群を呼び寄せ，セビリアの住民だけでなく，その結果できるべたべたの残骸を片づける責任のある地元当局にとっても頭痛の種となる。

しかし，ある会社が，このオレンジ問題に対してグリーンな解決策を考え出した。市営水道会社エマセサがこの果物を使い，浄水場を稼働するクリーンエネルギーを作っている。有機物から発電するよう設計された既存の施設を使い，発酵するオレンジから集めたメタンを用いて発電機を駆動し，そうして動力を生産するのである。市内の住宅に電力を供給するよう計画が拡大されることが期待されている。エマセサの環境部長ベニグノ・ロペスは，会社は最終的に市のオレンジを全部バイオ燃料にリサイクルしたいと考えている，と語る。

No. 19 解答 2

質問：セビリアのオレンジの問題の1つは何か。

1 育っているときにひどい匂いがする。
2 しばしば通りで腐るままにされる。
3 どんな商品を作るのにもめったに使われない。
4 食べると頭痛を引き起こす。

解説 第1段落によると，セビリアの街中のオレンジは食べられず，いくつかの製品に加工されるほかは通りに落ちるままにされる。第3文（This）の後半のleaving the rest to unfortunately clutter the streets. There it rots ... を短くまとめた**2**が正解。アロマセラピーのオイルなどの製品には使われるのだから，**3**のように「めったに使われない」わけではない。

No. 20 解答 3

質問：その水道会社はオレンジで何をし始めたか。

1 オレンジをアルコール発酵に使う。
2 オレンジのオイルを使って空気を浄化する。
3 オレンジを使って電気を生産する。
4 オレンジを使って住民にガスを供給する。

解説 第2段落で，水道会社がオレンジを使って generate clean energy（第2文），producing power（第3文）と述べている。このクリーンエネルギーと動力は，第4文（It is）のprovide electricityから，電力だとわかる。また，第3文でgenerate electricityのために設計された既存の施設を使っていると言っていることからも推測できる。

NOTES

リスニング Part 3 67〜72

(F) No. 21 解答 3

The weekend rate for a full-size sedan is $289. For a mid-size sedan, it's $249, and for a compact, it's the same. Insurance will be $11 a day on all models. Both the full size and the mid-size have a $150 drop-off charge, which will be added if you don't return the car to the original location. The compact has no drop-off charge. We also have a special rate for non-weekend rentals. We're running a special offer during the holiday season. Five-day rentals on all cars, Monday through Friday, go for $50 off the usual rates.

drop-off は「(人を) 車で送り届けること，目的地で車から降ろすこと」が車に転用されて，「(車を) 目的地で乗り捨てること，片道利用」という意味になる。

大型のセダンの週末料金は289ドルです。中型のセダンで249ドル，小型車も同じです。保険はどの型の車でも1日11ドルです。借りた場所に車を戻されない場合には，大型車と中型車にはどちらも150ドルの乗り捨て料金が加算されます。小型車には乗り捨て料金はありません。また，週末以外のレンタルには特別料金をご用意しています。休暇シーズンには特別価格をご提供しています。月曜日から金曜日の5日間のレンタルは，全車通常料金から50ドル引きになります。

状況：あなたはレンタカー会社の店員と話している。週末に車をできる限り安い料金で借りたいと思っている。車は片道だけ必要である。

質問：どのレンタカーの選択肢が最適か。

1 中型車，週末料金。
2 中型車，特別料金。
3 小型車，週末料金。
4 小型車，特別料金。

解説 週末に片道のみ車を借りるという条件で最も安上がりな選択肢を選ぶ。週末料金は大型車が高く，中型車と小型車は同じだが，小型車には乗り捨て料金が加算されない。特別料金は50ドル引きになるが週末には利用できないので，小型車の週末料金が最安ということになる。

(G) No. 22 解答 1

There are quite a few options for word processing software right now, and they offer a wide variety of features and yearly pricing plans. First of all, Best Write is known for its intuitive interface and helpful support services. Licenses are $78 per person for groups of 10 users or fewer, and $68 for larger ones. The most fully-featured option is Word Master 8. It's also quite user-friendly and costs $75 per user for groups under 50 and $65 if there are more than that. There's a package called Perfect Text 2 that's just $60 per user. Despite the reasonable price, it's quite powerful. The interface is a nightmare, though. One other option would be Word Wright. It can even be used by beginners and has a lot of nice features. It's regularly $90, but right now it's just $75 per user.

今は文書処理ソフトの選択肢はかなりたくさんあって，実にさまざまな特徴と年間料金プランのものが売られています。まずベストライトは，直感的なインターフェースと手厚いサポートサービスで知られています。ライセンスはユーザーが10人以下のグループなら1人当たり78ドル，それ以上のグループなら68ドルです。一番たくさんの特徴を備えているのはワードマスター8です。その上かなりユーザーフレンドリーで，費用は50人未満のグループならユーザー1人当たり75ドル，それ以上の人数なら65ドルです。パーフェクトテキスト2というパッケージもあって，ユーザー1人当たりたった60ドルです。手ごろな価格にもかかわら

NOTES

ず，結構高性能です。ですがインターフェースは最悪です。もう1つの選択肢はワードライトでしょう。初心者でも使えて，よい機能がたくさんあります。通常は90ドルですが，今ならユーザー1人当たりたった75ドルです。

状況：あなたは会社用の使いやすい文書処理ソフトが必要で，年間1人当たり70ドル以上は払えない。あなたの会社には15名の人がいる。ITスタッフの1人が選択肢について説明している。

質問：あなたはどの文書処理ソフトを買えばよいか。

1 ベストライト。
2 ワードマスター8。
3 パーフェクトテキスト2。
4 ワードライト。

解説 Situationに目を通すといろいろな数字が出てくると予想されるので，メモを取ることは必須である。まず，ベストライトについて言っている intuitive は「直感的に操作できる」という意味なので，使いやすいという条件にかなう。15人なら68ドル。ワードマスター8も user-friendly だが，75ドル。パーフェクトテキスト2は60ドルと安いが，インターフェースがnightmare「悪夢」なので，使いにくいとわかる。ワードライトは初心者も使えるが，75ドル。そうすると，68ドルのベストライトを選ぶことになる。

(H) No. 23 解答 **3**

Welcome, all attendees, to the Fifth Annual UniCom Conference. We have a few announcements about cancellations and room changes for today's events. The presentation "Internet File Sharing" scheduled for 2:00 p.m. this afternoon has been canceled. The TimeCap presentation on new security software scheduled for 9:00 a.m. today has been rescheduled for tomorrow at 11:00 a.m. in the Crystal Room. Also, the session on teleconferencing scheduled for 10:00 a.m. in Donner Hall has been rescheduled for 2:00 p.m. in the same room. We regret to announce that our keynote speaker today, Dr. Michael Allerton, has been delayed in transit. He will give the keynote address tomorrow instead at 1:00 p.m. in the main hall.

□ keynote speaker 基調講演者
□ in transit 移動中に，輸送中に

参加者の皆さま，第5回ユニコム年次会議にようこそ。本日の催しに関して，中止と部屋の変更をいくつかお知らせいたします。本日午後2時に予定されておりました，「インターネット・ファイル共有」の発表は中止となりました。本日午前9時に予定されていた，タイムキャップによる新しいセキュリティソフトウエアに関する発表は，明日の午前11時，クリスタルルームへと変更になりました。また，午前10時にドナーホールで予定されていたテレビ会議についての集まりは，同会場で午後2時からに変更となりました。申し訳ございませんが，本日の基調講演者，マイケル・アラートン博士は，交通事情により到着が遅れております。博士には，代わりに明日午後1時より，メインホールで基調講演をしていただきます。

状況：あなたは情報技術の会議に到着したところである。タイムキャップの発表に出席する予定で，今晩出張に出かける必要がある。次のアナウンスを聞く。

質問：あなたは会議でどうしたらよいか。

1 午後2時までファイル共有についての発表を待つ。
2 クリスタルルームに直行する。
3 セキュリティソフトウエアについての発表に出席するのをあきらめる。
4 マイケル・アラートン博士と面会する。

解説 タイムキャップの発表の日時に集中して聞き取る。中ほどの The TimeCap presentation ... で，タイムキャップの発表は明日の午前11時からに変更になったと言っている。今晩出張に出かけるのだから，この発表への出席はあきらめるしかない。なお，

NOTES

選択肢に TimeCap という語は出てこない。The TimeCap presentation on new security software ... までしっかり聞き取らないと，正解にたどり着けない。

(I) No. 24 解答 4

The ice has usually melted by late April, so May can be a good time because those horrible, biting blackflies aren't out yet. It's also ideal for fishing. The drawback, though, is the frigid water temperatures. You'd be unlikely to last more than a few minutes if your canoe overturned. In June, the park becomes a birdwatcher's paradise. It's also the peak of the blackfly and mosquito season, however, so I'd stay clear of the park then. The temperatures are nice and warm in July, so it's quite pleasant if you stay in the canoe. If you're on an extended trip, though, there will be some muggier areas, so when you carry your canoe around, some insects may still cling onto it. In the following month, the roads and regular campsites may get a little packed, but it's far less muggy overall in the remote areas.

□ frigid 寒冷な

I'd stay clear of the park thenのI'd（= I would）は「私なら…」という意味の仮定法表現。

□ muggy 蒸し暑い

氷は普通4月の終わりには解けているから，5月はいい時期だろうね。例のおぞましい，人を刺すブユがまだ出てきていないから。釣りにも理想的だ。ただ，欠点はいてつく水温だ。カヌーが転覆したら，たぶん2, 3分以上はもたないだろう。6月は，公園はバードウォッチャーの天国になる。だけど，ブユとカの季節のピークでもあるので，僕ならそのころは公園に近寄らない。7月は気温が心地よく暖かいから，カヌーに乗っていればとても気持ちがいい。ただ，長旅をするのなら，ほかより蒸し暑い場所もあるので，カヌーを持ち歩くと，やはり虫がカヌーにくっつくかもしれない。次の月は，道路と通常のキャンプ場は少し混むかもしれないが，人里離れた場所は全体的にずっと蒸し暑くないよ。

状況： あなたはカヌーに乗りに行きたい。人のあまりいない場所で長いルートを乗るつもりで，安全が最優先である。国立公園を訪れる一番いい時期について友人が話している。

質問： あなたは何月にカヌーに乗りに行くべきか。

1 5月。
2 6月。
3 7月。
4 8月。

解説 5月はいい季節だが，水温が冷たいのでカヌーが転覆すると危険。6月は虫が多いので，自分なら公園には行かないと友人は言っている。7月もいい季節だが，場所によって蒸し暑かったり虫がいたりする。最後に言っているthe following monthは7月の次なので8月のことで，人里離れた場所なら蒸し暑くないのだから，人のいない場所に行く予定のあなたには最適ということになる。

(J) No. 25 解答 4

Hi, this is Suzanne LePage calling from Epstein Realty. I have some information about the Urban Max and Town Life apartments that you requested information about. First of all, the prices. They both go for $1,600 per month, but the Urban Max has slightly more floor space, whereas the Town Life includes electricity and water charges. We have both types available in two of our locations right now. In our Westview Village building, there's an Urban Max that's available immediately, whereas the Town Life will be vacant in approximately three weeks. At our Norton Heights location, the Urban Max won't be available until

NOTES

next month. There is a Town Life that will be vacant within a few days, though. Anyway, please feel free to get in touch with me if you're interested in any of these options.

もしもし，エプスタイン不動産のスザンヌ・ルページです。情報が欲しいとお望みでしたアーバンマックス・アパートとタウンライフ・アパートについての情報があります。まず，家賃です。どちらも月々1,600ドルしますが，アーバンマックスの方が少し広く，一方タウンライフは電気料金と水道料金込みになっています。今のところ，どちらのタイプもうちの物件の2か所で入居可能です。ウエストビュービレッジのビルには，すぐに入居可能なアーバンマックスがあり，一方タウンライフはだいたい3週間後に部屋が空きます。ノートンハイツの物件では，アーバンマックスは来月まで入居できません。ですが，2，3日のうちに部屋が空くタウンライフがあります。いずれにしましても，以上の選択肢のどれかにご関心をお持ちでしたら，お気軽にご連絡ください。

状況：あなたはアパートを探している。できるだけ早く入居したいと思っていて，光熱費込みで月々最大1,600ドルまで出せる。不動産屋からボイスメールが来ている。

質問：あなたはどのアパートを選ぶべきか。

1 ウエストビュービレッジのアーバンマックス。
2 ノートンハイツのアーバンマックス。
3 ウエストビュービレッジのタウンライフ。
4 ノートンハイツのタウンライフ。

解説 まず選択肢から，2つの場所に2種類のアパート，合計4つのアパートが出てくると予想する。不動産屋は，アーバンマックスもタウンライフも1,600ドルだが，タウンライフは電気料金と水道料金込みだと言っている。アーバンマックスは光熱費が別だと考えられるので，この時点で候補から外れる。あとはタウンライフに集中して聞くと，ウエストビュービレッジの物件が空くのは約3週間後，ノートンハイツの物件は2，3日のうちなので，早く入居できるノートンハイツのタウンライフを選ぶことになる。

NOTES

リスニング Part 4 73〜74

This is an interview with Allison Pigeon, a successful entrepreneur.

Interviewer (I): Today, we're talking with Allison Pigeon. Welcome, Allison.

Allison Pigeon (A): Thank you so much for having me.

I: So, to begin, could you tell us about your job and how you got involved in it?

A: Of course. I'm the founder of a specialty Internet shopping site called Byline. Actually, I got into the world of Internet retailing by chance. I don't come from a business background — both of my parents are university teachers — and I myself was originally planning to teach computing in a university. However, after I finished my Master of Science degree, I decided that I wanted to take a break from studying. As I obviously had some knowledge of computing, my brother, who is a medical doctor, suggested I start selling online the fetal dopplers that he was recommending to his patients.

I: And what exactly are those?

A: Well, they're quite amazing, actually. They're small devices that allow you to hear a baby's heartbeat in the womb. Hospitals use them to check that a baby is developing healthily, and now many expectant mothers also use them. Anyway, I was able to get an exclusive contract for some new, very cheap dopplers that were being manufactured in Asia. From there, I moved on to other products for pregnant mothers and for newborn infants. And some time later, I expanded into products for the elderly.

I: So, did you encounter any difficulties when you were first starting out?

A: Absolutely. I had no investors and almost no capital when I was starting. At first, I was just using a computer in my bedroom at my parents' house. Um ... it was only after three years that I was able to afford to rent an office to work from. The real problems, however, were twofold. One was the competition. In Internet retailing, there are always a lot of imitators. For example, people who saw my website would duplicate it, get the same items from somewhere else, and then try to undercut my prices. And the other problem was currency fluctuations. I was purchasing my entire stock in dollars, but if, if the pound fell against the dollar, my profits would immediately be squeezed. Of course, when it rose, though, my profits would increase.

I: So why do you think you've been successful?

A: I think I was quite fortunate with my market. Of course people don't have babies very often but when they do, they're prepared to spend money to make sure everything is all right. Also, even when there is a downturn in the economy, people continue to spend on babies.

I: Do you have any advice for other people who are starting their own Internet businesses?

A: Well, it follows from what I just said that the most important thing is to find a product that will sell steadily. The second thing—and this is true of any business—is that success requires hard work and endurance. I often worked 18 hours a day. It has paid off now, but nobody should

□ fetal 胎児の

□ womb 子宮

□ imitator 模倣者

□ undercut ～より安い値段で売る

□ fluctuation 変動，不規則な変化

downturn「(景気などの) 下り坂，下降」の反意語はupturn「上向き，好転」。動詞turnを使った句動詞ではturn around「(景気などが) 好転する」を覚えておきたい。

it follows (from ～) that ... は「(～を考えると) 必然的に…ということになる」という意味。

□ pay off (努力などが) 報われる

NOTES

go into retailing of any kind expecting an easy life.

I: Thank you so much for sharing your experiences with us.

A: It's been my pleasure.

Questions:

No. 26 What is one thing that Allison Pigeon's company sells?

No. 27 What was one problem that Allison faced?

これは成功した起業家であるアリソン・ピジョンとのインタビューです。

聞き手（以下「聞」）：本日はアリソン・ピジョン氏にお話を伺います。ようこそ，アリソン。

アリソン・ピジョン（以下「ア」）：お招きいただきどうもありがとうございます。

聞：さて，最初に，お仕事について，そしてどうしてそのお仕事にかかわるようになったのかお話しいただけますか。

ア：わかりました。私は，バイラインという，専門品を扱うインターネットショッピングサイトの創業者です。実は，インターネット小売業の世界に入ったのは偶然です。私は商売をする家庭環境で育ったわけではありません――両親は2人とも大学の教員です――そして私自身も，もともと大学でコンピュータを教えるつもりでした。ですが，理学修士を取得した後，勉強から少し離れたいと心を決めました。もちろんコンピュータの知識はいくらか持ち合わせていましたから，医者をしている私の兄が，自分の患者に勧めていた胎児ドップラーのオンライン販売を始めてはと提案してきたのです。

聞：それはいったいどういうものですか。

ア：えー，結構すごいんですよ，実は。子宮内の赤ちゃんの鼓動を聞けるようにする小さな装置です。病院ではこれを赤ちゃんが順調に育っていることを検査するのに使っていて，今では多くの妊婦さんも使っています。ともかく，私は，アジアで製造されていたとても安い新型ドップラーの独占契約を手に入れることができました。そこから，妊娠中の母親と新生児のためのほかの製品へと移行していったんです。そしてしばらくたってから，高齢者向けの製品に手を広げました。

聞：それで，最初に始めたころに何か困難に直面しましたか。

ア：もちろんです。始めたときは，投資してくれる人はいないし，資本金はほとんどありませんでした。最初は，親の家の自分の寝室でコンピュータを使っていただけでした。えーっと，3年たってようやく，仕事をするための事務所を借りる金銭的余裕ができました。しかし本当の問題は2つありました。1つは競争でした。インターネットの小売りでは，模倣する人が常にたくさんいます。例えば，私のウェブサイトを見た人が，そっくりまねをし，どこか違うところから同じ品物を手に入れ，そして私の値段より安く売ろうとするのです。そしてもう1つの問題は，通貨の変動でした。在庫品はすべてドルで購入していましたが，もし，もしポンドがドルに対して下がれば，すぐに利益が圧迫されることになります。もちろん，ポンドが上がれば利益は増えることになりますが。

聞：では，なぜご自分が成功しているのだと思いますか。

ア：私は市場にかなり恵まれていたのだと思います。もちろん人はそう頻繁に赤ちゃんができるわけではありませんが，赤ちゃんができると，万事うまくいくようにお金を使う準備ができています。また，景気が下り坂のときでも，人は赤ちゃんにはお金を使い続けます。

聞：インターネット事業を自分で立ち上げようとするほかの人たちに何かアドバイスはありますか。

NOTES

ア： えー，今私が話したことから考えると，最も重要なのは着実に売れる商品を見つけることだ，ということですね。2つ目は――これはどんなビジネスにも当てはまることですが――成功するには勤勉さと忍耐が必要だということです。1日に18時間働いたこともよくありました。今ではそれが報われましたが，どのような種類の小売りであっても，楽な生活を期待して手を出してはいけないですね。

聞： ご経験をお話しいただきありがとうございました。

ア： どういたしまして。

No. 26 解答 1

質問： アリソン・ピジョンの会社が販売しているものの1つは何か。

1 赤ん坊の誕生前に鼓動を検査する品物。
2 病院向けの専門器具。
3 医師向けのコンピュータソフトウエア。
4 乳児と親向けのぜいたく品。

解説 兄に販売を勧められたfetal dopplersについて説明を求められたアリソンは，3つ目の発言で，They're small devices that allow you to hear a baby's heartbeat in the womb. と言っている。**1**がin the womb「子宮内の」をbefore birth「誕生前に」と言い換えている。その後扱うようになったのは妊娠中の母親・新生児・高齢者向けの製品なので，**2**と**3**のように専門家向けの商品ではない。また，**4**のようにぜいたく品とも言っていない。

No. 27 解答 3

質問： アリソンが直面した問題の1つは何か。

1 製品の安定した供給を受けるのが難しかった。
2 情報収集をたくさんする必要があった。
3 ほかの会社が彼女のまねをしようとした。
4 顧客の要求が非常に多かった。

解説 会社を始めたころの困難について問われたアリソンは，4つ目の発言で，最初はお金がなくて苦労したという話をした後，本当の問題は2つあったと述べている。1つは競争で，参入してきた他社が同じ商品を安く売ったこと。もう1つは，通貨の変動で利益が目減りする可能性があったこと。前者について発言中で言っているimitatorsやduplicateをcopyという語でまとめた**3**が正解。

MEMO

MEMO

MEMO

MEMO

一次試験に合格したら…

二次試験・面接はこんな試験！

一次試験に合格すると，二次試験に面接があります。

❶ 入室

係員の指示に従い，面接室に入ります。面接カードを手渡し，指示に従って，着席しましょう。

❷ 氏名の確認と日常会話

面接委員があなたの氏名を確認します。その後，簡単な日常会話をしてから試験開始です。

❸ トピックカードの受け取りとスピーチの考慮

5つのトピックが書かれたトピックカードを受け取ります。1分間でトピックを1つ選び，スピーチの内容を考えます。メモを取ることはできません。

❹ スピーチ（2分間）

面接委員の指示に従い，スピーチをします。スピーチが終わる前に2分間が経過した場合は，言いかけていたセンテンスのみ，言い終えることが許可されます。

❺ Q&A（4分間）

2名の面接委員と，スピーチの内容やトピックに関する質疑応答が行われます。

❻ カード返却と退室

試験が終了したら，トピックカードを面接委員に返却し，あいさつをして退室しましょう。

キリトリ線

1級 実力完成模擬テスト 解答用紙

◎（HBの）黒鉛筆またはシャープペンシル以外の筆記具を使用してマーク・記入した場合，解答が無効となるので，注意してください。

筆記解答欄					
問題番号		1	2	3	4
1	(1)	①	②	③	④
	(2)	①	②	③	④
	(3)	①	②	③	④
	(4)	①	②	③	④
	(5)	①	②	③	④
	(6)	①	②	③	④
	(7)	①	②	③	④
	(8)	①	②	③	④
	(9)	①	②	③	④
	(10)	①	②	③	④
	(11)	①	②	③	④
	(12)	①	②	③	④
	(13)	①	②	③	④
	(14)	①	②	③	④
	(15)	①	②	③	④
	(16)	①	②	③	④
	(17)	①	②	③	④
	(18)	①	②	③	④
	(19)	①	②	③	④
	(20)	①	②	③	④
	(21)	①	②	③	④
	(22)	①	②	③	④

筆記解答欄					
問題番号		1	2	3	4
2	(23)	①	②	③	④
	(24)	①	②	③	④
	(25)	①	②	③	④
	(26)	①	②	③	④
	(27)	①	②	③	④
	(28)	①	②	③	④
3	(29)	①	②	③	④
	(30)	①	②	③	④
	(31)	①	②	③	④
	(32)	①	②	③	④
	(33)	①	②	③	④
	(34)	①	②	③	④
	(35)	①	②	③	④

※筆記４・筆記５の解答欄は２枚目にあります。

リスニング解答欄						
問題番号			1	2	3	4
Part 1		No. 1	①	②	③	④
		No. 2	①	②	③	④
		No. 3	①	②	③	④
		No. 4	①	②	③	④
		No. 5	①	②	③	④
		No. 6	①	②	③	④
		No. 7	①	②	③	④
		No. 8	①	②	③	④
		No. 9	①	②	③	④
		No. 10	①	②	③	④
Part 2	A	No. 11	①	②	③	④
		No. 12	①	②	③	④
	B	No. 13	①	②	③	④
		No. 14	①	②	③	④
	C	No. 15	①	②	③	④
		No. 16	①	②	③	④
	D	No. 17	①	②	③	④
		No. 18	①	②	③	④
	E	No. 19	①	②	③	④
		No. 20	①	②	③	④
Part 3	F	No. 21	①	②	③	④
	G	No. 22	①	②	③	④
	H	No. 23	①	②	③	④
	I	No. 24	①	②	③	④
	J	No. 25	①	②	③	④
Part 4		No. 26	①	②	③	④
		No. 27	①	②	③	④

※実際の解答用紙に似せていますが，デザイン・サイズは異なります。

キリトリ線

- 太枠に囲まれた部分のみが採点の対象です。
- 指示事項を守り，文字は，はっきりと分かりやすく，濃く，書いてください。
- 数字の１と小文字のl（エル），数字の２とZ（ゼット）など似ている文字は，判別できるよう書いてください。
- 消しゴムで消す場合は，消しくず，消し残しがないようしっかりと消してください。
- 解答が英語以外の言語を用いている，質問と関係がない，テストの趣旨に反すると判断された場合，０点と採点される可能性があります。

4 English Summary

Write your English Summary in the space below. (Suggested length: 90-110 words)

※筆記５の解答欄は裏面にあります。

キリトリ線

5 English Composition

Write your English Composition in the space below. (Suggested length: 200-240 words)